언더커버 보스

Undercover Boss :
Inside the TV Phenomenon that Changing Bosses and
Employees Everywhere Copyright ⓒ 2011 by Stephen Lambert &
Eli Holzman Authorized translation from the
English language edition published John Wiley & Sons,
inc. company All right reserved.

Korean translation Copyright ⓒ 2013 by Winnersbook.
Korean edition is published by with John Wiley & Sons
International Right, Inc. through Imprima Korea Agency

이 책의 한국어판 저작권은 Imprima Korea Agency를 통해
John Wiley & Sons International Right, Inc.와 독점 계약한 위너스북에 있습니다.
저작권법에 따라 한국 내에서 보호를 받는 저작물이므로
무단 전재와 무단 복제를 금합니다.

* 표지로 사용한 일러스트의 저작권 소유자를 찾고자 미국 CBS 방송국 '언더커버 보스' 담당자에게 수차례 문의하였으나, 답변이 없었습니다. 저작권자가 나타나 권리를 주장할 경우, 위너스북은 합리적인 수준 내에서 저작권료를 지불할 것임을 밝힙니다.

언더커버 보스

UNDERCOVER BOSS

스티븐 램버트 • 엘리 홀즈먼 지음 | 이영래 옮김

말단 직원이 된 회장님의 좌충우돌 위장취업기!

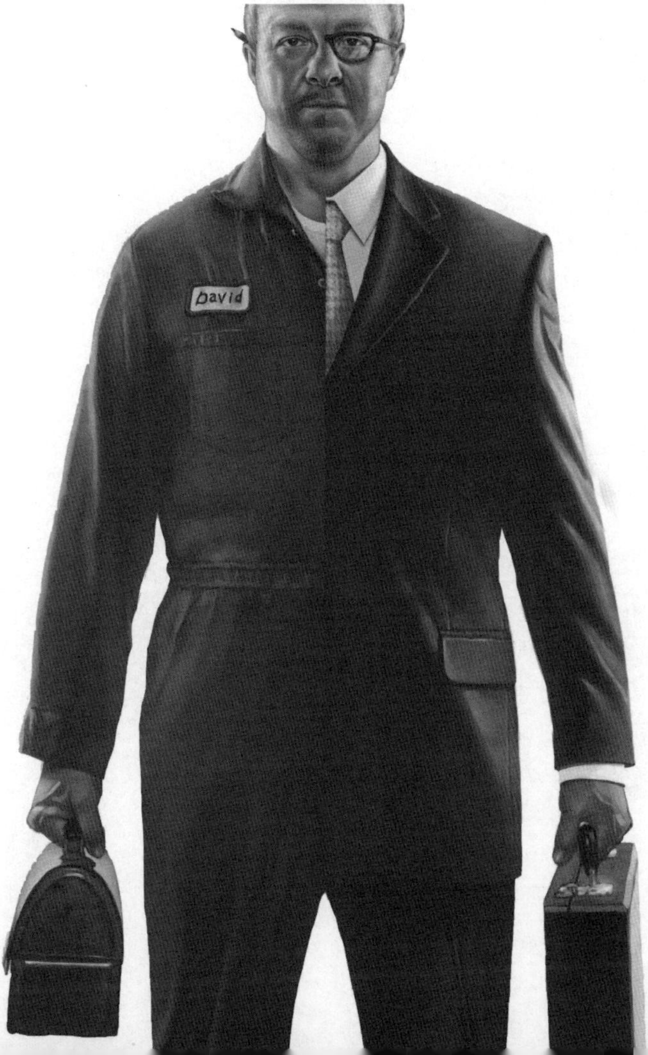

WINNER'S BOOK

언더커버 보스
차례

프롤로그 | '언더커버 보스'의 탄생 배경 008

쓰레기 분리 수거
래리 오도넬(Larry O'Donnell)
웨이스트 매니지먼트(Waste Management) 최고운영책임자

- 첫 번째 위장취업 　재활용 선별 견습 직원 • 037
- 두 번째 위장취업 　날아다니는 쓰레기들 • 040
- 세 번째 위장취업 　멀티, 멀티태스킹 • 043
- 네 번째 위장취업 　똥과의 전쟁 • 045
- 다섯 번째 위장취업 　쓰레기를 치우며 기분까지 맑게 해주는 수거원 • 047
- ● 보스로 돌아오다 • 051

닭다리와 여자, 그리고 맥주
코비 브룩스(Coby Brooks)
후터스(Hooters) 최고경영자

- 첫 번째 위장취업 　주방에서 쫓겨나다 • 064
- 두 번째 위장취업 　괘씸한 사실 • 068
- 세 번째 위장취업 　테이블 매너 • 071
- 네 번째 위장취업 　강한 바람보다는 따뜻한 햇살 • 073
- 다섯 번째 위장취업 　지난 과거와의 재회 • 075
- ● 보스로 돌아오다 • 077

인생에 꼭 필요한 것들
조 드핀토(Joe DePinto)
세븐일레븐(7-Eleven) 최고경영자

- 첫 번째 위장취업   큰 커피컵의 비밀 • 090
- 두 번째 위장취업   도넛 만들기 • 092
- 세 번째 위장취업   장래성이 없는 회사? • 095
- 네 번째 위장취업   소통의 실패 • 098
- 다섯 번째 위장취업   아메리칸 드림 • 100
- ● 보스로 돌아오다 • 102

유산보다 더 소중한 가치
데이비드 라이프(David Rife)
화이트 캐슬(White Castle) 소유주

- 첫 번째 위장취업   요리사가 너무 많아 • 115
- 두 번째 위장취업   돼지들 복 터진 날 • 117
- 세 번째 위장취업   공포와 즐거움이 어우러진 야간 근무 • 120
- 네 번째 위장취업   요리사의 꿈 • 122
- 다섯 번째 위장취업   행복하지 않은 결말 • 123
- ● 보스로 돌아오다 • 128

인간적인 이해가 필요한 때
빌 카스탄잔(Bill Carstanjen)
처칠 다운스(Churchill Downs) 최고운영책임자

- 첫 번째 위장취업 | 열정만으로는 부족한 일 • 143
- 두 번째 위장취업 | 괴상한 연주 • 147
- 세 번째 위장취업 | 집으로 가는 길이 내겐 너무 멀어 • 149
- 네 번째 위장취업 | 문화적 차이에 대한 젊은 시각 • 151
- 다섯 번째 위장취업 | 기수 보조가 된 날 • 153
- ● 보스로 돌아오다 • 156

꽉 찬 만족을 찾아서
마이클 루빈(Michael Rubin)
GSI 커머스(GSI Commerce) 최고경영자

- 첫 번째 위장취업 | 높지도 빽빽하지도 않게 • 171
- 두 번째 위장취업 | 비탄에서 분노로 • 175
- 세 번째 위장취업 | 그 속도로는 안 돼! • 180
- 네 번째 위장취업 | 마지막 레이스 • 183
- ● 보스로 돌아오다 • 187

돈으로 살 수 없는 것
조엘 맨비(Joel Manby)
허센드 패밀리(Herschend Family) 최고경영자

- 첫 번째 위장취업 | 꽥꽥, 소리질러봐 • 202
- 두 번째 위장취업 | HFE의 미래 • 204
- 세 번째 위장취업 | 모닝콜 • 206
- 네 번째 위장취업 | 유람선의 도박사 • 208
- 다섯 번째 위장취업 | 감동적인 이야기 • 211
- ● 보스로 돌아오다 • 214

커뮤니케이션의 중요성
릭 아킬라(Rick Arquilla)
로토루터(Roto-Rooter) 최고운영책임자

- `첫 번째 위장취업` 막힌 파이프와의 씨름 • 228
- `두 번째 위장취업` 나를 붉게 물들여줘! • 231
- `세 번째 위장취업` 과거를 말끔히 지워요 • 233
- `네 번째 위장취업` 기댈 수 있는 사람 • 235
- `다섯 번째 위장취업` 타오르는 불꽃 • 238
- ● 보스로 돌아오다 • 241

꽃으로 말해요
크리스 맥켄(Chris McCann)
1-800-플라워즈닷컴(1-800-Flowers.com) 최고운영책임자

- `첫 번째 위장취업` 꽃꽂이 보조사 • 255
- `두 번째 위장취업` 위장취업, 달콤쌉싸름한 발견 • 258
- `세 번째 위장취업` 가상의 관계가 아닌 실제적인 관계 만들기 • 261
- `네 번째 위장취업` 두 도시 이야기 • 263
- `다섯 번째 위장취업` 백 투 더 퓨처 • 266
- ● 보스로 돌아오다 • 269

에필로그 | 위장취업 백서 276
감사의 글 283

프롤로그

'언더커버 보스'의 탄생 배경

UNDERCOVER BOSS

새로운 프로그램 〈언더커버 보스(Undercover Boss)〉의 판촉 활동은 스튜디오 램버트가 처음으로 시작한 일이었다. 우리는 판촉 활동을 시작하기 몇 주 전에, 새로운 미국 시장을 공략할 TV 프로덕션 회사를 차렸다. 스티븐이 영국에서 회사를 연 것은 6개월 전이었다. 때는 2008년 말로 마침 불경기가 닥쳐 텔레비전 광고 수익이 폭락하던 시절이었다. 경제적으로 어려운 시절이었지만 우리는 낙관적이었다. 우리는 베니스 비치에 있는 엘리의 아파트 부엌 테이블에 둘러앉아 꿈에 부푼 대화를 잔뜩 나눈 후에 마침내 프로그램을 팔러 나서게 되었다. 적어도 '시도는 해봐야지' 라는 생각이었다.

로스앤젤레스에 있는 방송 프로그램 바이어(buyer)들은 매일 수십 개 프로그램에 대한 구매 권유를 받게 된다. 하지만 거의 전부가 거절을 당한다. 물론 직접 얼굴에 대고 거절하는 것은 아니고 판촉 이후에 대리인을 통해 피드백을 준다. 그들은 점잖은 양복에 넥타이를 매고 끈기 있게 모든 판촉 자리에 참석한 뒤 단칼에 일을 처리한다. 끝없이 이어지는 완곡한 구매 제안을 들어주는 이유가 결국은 '노(no)'를 하기 위한 포석이라는 말이다. "참 좋은 아이디어군요. 하지만 우리가 원하는 아이디어는 아닌 것 같습니다." "우리는 좀 더 강하고, 특별하고, 이슈가 될 만한 프로그램을 원합니다. 아쉽게도 제안하신 프로그램 포맷은 우리가 원하는 것과는 거리가 좀 있는 것 같네요." 이렇게 거절을 전달하는 방법은 다양하지만 말이다. 어찌되었든 프로그램 아이디어를 팔 기회를 잡으려면, 그 아이디어와 사랑에 빠져야만 한다. 그리고 얼굴에 철판을 깐 뒤 몸의 모든 신경과 조직에 그 사랑을 전달해야 한다. 마지막으로 필요한 건 행운이다.

〈언더커버 보스〉에 대한 아이디어는 2008년 영국에서 시작되었다. 브리티시 항공(British Airways, 이하 BA)은 60억 달러를 들여 히드로 공항에 새로운 터미널을 열었다. 결과는 끔찍한 실패였다. 수하물 배송 시스템이 완전히 고장나면서 수많은 돈을 퍼부은 그 일류 터미널은 오픈 첫날부터 아수라장이 되었고, 휴가 길에 오른 수천 명의 사람들을 혼란에 빠뜨렸다. 기자들은 비난의 초점이 된 BA의 최고경영자(CEO) 윌리 왈시(Willie Walsh)를 들볶았다. 〈타임스the Times〉의 한 기자는 이렇게 썼다. "그가 마지막으로 돈을 내고 고객으로 여행을 한 것은 언제쯤일까? T5 터미널이 문을 연 날 화가 난 한 승객이 말했듯이 '브리티시 항공으로부터 짐승 같은 대우를 받은 사람들'과 마찬가지로 무지막지한 서비스에 자신을 노출시켰던 때가 말이다. 이에 대해 왈시는 이렇게 말했다. '브리티시 항공 고객으로 말입니까? 저는 그렇게 할 수가 없죠. 사람들이 저를 알아보지 않습니까?"

　우리는 정말 궁금했다. 대기업의 일반 직원들이 사장을 알아볼 수 있을까? 그들과 같은 옷을 입고 그들이 하는 일을 배우기 위해 온 직업 훈련생이라고 말하는데도? 우리는 알아보지 못할 것이라고 생각했다. 다행히도 영국의 한 방송국(채널4)이 우리와 뜻을 같이 했고, 그 아이디어를 실험해볼 수 있는 파일럿 프로그램을 주문했다.

　우리는 2008년 늦여름에 영국판 파일럿을 촬영했다. 저비용·경제형 휴가 리조트 업체의 대표가 촬영에 응했다. 결과는 성공이었다. 사장을 알아보는 직원은 아무도 없었다. 사장에게는 자신의 회사에서 잘못된 부분이 무엇인지에 대해 많은 것을 배우는 기회가 되었다. 신입 직원으로 위장했던 사장은 마지막에 신분을 공개하면서 함께 일한 동료들에게 승진과 훈련 코스를 약속했다. 이런 끝맺음은 사장의 위장 취업을 마감하는 대단히 감동적인 마무리였다. 우리는 재빨리 영국판 파일럿 프로그램의 편집을 마치고 미국으로 건너가 프로그램 판촉을 시작했다. 이제 우리는 미국 TV 방송사에 프로그램 아이디어를 팔고자 하는 사람에게 가장 중요한 것을 가지고 있었다. 테이프 말이다.

　아이디어를 직접 TV 프로그램으로 제작할 수 있다는 것은 경쟁이 심한 프로그램 판매 시장에서 대단히 큰 장점이었다. 위험이 큰 상태에서 바이어들이 그저 '종이'에 적힌 아이디어에 불과한 포맷을 보고 프로그램 구매를 결정하기란 힘든 일이다. 지난 10년 동안 영국에 연고를 둔 TV 프로그램 제작업체들이 미국에서 큰 성공을 거둔 이유는 우선 영국 방송사(사업 통제 방식을 비롯한 여러 가지 이유 때문에 위험회피 성향이 적은)에 서류로 된 아이디어를 판매하고, 영국 방송사에서 방영한 프로그램 테이프를 이용해 아이디어를 다시 미국에 팔 수 있었기 때문이다. 그것이 우리가 새 회사를 세울 때 기반이 된 비즈니스 모델이었다.

우리는 편집실에서 며칠을 보내며 TV 방송계에서 '씨즐 릴(sizzle reel)'이라고 부르는 5분짜리 판촉용 테이프를 준비했다. 그리고 꽤 괜찮은 씨즐 릴을 만들 수 있었다. 영국에서 찍은 파일럿 프로그램에서 가장 좋은 부분만을 사용하면 되기 때문이다. 우리는 첫 장면에 '이렇게 힘든 시기에'라는 자막을 넣고, 이어서 빛나는 마천루의 공중선과 온통 빨간색 글씨로 뒤덮인 주식시세표를 집어넣었다. 자막은 이렇게 이어졌다.

"크고 성공적인 기업들조차 고투하고 있습니다. 중역실에서는 실제 일선에서 벌어지고 있는 일들을 놓치기가 쉽습니다. 높은 사람들은 수익과 손실에 대해서는 훤합니다. 그렇지만 그들이 사업장 현장에서 무슨 일이 일어나는지 알고 있을까요?"

기발하고도 대담한 아이디어의 실현

최고의 기업을 운영하는 경영자들이 엄청난 판공비와 운전기사가 딸린 리무진을 포기하고, 위장취업해 직원들 옆에서 일한다는 생각은 기발하고도 대담한 아이디어였다. 하지만 우리가 출연시키고 싶은 대기업의 실력자들은 몇 주일 혹은 몇 달 후까지의 스케줄이 분 단위로 잡혀 있는 사람들이었다. 그런 사람들에게 우리는 1주일 이상 시간을 내어 프로그램에 출연해줄 것을 부탁해야 했다. 경영자들이 귀중한 시간을 쪼개 리얼리티 프로그램에 출연하는 것을 탐탁지 않게 여길 것은 분명했다. 따라서 출연자들을 섭외할 때 엄청난 고난이 뒤따를 것 또한 자명했다. 하지만 사랑 앞에서는 눈이 머는 법이다. 이미 우리 안중에는 섭외의 어려움 따위는 존재하지 않았다. 오로지 프로그램을 팔아야 한다는 생각뿐이었다. 실제로 그것을 어떻게 제작할 것인지는 나중 문제였다.

우리가 씨즐 릴을 가지고 할리우드를 돌아다닌 그 주간은, 이제 막 첫걸음을 떼기 시작한 우리 회사뿐만 아니라 미국에도 특별한 한 주였다. 2008년 11월 첫째 주에 미국에서는 새로운 대통령을 뽑는 선거가 진행 중이었다. 민주당 출신의 버락 오바마(Barack Obama)가 대통령으로 당선되자, 민주당을 지지했던 할리우드는 열광의 도가니가 되었다. 우리는 그 도취감이 프로그램을 판매하는 데 도움이 되기를 기대했다. 모두가 어려워지는 경제에 대해 관심을 갖고 있었고, 버락 오바마가 이끌 새로운 행정부가 경제적으로 힘든 상황을 어떻게 개선시킬지 궁금해했다. 우리는 기업 경영자들에 대한 세간의 환멸이 팽배한 이 시기에 경영자를 주인공으로 내세우는 프로그램을 만들어 팔아야 했다. 경영자들에게 자신의 회사에 대해 배우고, 기업을 개선의 길로 이끌고, 직원들에게 감사의 마음을 갖는 임무를 부과하는 TV 프로그램을 제안한다는 점이 어떻게 받아들여질지, 걱정과 기대를 모두 갖고 있었다. 기가 막힌 타이밍일 수도 있었고 반대로 시대의 흐름에 역행하는 것일 수도 있었다.

　방송사들은 우리의 씨즐 릴을 마음에 들어 하는 것 같았다. 하지만 정말 그들이 무슨 생각을 하는지 확실히 알기란 어려운 일이다. 할리우드의 바이어들은 자신들이 그 프로그램을 당장 구매하지 않으면, 판매자가 사무실을 나서자마자 다른 바이어를 찾아갈 것임을 알고 있다. 따라서 그들은 자신이 구매하지도 않을 아이디어에 대해 의미 있는 피드백을 주는 것은, 라이벌 방송사에서 방영될 아이디어를 개선시켜주는 꼴이 된다. 이런 이유로 대부분의 바이어들은 아이디어에 대해 자신의 생각을 말하지 않지만, 간혹 의견을 내비치는 사람도 있다. 사장을 '물을 떠난 고기' 신세로 만든다는 구상이 매력적이라고 느끼는 사람들은, 잘 나가는 사람이 현실에서 고생을 하는 것을 보고 싶어 했다. 그리고 그들이 평범한 사람처럼 살 수 있는지의 여부에 초점을 맞추길 원했다. 일을 잘 못하는 직원(다시 말해, 평범한 직원으로 위장한 사장)이 해고되도록 만든다면 프로그램이 더욱 성공할 것이라고 기대하는 이들도 있었다. 하지만 이런 생각은 우리가 생각하는 것과 거리가 멀었다. 우리는 거대 기업에서 열심히 일하는 이름 없는 영웅들을 세상에 알리고, 경영자가 일선에서 얻은 깨달음을 통해 진일보하는 모습을 보여주고 싶었다.

　그 주에 우리는 프로그램 판촉을 위해 CBS를 찾았다. 기대는 그리 크지 않았다. CBS는 미국 최고의 방송사였고 지금도 그 자리를 지키고 있다. CBS에는 〈CSI 과학수사대(CSI: Crime Scene Investigation)〉,

〈NCIS〉, 〈멘탈리스트(The Mentalist)〉와 같이 대단한 성공을 거둔 수사물 시리즈와 〈세 남자의 동거(Two and a Half Men)〉, 〈빅뱅이론(The Big Bang Theory)〉과 같은 인기 코미디가 있었다. 이렇게 뛰어난 프로그램 컬렉션 덕분에 리얼리티 프로그램을 받아들일 가능성이 크지 않을 거라는 게 우리의 예상이었다. 더욱이 당시 CBS에는 〈서바이버(Survivor)〉, 〈어메이징 레이스(Amazing Race)〉, 〈빅 브라더(Big Brother)〉라는 3개의 거물급 프로그램이 포진해 있었다.

이 프로그램들은 오랜 기간 동안 높은 시청률을 자랑해왔다. 계속해서 탈락자가 생기는 서바이벌 프로그램이기 때문에 시청자가 여러 회에 걸쳐 출연자들을 알게 되고, 최후에 이겨야 한다고 생각하는 경쟁자를 응원하면서 프로그램에 대한 충성도를 높인다. 반면 우리 프로그램은 매 회 다른 사람이 출연하는 에피소드를 가지고 있는데다 매력적인 장소가 아닌 실제 일터에서 이루어지며 거액의 상금이 걸려 있지도 않다. CBS에 프로그램을 판다는 것은 승산없는 시도였다.

우리가 방문했을 때 새롭게 CBS 리얼리티 텔레비전 부문의 수장이 된 젠 브레스넌(Jen Bresnan)은 〈서바이버〉의 최신 시리즈 촬영을 지휘하기 위해 멀리 어딘가의 정글에 있었다. 그래서 그녀의 상관인 CBS 엔터테인먼트 사장 니나 태슬러(Nina Tassler)에게 우리 프로그램을 설명하게 되었다. 푸에르토리코인 어머니와 유대인 아버지 사이에서 태어난 니나는 실제 키도 컸지만, TV 방송계에서는 거인과 다름없었다. 그녀는 〈CSI 과학수사대〉를 사서 그것을 세계에서 가장 성공적인 드라마 시리즈로 만든 장본인이었다. 그녀는 막강한 권력을 가진 CBS의 사장 레슬리 문베스(Leslie Moonves)와 긴밀한 협력 관계에 있는 거물이었다. 그래서 우리는 솔직히 니나가 새로운 리얼리티 프로그램에 관심을 보이거나 시간을 많이 내줄 것이라고 기대하지 않았다.

우리는 그녀에게 몇 분간 우리의 새로운 아이디어에 대해 이야기하고, 프로그램을 설명했다. 그 후 우리가 가져온 씨즐 릴을 봐달라고 부탁했다. 니나가 버튼을 누르자 벽에서 거대한 플라스마 스크린이 나왔고 우리 모두는 호화로운 소파에 앉아서 영상을 보았다. 그때까지 우리는 씨즐 릴을 열댓 번은 봤기 때문에 조용히 화면을 보면서 니나의 반응이 어떤지를 확인하기 위해 그녀를 슬금슬금 쳐다봤다. 확신은 할 수 없지만 테이프가 끝날 즈음 그녀가 눈물을 닦아내는 듯 눈 주위를 만지는 것을 보았다. 우리는 조용히 그녀의 대답을 기다렸다.

니나는 프로그램이 주는 감동에 초점을 맞추고 싶은 듯했다. 그녀는 회사를 굴러가게 만드는 숨겨진 주인공들인, 일선의 성실하고 근면한 직원들을 인정하고 세상에 알리는 일의 중요성에 대해 이야기했다. 그녀는 위장취업을 통해 진정한 발견이 이루어지고, 경영자가 일선의 직원들에게까지 관심과 애정을 갖게 만든다는 우리의 아이디어를 아주 마음에 들어 했다. 또한 기업의 거물이 평범한 사람들이 하는 일을 하면서 어려움을 겪는 모습이 상당한 희극적 요소를 제공할 것이란 점도 인정했다. 일단은 긍정적인 피드백이었다.

CBS 밖으로 나온 우리는 에이전트인 ICM의 그렉 립스톤(Greg Lipstone)에게 이렇게 말했다. "상상할 수 있는 최고의 프로그램 영업이었어!" 그렉은 미소를 짓더니 곧장 니나에게 전화를 걸어 그녀도 같은 생각인지 물었다. 돌아온 대답은 이랬다. "바로 파일럿 프로그램을 내보내고, 처음 여섯 에피소드에 출연할 경영자들을 섭외할 수 있도록 비용을 책정할 생각입니다." 이후 다른 몇몇 방송국의 바이어들이 거래 의사를 밝혔지만, CBS와 손을 잡는다는 것은 더 이상 고민하지 않아도 되는 당연하고 쉬운 결정이었다.

수많은 난관의 시작

하지만 문제가 하나 있었다. CBS는 '업프론트(Upfronts)' 일정에 맞추어 파일럿을 준비해줄 것을 원했다. 업프론트란 각 방송사가 뉴욕에서 5월 중순쯤 개최하는 대규모 프로그램 초연 행사다. 카네기홀이나 링컨센터 같은 으리으리한 곳에 광고주들을 모아놓고 다음 시즌 편성 예정인 프로그램의 홍보 영상을 보여주는 것이다. 업프론트가 끝나고 몇 주 후면 광고주들은 수백만 달러를 들여 이 새로운 편성에 들어갈 광고 시간을 구매한다. TV 방송사는 매해 업프론트 위크(Upfront Week)를 정점으로 구성된 사이클을 따라 움직인다. 따라서 대본이 있는 프로그램의 파일럿은 4월 안에 방송사에 도착해야, 몇 주 안에 방영 여부를 결정할 수 있다. 그리고 이 작업이 마무리되어야만 업프론트 위크에서 발표될 수 있다. 선택된 프로그램들은 9월에 방송이 될 수 있도록 13개의 에피소드 준비를 마무리해야 한다. 간혹 모든 시즌에 필요한 22개 에피소드까지 준비되어야 하는 극한의 경우도 발생한다. 결론적으로 〈언더커버 보스〉의 파일럿이 이 과정에 참여한다는 것은 방송 여부가 불안정한 여름 리얼리티 프로그램 중 하나가 아닌, 9월부터 5월 사이에 CBS에서 방영되는 주편성 프로그램이 될 기회가 있다는 것을 의미했다!

크리스마스와 연말연시로 이어지는 휴가 시즌이 바로 코앞이었기 때문에 우리에게는 시간이 얼마 없었다. 늦어도 3월까지는 위장 취업을 할 경영자를 찾아야만 파일럿 프로그램을 편집할 시간을 확보할 수 있었다. 게다가 이 프로그램에 참여할 경영자를 다섯 명은 더 찾아야 했다. 그래야만 방송사에서 편성을 결정할 때 우리가 이 시리즈를 문제없이 만들어낼 수 있다는 신뢰를 줄 수 있었다. 불현듯 두려움이 몰려왔다. 영국에서 파일럿 프로그램을 만들 때 경영자 한 명을 찾아내는 데에만 11주가 걸렸기 때문이다. 지금 우리는 훨씬 짧은 시간에 여섯 명의 경영자를 찾아야 하는 상황이었다. 우리는 매우 심각하게 CBS에 그 일정 안에는 해낼 수 없다고 말해야 하는 게 아닌가 하는 고민에 빠졌다. 하지만 결국 시도해보기로 결정했다. 우리는 스테프 와그스태프(Stef Wagstaffe)를 비롯한 최고의 전문가들을 고용했다. 스테프 와그스태프는 ABC에서 만든 〈와이프 스와프(Wife Swap)〉를 통해 알게 된 유능한 쇼 러너(show runner: 리얼리티 프로그램의 진행을 책임지는 사람)였다. 이렇게 꾸려진 작은 팀은 바로 미국 전역의 대기업과 접촉하는 섭외 작업에 들어갔다.

하지만 경제위기에 대처하느라 정신이 없는 기업들은 우리에게 할애해줄 시간이 없었다. 자동차 제조업체들을 비롯해 부실자산 구제프로그램(TARP) 지원금을 받기 위해 분주한 기업들은 우리의 제안을 딱 잘라 거절했다. 거절이 늘어갈수록 팀의 사기는 떨어졌다. 하지만 때때로 긍정적인 답변을 주는 기업들도 있었다. 몇몇 경영자들은 사장이라는 것을 밝히지 않으면서, 회사의 상황을 있는 그대로 직접 살필 수 있다는 것에 큰 관심을 보였다. 그렇지만 그것은 앞으로 남은 수많은 난관의 시작에 불과했다.

CBS가 기업들에게 서명을 요구하는 '참여 합의서' 문제가 남아 있었기 때문이다. 십여 쪽에 이르는 이 합의서는, 거액의 상금이 걸린 서바이벌 프로그램의 참가자들에게 제시되는 것과 같은 종류의 계약서였다. 참가를 원하는 사람들이 넘쳐나는 프로그램을 기준으로 한 서류인 것이다. 그래서 계약서의 몇몇 조항은 다소 강압적으로 비칠 수도 있었다. 그런데 우리가 상대하는 대기업의 잘 나가는 변호사들은 이런 것은 전혀 본 적도 없고, 경영자들 또한 이런 계약서까지 쓰면서 프로그램에 참여해야 할 이유가 없는 사람들이었다. 결코 쉽지 않은 일이었다.

CBS가 경영자와 그 기업에 요구하는 바는 대략 이랬다. 우선 제작진이 기업 내 시설에 자유롭게 접근할 수 있어야 하고, 기업은 제작진이 그 어떤 방해도 받지 않고 촬영을 할 수 있도록 협조해야 한다. 또한 편집권을 가지지 못하며 방영 이전에 촬영분을 절대 볼 수 없다는 사실을 받아들여야 했다. 무엇보다 원활한 촬영을 위해 경영자가 1주일의 시간을 오롯이 프로그램 제작에 쏟아부어야 했다. 빈틈없는 스케줄 속에서 움직이는 그들에게 1주일이란 영원과 같은 시간이었다. 더구나 겨우 파일럿 프로그램 제작을 의뢰받은 상황에서는 촬영분이 반드시 방송을 탄다는 약속도 할 수 없었다. CBS의 높은 기준 때문에 우리의 어려움은 더욱 가중되었다. 하지만 이런 상황에서도 젠 브레스넌은 계속해서 시청자들의 눈을 사로잡을 만큼 시각적으로 흥미로운 여러 종류의 현장 작업이 있고, 대단히 카리스마 있는 보스가 운영하는 대기업이 필요하다는 것을 우리에게 끊임없이 일깨웠다.

그 와중에 다행스럽게도 한 기업에서 관심을 보인다는 연락을 받았다. 아주 괜찮은 조건을 가진 기업이었다. 사장이 손을 더럽히며 고된 일을 해야 하는 우리 프로그램에서, 미국 최고의 쓰레기 재활용 업체의 경영자보다 더 좋은 주인공이 또 있겠는가? 연매출 규모 120억 달러의 웨이스트 매니지먼트(Waste Mangement Corporation) 휴스턴 본부에는 우리의 든든한 지원군이 있었다. 웨이스트 매니지먼트의 홍보 책임자인 린 브라운(Lynn Brown)이었다. 그녀는 우리의 제안을 받아들이는 것이 큰 위험 부담이 될 수도 있지만, 반대로 자신의 홍보 경력에 획기적인 도움이 될 수도 있다는 생각을 갖고 있었다. 그녀가 해야 할 일은 리얼리티 프로그램에 출연하는 것이 절대로 자살행위가 아니라고 경영자를 설득하는 일이었다.

웨이스트 매니지먼트의 경영자 래리 오도넬(Larry O'Donnell)은 공학과 법학을 전공했다. 그는 2000년 수석 부사장, 총괄 고문 변호사, 법인 비서로 웨이스트 매니지먼트에 입사했고 4년 후 사장 겸 최고운영책임자(COO)로 승진했다. 4만 3,000여 명에 이르는 회사 직원들을 책임지고 있는 래리는 스스로 직원들과 많은 시간을 보내고 있었지만 뭔가 충분하지 않다고 느꼈다. 실제로 래리는 현장을 자주 찾아 직원들을 만났지만, 언제나 회사 사장으로 '대접을 받는다'는 것을 알고 있었다. 그래서 홍보 책임자 린이 '프로그램에 참여하면 신분을 숨기고 직원과 함께 일하게 된다'고 말하자, 래리는 뭔가 새로운 것을 배울 수 있는 기회임을 알아차렸다. 문제는 래리가 TV에 출연하고 싶은 마음이 없다는 것이었다.

하지만 린은 포기하지 않았다. 결국 그녀는 프로그램 제작자와 이야기를 나눠본 후 결정해도 늦지 않는다고 래리를 설득해, 자리를 마련해주었다. 우리는 휴스턴으로 래리를 찾아가서 웨이스트 매니지먼트의 경영자로서 이 프로그램에 출연했을 때 얻을 수 있는 점이 상당하다고 설득했다. 또한 그 어떤 부정적인 효과도 발생하지 않을 것이니 걱정 말라고 래리를 안심시켰다. 우리 중 엘리는 전설적인 영화 제작자 하비 웨인스타인(Harvey Weinstein)의 어시스턴트로 일을 시작했기 때문에, 대가들로부터 직접 설득의 기술을 전수받은 베테랑이었다. 래리가 흔들리기 시작했다.

결국 래리는 프로그램에 참여하기로 결정했다. 결정을 이끌어내는 데는 또 다른 두 사람의 공이 컸다. 그중 한 사람은 영국 엔지니어링 기업의 대표이사 스티븐 마틴(Stephen Martin)이었다. 그는 영국판 〈언더커버 보스〉 2회에 출연한 인물이다. 스티븐은 점점 늘어가고 있는 열정적인 '언더커버 보스' 동창 그룹의 첫 번째 멤버였다. 스티븐은 기꺼이 래리에게 스튜디오 램버트와의 거래에 대해 이야기해주고, 이 프로그램에 출연하는 일이 경영자라면 반드시 한 번은 해봐야 하는 일이라는 자신의 생각을 전했다. 래리는 그에게 여러 차례 전화를 걸었다.

또 다른 한 사람은 래리의 아내였다. 그녀는 남편에게 그 위험을 감수해야만 한다고 말해주었다. 그녀는 래리의 출연 승낙 이후 우리에게 이렇게 말했다. "그는 신중한 사람이에요. 그래서 저는 남편에게 지금이 바로 조금은 무모해질 필요가 있는 때라고 말했죠." 그렇게 래리는 미지의 세계에 발을 들여놓기로 결정했다. 린은 전화로 래리가 계약서에 서명했다는 낭보를 전해왔다. 우리는 촬영에 필요한 인원을 고용하고 래리의 인터뷰를 촬영한 뒤 그와 웨이스트 매니지먼트의 출연을 CBS에 알렸다. 며칠 뒤 CBS에서 파일럿 프로그램의 캐스팅이 승인되었다고 알려주었다. 우리는 드디어 프로그램을 만들 수 있게 되었다.

〈언더커버 보스〉 날아오르다

다음 몇 주 동안은 일이 폭풍처럼 밀어닥쳤다. 우리는 웨이스트 매니지먼트와 촬영과 관련한 사항들을 조율하면서, 한편으로는 나머지 다섯 군데의 참여 기업을 찾기 위해 전국을 돌아다녔다. 고생이 헛되지는 않아서, 스팀 그릴 버거로 유명한 패스트푸드 체인 화이트 캐슬(White Castle)을 소유한 잉그램(Ingram) 집안 사람들이 오하이오 본사에서 우리를 기꺼이 맞아주기로 했다. 또한 미국 최대의 경마업체 처칠 다운스(Churchill Downs)의 최고운영책임자 빌 카스탄잔(Bill Carstanjen)이 〈언더커버 보스〉라는 말에 올라타기로 했고, 후터스(Hooters of America)의 최고경영자 코비 브룩스(Coby Brooks)는 여직원이 대부분인 식당에서 일하는 동안 많은 것을 배울 수 있을 거라고 생각했다.

파일럿 프로그램의 촬영은 모험에 가까웠다. 웨이스트 매니지먼트의 영업장은 전국에 산재해 있었다. 우리는 래리가 다양한 현장 작업의 실례를 경험해보도록, 3개 주 9개 도시에 있는 지사를 거치는 야심찬 계획을 세웠다. 래리는 본거지인 휴스턴에서는 분명히 자신의 신분이 발각될 것이라고 생각했다. 그는 포트올레(Port-O-Let) 클리닝의 근무 감독관 길버트(Gilbert)를 몇 번 만난 적이 있기 때문에, 그와 만나면 자신의 정체가 드러날 거라고 걱정했다. 하지만 우리는 모험을 해보기로 했다. 그러고는 래리를 길버트가 있는 사업장에 보냈다. 위장을 위해 턱수염을 좀 기르고 작업복을 입은 래리는 그 어떤 문제도 없이 위장취업 미션을 완수해냈다. 아무도 자신을 알아보지 못하는 것에 래리 스스로도 놀란 듯 보였다. 길버트는 래리의 얼굴을 몇 번이나 정면에서 보았고, 화장실 청소 지시를 내리기도 했다. 하지만 길버트는 하루 종일 래리를 감독하면서도 사장을 알아보지 못했다. 래리는 장시간 힘든 일을 하면서 프레드라는 열정과 아이디어로 가득한 직원을 알게 되었고, 자신이 사무실 책상에서 결정한 생산성 목표를 직접 경험해보기도 했다. 이것이야말로 래리가 출연 계약서에 서명을 한 이유였다.

첫 회의 스토리는 이 책의 제1장에 자세히 소개되어 있다. 말할 필요도 없이 래리는 많은 것을 배웠다. 우리 역시 많은 것을 배웠다. 촬영이 끝날 즈음에 우리는 파김치가 되었지만 한편으로는 무척 들떠 있었다. 촬영을 마친 후 엘리는 런던에 있는 스티븐에게 다음과 같은 이메일을 보냈다.

보낸 날짜: 2009년 3월 31일 23시 59분
제목: 촬영 끝!

우리는 막 촬영을 마쳤네.
쓰레기차와 무대, 기중기, 스태프가 모두 자리를 잡았지. 당연히 시간은 지연되었어. 마침내 피날레를 장식할 준비가 되었는데 거대한 회색 구름이 모이면서 천둥소리가 들렸네.
비가 오기 시작했고 우리는 급히 비를 피해야 했지. 웨이스트 매니지먼트의 고위 간부들 사이에서 불만 섞인 목소리가 들렸어. 래리는 양복이 젖을까봐 트럭 운전석으로 올라갔네. 스태프와 나는 민감한 전자 장비들 위에 방수포를 씌웠지. 그러고는 플로리다의 굵은 빗방울이 포장로를 때리는 모습을 지켜보고 있었어. 처음 있는 일은 아니지만 치열하게 얻어낸 귀중한 자금을 이 마지막 행사에 퍼붓기로 한 것이 옳은 결정인지 의심하면서 말일세.
우리 표정을 본 한 스태프가 이렇게 말하더군. "걱정 마세요. 비는 그칠 거예요." 그리고 잠시 후 정말 비가 그쳤어.
구름이 걷히고 날이 훤해졌지. 100명의 직원이 모였네. 우리의 스타들이 사람들 앞으로 나섰지. 래리가 무대로 나갔고, 우리는 열흘 동안의 경험을 담은 근사한 비디오 클립을 상영하면서, 미처 인정받지 못했던 웨이스트 매니지먼트의 영웅들을 세상에 드러내는 시간을 가졌네. 그들은 기쁨으로 밝은 미소를 지었고 간간히 우는 사람들도 보였어. 모두가 웃으며 환호를 보냈네. 기중기가 아름답게 움직였고 헬리콥터는 원을 그리며 공중을 맴돌았지. 그것으로 우리는 첫 회의 촬영을 무사히 마치게 되었다네.
크리스 칼슨(Chris Carlson: 현장에 있었던 CBS의 간부)은 완전히 감동했어. 그는 니나도 분명 좋아할 거라고 확신하더군. 래리는 이 경험을 너무나 마음에 들어 했고, 다른 CEO들에게 전화를 하겠다고 자원했어.
우리는 모두 완전히 취해버렸네. 그리고 내일이 되면 우리는 다시 캐스팅에 나서고 팔을 걷어붙이고 편집 작업에 들어가겠지. 모두들 딴짓하지 않고 열심히 일하게 될 걸세.

촬영을 마친 다음 달부터 서둘러 파일럿 프로그램을 편집했다. 보통은 이 작업에 7~8주가 소요되지만 우리에게 남은 시간은 4주뿐이었다. 하지만 훌륭한 재료를 가지고 있다는 것을 알고 있었기 때문에 우리는 사명감을 가지고 빠르게 훌륭한 편집본을 만들 수 있었다. 간간이 젠과 그녀의 동료인 크리스 카스탈로(Chris Castallo)와 크리스 칼슨은 편집본의 요소요소를 지적하며 파일럿 프로그램을 잘 만들어야 한다고 압력을 넣었다. 그들은 위장취업 촬영을 진행할 때마다 우리에게 래리가 본래 가졌던 동기가 무엇인지 정확히 파악해야 한다고 강조했다. 래리가 그 일들 때문에 얼마나 많은 스트레스를 받고 있는지 좀 더 명확하게 보여주어야 한다는 것이다. 이러한 여러 가지 지적들은 결국 프로그램에 큰 도움이 되었다. 그들이 마감 시한을 맞추기 위해 고생하고 있는 모든 스태프에게 보낸 머핀 바구니가 그랬듯이 말이다.

우리는 래리에게 본인이 출연한 방송 편집본을 보여주었다. 흡족해진 래리는 세븐일레븐(7-Eleven)의 조 드핀토(JoeDePinto)에게 우리 프로그램을 소개해줬고, 조가 합류하게 됐다. 또한 허센드패밀리 엔터테인먼트(Herschend Family Entertainment)의 조엘 맨비(Joel Manby)도 참여 의사를 밝혀왔다. 대중들에게 상당히 잘 알려진 유명 브랜드들과 〈언더커버 보스〉의 첫 번째 시리즈를 만들 수 있게 된 것이다.

우리는 업프론트 주간이 열리기 직전에 파일럿 프로그램과 프로그램에 참여하기로 한 기업들의 명단을 CBS에 넘겼다. CBS는 라스베이거스의 상영실에서 대규모 청중을 동원해 파일럿 프로그램을 테스트했다. 결과는 꽤, 아니 상당히 좋았다. 그런데 CBS의 고위급 인사들에게서 그럴 리가 없다는 반응이 나왔다. 우리는 그들을 설득하기 위해 다시 테스트 상영을 했고 그 결과 긍정적인 결과를 얻었다. 방송사와 광고주들이 모여 연례 회합을 가지기 며칠 전에 젠이 전화를 걸어왔다.

"공식적인 전화입니다. 중간 개편 프로그램으로 〈언더커버 보스〉를 편성하기로 결정했습니다. 올해 말까지는 방영 준비를 완벽하게 마쳐야 합니다. 축하합니다. 기대가 무척 커요."

다음 주에 우리는 카네기홀에 앉아 있었다. 수천 명의 미디어 바이어(media buyer: 광고 매체의 시간이나 지면을 구입하는 사람-옮긴이)와 광고주들이 우리 파일럿 프로그램에서 발췌한 비디오 클립을 지켜보고 있었다. 다른 프로그램에 비해 우리 프로그램의 비디오 클립을 상영할 때 더 많은 웃음과 박수가 터져 나오는 것 같았다. 물론 우리에게 작품은 자식이나 마찬가지였으므로 중립적인 판단이 불가능했다. 하지만 프레젠테이션이 끝난 후 파티장과 블로그 사이트에서 들려오는 이야기들도 우리와 같은 의견이었다. 모두가 큰 감동을 받았다는 데 생각을 같이 했다. 래리와 그의 아내 그리고 린도 그 자리에 있었다. CBS의 유명한 관계자들이 래리에게 "이제 스타가 되시겠네요."라고 인사를 건넸다. 래리는 어색하다는 듯 웃음을 지어보였다.

여름과 가을이 지나가는 동안 우리는 〈언더커버 보스〉 5회분을 찍느라 정신없이 일했다. CBS는 주문을 연장했고 우리는 전자상거래 업계의 거대 기업 GSI 커머스(GSI Commerce)의 젊은 천재 경영자 마이클 루빈(Michael Rubin)과 오랜 역사를 가진 배수관 업체 로토 루터(Roto-Rooter)의 대표 릭 아킬라(Rick Arquilla), 꽃배달 업체 1-800-플라워즈닷컴(1-800-Flowers.com)의 공동대표 짐 맥켄(Jim McCann)과 크리스 맥켄(Chris McCann)을 프로그램에 섭외할 수 있었다. 편집실에서 나온 시리즈는 우리가 기대했던 모든 것을 구현한 것처럼 보였다. 우리의 작품은 웃음과 감동을 전달했다. 우리의 사장님들은 회사의 중역실에서는 당연하게 통하는 일들이, 일선에서는 때때로 까다롭고 이해하기 힘든 일이 된다는 것을 발견했다. 그리고 종종 의무와 기대를 넘어서는 일을 하는 정말 인상적인 인재들도 발견했다.

이후 몇 주, 몇 달이 지나면서 우리가 정말 설득력 있고 좋은 작품을 만들고 있다는 확신이 점점 강해졌다. 그렇지만 이 시리즈가 언제 세상의 빛을 보게 될지는 여전히 미지수였다. 우리는 CBS의 스케줄러가 12월에 우리 작품을 편성할지도 모른다는 이야기를 들었다. 좋은 일이지만 약간 실망이 되는 것은 어쩔 수 없었다. 연말연시 휴가철에는 큰 효과를 기대하기가 힘들다. 하지만 우리는 밤낮으로 열심히 캐스팅을 하고 촬영을 하고 편집을 했다.

12월이 왔지만 방송 날짜는 잡히지 않았다. 크리스마스 휴가가 시작되기 며칠 전 젠에게서 전화가 왔다. "전해드릴 소식이 있어요. 〈언더커버 보스〉의 첫 방영일이 결정되었어요. 아주 특별한 시간대에 편성되었답니다. 저희는 슈퍼볼 경기가 끝난 후에 프로그램을 방영할 예정이에요." 미리 크리스마스 선물을 받은 느낌이었다. 슈퍼볼은 1년 동안 TV로 방영되는 행사 중 가장 인기가 높다. 슈퍼볼 뒤에 방영되는 프로그램은 그 막대한 시청자를 고스란히 이어받을 수 있다. 아니, 적어도 프로그램 초반까지는 많은 시청자의 관심을 받을 수 있다. 물론 시청자들이 채널을 돌리지 않도록 관심을 유지할 수 있느냐가 관건이었다.

2010년 2월 7일 저녁, 우리는 44회 슈퍼볼을 보기 위해 선라이프(Sun Life) 스타디움으로 갔다. 엘리는 아버지를 초대했고 스티븐은 영국에서 열여덟 살 난 아들을 데려왔다. 우리는 슈퍼볼을 관람하고 있었지만 머릿속으로는 다른 생각을 하고 있었다. 이 경기에서 어느 팀이 이길 것인지는 관심 밖이었다. 우리의 바람은 경기가 끝까지 막상막하의 접전으로 이어져서 시청자들이 자리를 뜨지 않고 경기를 보게 되는 것이었다. 하지만 그것이 지나쳐서 연장전으로 이어지지는 않기를 바랐다. 프로그램 시작 시간이 늦어지면 사람들이 너무 지쳐서 시청하기가 어려워질 것을 염려했기 때문이다.

우리의 바람대로 경기는 대접전이었다. 지고 있던 뉴올리언스 세인츠(New Orleans Saints)는 4쿼터 중반에 24-17로 역전했다. 하지만 인디애나폴리스 콜츠(Indianapolis Colts)의 공격이 남아 있었다. 다음 공격에서 터치다운을 한다면 점수는 비슷해질 상황이었다. 연장전에 대한 불안감이 현실로 다가오고 있었다. 그러다 트레이시 포터(Tracy Porter)가 페이튼 매닝(Peyton Manning)의 패스를 가로채 74야드(약 67.67m)를 달렸다. 그의 터치다운으로 게임은 세인츠의 승리로 끝났다. 온통 흥분의 도가니였다. 말 그대로 손에 땀을 쥐게 하는 슈퍼볼이 끝났다. 하지만 시청자들이 계속 TV 앞에 앉아 화장실 청소하는 남자가 나오는 새 리얼리티 프로그램을 봐줄지는 의문이었다.

다음 날 아침 의문에 대한 답이 나왔다. 프로그램이 끝난 직후부터 한참을 기다려서야 시청률에 대한 첫 자료가 나왔는데, 그나마도 상세한 것은 아니었다. 하지만 CBS의 시청률 전문가는 우리에게 기쁜 소식을 전해주었다. "정확한 수치를 아직 알지 못하지만 빅 히트가 될 것 같습니다." 젠도 전화를 했다. "자료가 더 들어왔어요. 첫 방송의 시청률 유지 수치가 믿을 수 없을 정도에요. 첫 10분간 프로그램을 시청했던 사람은 모조리 끝까지 자리를 지켰어요." 우리는 환호성을 질렀다.

2010년 슈퍼볼 중계를 본 사람은 1억 600만 명에 이른다. 미국 방송 역사상 최고의 시청률이었다. 30분에 걸친 경기 분석 프로그램이 끝난 후 시청자 수는 4,500만 명으로 떨어졌다. 이후 우리 프로그램이 시작되고 10분 동안 그 숫자는 다시 3,700만 명으로 내려갔다. 하지만 그 이후 50분간은 그 수준이 계속 유지되었다. 새내기 리얼리티 프로그램이 미국 전체를 사로잡은 것이다. 시즌 첫 회의 공식 시청자 수는 3,860만 명이었다. 리얼리티 프로그램의 첫 방송으로는 유례가 없는 최고 기록이었다. 〈언더커버 보스〉는 1987년 12월 〈돌리(Dolly)〉 이래 가장 시청률이 높은 신설 프로그램으로, 지금까지 방송된 모든 프로그램을 통틀어 3위를 기록했다. 우리는 어안이 벙벙해졌다. CBS가 기뻐한 것은 두말 할 나위도 없다. 린도 즐거워했다. 래리를 끌어들인 그녀의 모험이 그녀가 꿈에도 그려보지 못한 성과를 거둔 것이다.

다음 주에는 프로그램이 일요일 오후 9시 정규 시간대로 옮겨졌다. 후터스 에피소드는 슈퍼볼의 도움 없이 우리 프로그램이 낼 수 있는 결과가 어느 정도인지를 보여주었다. 엄청난 사람들이 NBC에서 동계올림픽을 시청하고 있는 와중에도 1,500만 명 이상이 프로그램에 채널을 맞춰주었다. 우리는 첫 시즌이 끝날 때가 되어서야 대히트를 기록했다는 것을 완전히 믿게 되었다. 평균 1,700만의 시청자를 거느린 〈언더커버 보스〉는 2009~2010 TV 시즌 중에 가장 인기 있는 신규 프로그램이 되었다. 경제 상황이 어려운 시기에 우리 프로그램이 시청자들의 민감한 부위를 건드리고 동감을 이끌어낸 것이다.

〈뉴욕타임즈NewYorkTimes〉의 수석 TV 비평가 알렉산드라 스탠리(Alessandra Stanley)는 시즌 말 논평에서 우리 프로그램의 성공에 대해 언급했다.

"가장 인상적인 것은 근로자들의 겸손과 그들의 놀라움, 작은 배려에 대한 감사다. 〈언더커버 보스〉는 사람들이 적어도 불황 동안에는 권위에 맞서거나 자극하려 하지 않으며, 그들이 원하는 것은 작은 호의와 뜻밖의 큰 행운이라는 사실을 다시 상기시켜주었다."

남아 있는 작은 의문이 있다면 CBS가 두 번째 시즌을 의뢰할지 여부였다(결국 CBS는 새 시즌을 의뢰했고, 2013년 1월 현재 시즌4까지 방영되고 있다-편집자). 프로그램이 큰 인기를 끌자 우리가 프로그램의 기발한 구성과 아이디어를 어떻게 계속 이끌어낼 수 있을지 염려하는 사람들이 많아졌다. 그런 분들이라면 채널을 고정하고 우리 프로그램을 시청해주길 바란다. 부디 여러분이 재미와 감동을 느끼기를 바란다.

이 책을 읽어주시고 우리 프로그램을 시청해주신 모든 분들에게 감사드린다.

스티븐과 엘리

SORTING THROUGH THE GARBAGE

쓰레기 분리수거

"그게 TV 드라마 시리즈 〈소프라노(The Sopranos: 마피아 보스인 소프라노와 그 주변의 이야기를 그린 미국의 TV 드라마 – 옮긴이)〉 때문인 줄은 몰랐지만, 일부에서는 우리 업계에 있는 대부분의 사람들이 마피아와 연관되어 있다거나 현장에서 일하는 직원들이 전과자라는 생각을 갖고 있습니다. 저는 〈언더커버 보스〉가 이런 잘못된 통념을 고칠 수 있는 기회가 되기를 바랍니다."

래리 오도넬(Larry O'Donnell)
웨이스트 매니지먼트(Waste Management)
최고운영책임자

랜디 로렌스(Randy Lawrence)
실직한 건설 노동자

UNDERCOVER BOSS

방송에 출연하게 된 배경

대기업의 보스들은 TV리얼리티 프로그램에 출연하겠다고 나설 사람들이 아니다. 우리가 웨이스트 매니지먼트와 처음 접촉했을 때의 반응은 공포나 당황이라는 단어로밖에 표현할 수 없는 것이었다. 래리 오도넬은 자신이 출연한 프로그램이 처음으로 BNET.com을 통해 전파를 탄 후 이렇게 말했다. "린이 처음 이 이야기를 꺼냈을 때는 그녀에게 단단히 정신이 나갔다고 말했죠. 제가 리얼리티 TV 프로그램에 나간다는 게 말이나 됩니까? 그런데 좀 더 자세히 이야기를 나누다 보니 이런 생각이 들더군요. 우리 회사는 지난 몇 년 간 지위 고하를 막론하고 직원들이 일에 몰입할 수 있는 환경을 만들고 소통의 폭을 넓히기 위해 물심양면의 투자를 아끼지 않았습니다. 직원들을 대상으로 설문조사를 해보니 이 일이 직원 몰입을 추진할 수 있는 아주 훌륭한 기회가 될 것 같았습니다."

래리 오도넬과 직접 만나서 우리 프로그램은 대기업 경영주의 역할이 회사 내부 촬영을 허락해주는 데에서 끝나는 다른 TV 프로그램과는 달리, 보스 자신이 모든 장면에 등장하며 원치 않는 것을 발견하면 어떤 것이든 편집, 조정할 수 있다고 설명했다. 래리 오도넬은 그제야 방송의 의도를 납득하고 출연을 허락했다.

보스
래리 오도넬
웨이스트 매니지먼트 대표이사 겸 최고운영책임자

위장 신분 및 설정
랜디 로렌스
실직한 건설 노동자·견습 직원에 대한 다큐멘터리의 주인공으로 위장취업해 촬영하고 있다.

웨이스트 매니지먼트는 어떤 회사인가

웨이스트 매니지먼트는 북아메리카에서 폐기물과 환경에 대한 포괄적인 서비스를 제공하는 선도적인 업체이다. 휴스턴에 기반을 둔 이 회사와 자회사들은 거의 2,000만 곳에 이르는 미국, 캐나다, 푸에르토리코의 지방 자치 단체, 기업, 일반 고객들에게 폐기물 수거, 이동, 재활용, 처리, 자원 재생 서비스를 제공하고 있다. 이 회사의 직원은 4만 3,000여 명이며, 120억 달러에 달하는 매출을 올리고 있다. 웨이스트 매니지먼트는 390개의 수거 본부, 345개의 배송 사업소, 273개의 쓰레기 매립지, 17개의 폐기물에너지 전환 공장, 132개의 재활용 공장, 117개의 유효활용 매립지 가스 프로젝트로 이루어진 네트워크를 운영하고 있다. 웨이스트 매니지먼트는 자사의 전액 출자 자회사 WM 리사이클 아메리카(WM Recycle America)와 더불어 북아메리카의 최고 폐기물 재활용 업체로 손꼽힌다. 한편, 이 회사의 매립지는 야생동물들에게 2만 4,000에이커(약 3,000만 평) 이상의 보호지를 제공하고 있다.

래리 오도넬에 관하여

최고의 자리에 있는 사람이 다른 사람들과 잘 어울리며 서로를 이해하기란 힘든 일이다. 리더가 되면 원하는 대로 복지 범위를 넓힐 수도 있고, 정기적으로 평사원들과 식사를 같이 할 수도 있고, 모두에게 편하게 이름을 불러달라고 말할 수도 있을 것이다. 그렇지만 평범한 사람으로 다른 직원들 사이에 섞이려고 아무리 노력해도 보스는 보스일 뿐이다. 보스는 언제나 직원들에게서 듣지 못하는 이야기가 있는 법이다. 아무리 열심히 노력해도 말이다.

래리 오도넬은 자신이 팀의 일원이라는 데 자부심을 가지고 있다. 그는 2000년 웨이스트 매니지먼트에 입사한 이래 최대한 개방적인 대표이자 최고운영책임자(CEO)가 되기 위해 노력해왔다. 래리는 법률 분야에 몸담고 있다가 이 회사에 입사했고 단 4년 만에 대표이사 자리에 올랐다.

사회생활을 웨이스트 매니지먼트에서 시작한 것이 아님에도 불구하고, 아니 오히려 그 때문에 래리는 의식적으로 회사의 일선 직원들과 소통하고 그들을 이해하기 위해 애썼다. "제가 이해하지 못하는 많은 일이 있다는 것을 알고 있었습니다. 그렇기 때문에 일선에서 직원들과 만나 이야기를 나누는 데 시간을 투자하는 것을 가장 큰 일로 삼았죠." 래리는 대화를 통해 일터에서 직원들을 행복하게 하는 것이 무엇이고 그들을 괴롭게 하는 것이 무엇인지 알아내려고 애썼다. "문제가 무엇인지 모르면 아무것도 할 수 없지 않겠습니까. 우리는 한 팀입니다. 저는 팀을 만들고 강화하고 지키는 사람이 되고 싶습니다. 우리에게는 모두 다른 역할과 책임이 있습니다. 하지만 우리가 가는 길은 같습니다. 함께 열심히 노력해서 성공하는 길로 가는 것입니다. 혹 기대에 미치지 못해 실패했을 때라면, 우리는 다음 승리를 위해 필요한 것을 함께 알아내고 다시 노력하는 길을 갈 것입니다."

래리는 언제나 작은 메모지를 들고 다니며 직원들로부터 받은 피드백과 정보를 기록하는 것으로 유명했다. "저는 작업 현장에 갈 때마다 관리자들보다는 운전기사, 정비공과 함께 점심식사를 하는 것을 일로 삼았습니다. 그들은 감추거나 숨기는 법이 없었고 저는 한 페이지 가득 메모를 적어서 돌아오곤 했습니다."

래리의 메모나 리서치, 스프레드시트의 대부분은 수익성 신장, 고객서비스 개선, 안전 유지의 세 가지 주요 목표를 추진하는 데 도움이 되었다. 팀 빌딩을 위한 그의 진실한 대화에도 불구하고, 래리에게 회사의 이익을 높여야만 하는 재정적 의무가 있다는 것은 부인할 수 없는 사실이다. "저는 언제나 사무실에 앉아 성과 목표와 경비 절감 목표를 내겁니다. 효율성 향상이 일자리를 지키는 방법이죠." 하지만 효율만으로는 두각을 나타낼 수 없다. "이전에는 우리의 서비스가 타 경쟁사들보다 낫다고 생각하지 못했습니다. 때문에 우리는 고객들에게 좀 더 집중하고자 노력을 기울였습니다." 하지만 래리가 무엇보다 중요하게 생각하는 목표는 안전이다. 안전이란 사람과 직접 관련된 일이기 때문이다.

래리는 즐거운 목소리로, 아들은 인생의 기쁨이고 아내는 힘의 원천이며, 딸은 영감과 격려를 주는 존재라고 말한다. "딸아이는 지극히 정상적으로 태어났어요. 그런데 병원에서 검사를 받던 도중에 아이가 토한 것을 흡입했고 그 때문에 두뇌에 심각한 손상을 입었죠. 의사가 적절한 절차를 따르지 않았기 때문에 생긴 결과였습니다. 우리는 병원이 아닌 집에서 죽음을 맞이하자는 생각으로 아이를 집에 데려왔죠." 감사하게도 그의 딸 린레이는 아직 건강하게 살고 있다. 스물다섯 살의 이 명랑한 아가씨는 특수 가정 요양 시설에서 살고 있으며 래리는 그곳에서의 자원 봉사에 많은 시간을 쏟는다. 그들 부녀의 사이가 매우 특별하리라는 것을 쉽게 짐작할 수 있다. 물론 딸의 사고는 그에게 개인적으로 아주 큰 영향을 주었다. 그러나 거기에 그치지 않고 그의 안전에 대한 집착에 동력이 되고 있기도 하다. "딸에게 일어났던 일 때문에라도 저는 제가 책임지는 직원들이 적절한 안전 절차를 따르는 법을 모르는 상황이 생기는 것을 원치 않습니다. 우리는 안전에 대한 보고를 듣기 전에는 회의를 시작하지도 않습니다."

이것은 개별적인 직원의 안전에 국한되는 문제가 아니다. 안전하지 못한 처리 절차의 반향은 훨씬 더 멀리까지 이를 수 있다. "우리

PRODUCERS'S NOTE
제작 노트 | 촬영 뒷얘기

래리가 어렸을 때 그의 아버지는 건설 회사와 철물상을 소유하고 있었다. 철물상은 문을 닫은 지 오래였지만, 래리가 우리를 데리고 본래 철물상이 있던 자리를 찾았을 때 그가 아버지의 사업에 대해 좋은 기억을 가지고 있다는 것을 쉽게 알 수 있었다. 래리는 30년 가까이 찾은 적이 없었던 지금은 초라한 창고에 불과한 그 건물을 우리에게 보여주었다.

래리는 열일곱 살에 부상으로 축구 선수라는 전도유망한 길에서 탈선한 뒤 아버지 회사에서 처음으로 일을 시작했다. 래리의 아버지는 그가 맥없이 집 주위를 어슬렁거리게 두지 않고 가업으로 끌어들여 일을 시켰다. 그리고 다음 해 래리는 세 채의 가옥 건축을 감독하는 현장 주임으로 승진했다. 열여덟 살이라는 어린 나이에 그렇게 인상적인 리더십 기술을 보여준 사람이 이후에 대기업을 이끄는 자리에 앉게 된 것은 그리 놀라운 일이 아니다.

가 트럭을 부주의하게 몰아 사고가 생긴다면 그 여파는 사고에 직접 연관된 부상자들에게만 이르는 것이 아닙니다. 그 가족과 공동체 역시 영향을 받습니다."

래리는 위장 신분으로 현장에 들어가서 자신이 내세운 세 가지 목표가 얼마나 잘 흡수되고 있는지 살펴보고 싶었다. 또한 회사를 위해 일하는 사람들이 속한 세계를 보고 싶은 마음도 강했다. "저는 그게 TV 시리즈 〈소프라노(The Sopranos)〉 때문인 줄은 몰랐지만, 일부에서는 우리 업계에 있는 모든 사람들이 마피아와 연관되어 있다거나 일선에서 일하는 직원들이 전과자라는 생각을 갖고 있습니다. 우리 회사에는 믿을 수 없을 정도로 훌륭한 직원들이 있습니다. 대부분이 일찍 일을 마치고 가족들과 함께 하는 시간을 갖기 위해서 힘든 일을 택한 사람들이죠. 〈언더커버 보스〉가 기존의 잘못된 통념을 고칠 수 있는 기회가 되기를 바랍니다."

이 위장취업은 래리가 종업원의 입장에서 보고자 한 최초의 시도가 아니다. 불과 1년 전 래리는 자사의 차량을 운전할 수 있는 상용차 운전기사 자격증 시험을 쳤다. 직원들이 겪는 일에 대한 감각을 익히기 위해서였다. 도로주행 시험 날 그는 아침 일찍 회사 시설 한 곳에 트럭을 가지러 왔다가, 십여 명의 운전기사들이 모여 있는 것을 발견했다. 그에게 행운을 빌어주기 위해 이른 시간부터 직원들이 회사에 나와 있었던 것이다. 모두가 사장이 하고 있는 일을 알고 있는 눈치였다. 그가 합격 소식을 가지고 돌아오자 직원들은 축하 케이크로 경영자를 맞이했다. 직원들의 응원이 고맙기는 했지만 래리는 자신이 특별대우를 받고 있다는 것을 알았다. 아무리 좋은 의도로 노력하고 솔직한 대화를 하기 위해 애써도 래리는 직원들에게는 보스일 뿐이었다. 위장취업은 그런 특별한 관심을 피하고, 경영자의 눈으로는 볼 수 없는 것들을 볼 수 있게 해주는 기회가 될 것이다.

첫 번째 위장취업

재활용 선별 견습 직원
뉴욕 시라큐스 원료 재생 시설 재활용 라인 선별작업

래리는 이 모험을 원료 재생 시설(Material Recovery Facility, 이하 MRF)에서 시작하기로 했다. 재활용은 경기 침체에도 높은 수익을 올리기 때문에 회사 업무에서 아주 중요한 부분을 차지한다. 뉴욕 북부 지방의 냉기를 막기 위해 워치캡(watch cap : 모직으로 만든 테 없는 모자—옮긴이)을 쓴 래리가 라인 선별작업을 위해 도착했다. 라인 선별작업은 견습 직원이나 임시 직원들에게 주어지는 업무였다.

   MRF의 라인 주임인 샌디가 그날 래리의 보스였다. 쉰 살의 샌디는 웨이스트 매니지먼트에 입사한 지 3년 밖에 되지 않았지만 네슬레(Nestlé) USA 공장에서 라인을 관리한 20년의 경험을 가지고 있었다. 래리는 이미 소매가 있고 상하가 붙은 작업복에 안전모와 장갑을 갖추고 있었지만 샌디는 그에게 추가적인 안전 장비를 건넸다. 소음을 최소화하는 귀마개와 바늘에 찔리거나 유리에 베이는 것을 막기 위한 보호용 슬리브 한 쌍이었다. "보수는 언제 지급 받습니까?"라고 실직 노동자다운 질문을 래리가 하자 샌디는 아무런 의심 없이 "목요일이에요."라고 대답했다.

엄청난 폐물들이 벨트로 밀려드는 가운데 샌디는 참을성을 발휘하며 래리에게 판지, 플라스틱, 쓰레기를 재활용품과 분리해 색으로 구분된 상자에 넣는 법을 설명했다. 그 뒤 그녀는 뒤에 서서 래리가 자신이 설명한 것을 이해했는지 확인했다. 그가 큰 판지를 놓치자 샌디는 "판지!"라고 말해주었다. 잠시 후 또 "판지!"라는 소리가 들렸다. 벨트가 빠르게 지나치는 가운데 샌디는 래리가 놓친 판지와 쓰레기를 가리키며 계속해서 크게 소리를 질러댔다. "박스!!" 당황한 래리는 자신의 계속된 실수를 벨트의 속도 탓으로 돌렸다. 샌디가 "당신은 지금 4개 중 가장 느린 벨트에서 작업을 하고 있다구요."라고 설명하자 위장취업을 한 경영자 래리는 더 당황했다.

래리는 드디어 약간 숙달된 모습을 보이기 시작했고 샌디는 그를 더 빠르게 움직이는 벨트로 보냈다. 샌디는 누구나 최선을 다하면 무엇이든 잘 해낼 것이라고 생각하는 유형의 사람이었다. 그녀는 지나치게 낙관적이었다. 벨트의 속도를 맞추기 위해 고전하는 래리의 가슴은 빠르게 달음질쳤다. "기계가 막히지 않도록 판지가 있는지 살펴보다가 그것을 벨트에서 꺼내는 일이었죠. 전 완전히 혼이 나간 상태였습니다. 실수할까봐 등에서는 식은땀이 흘렀어요. 그 기계가 얼마나 비싼지 알고 있었으니까요."

갑자기 경보가 울렸다. 래리가 겁내던 일이 벌어진 것이다. 벨트가 멈추어 섰다. 박스가 기계에 끼어버렸다. 친절하게도 샌디는 래리를 책망하는 대신 기계를 정리할 동안 사람들에게 점심식사를 할 시간을 주었다.

실수 때문에 무척 미안해진 래리가 자신이 기계가 막히게 한 범인이라고 고백하고 있는데, 갑자기 샌디가 테이블에서 벌떡 일어나더니 목숨이 걸린 일이라도 생긴 듯 식당을 가로질러 시간기록계로 달려갔다. 샌디는 어리둥절해하는 래리에게 30분 점심시간 안에 업무 복귀를 기록하지 않으면 늦은 시간 1분마다 감봉이 있다고 설명해주었다. 몹시 놀란 래리는 자신이 승인한 적이 없는 그 정책에 대해 더 알아보려 했지만, 뭔가를 해보기도 전에 라인으로 돌아갈 시간이 되었다. 래리는 오후 내내 기계를 막는 원인이 되지 않기 위해서 고투를 벌였다.

래리는 이후 이렇게 설명했다. "그러한 종류의 발견은 위장취업의 장점을 보여주는 아주 좋은 사례입니다. 샌디가 설명한 것은 우리가 시행하는 시간기록 정책과 전혀 다릅니다." 직원들이 지각으로 인해 감봉되는 액수는 그보다 훨씬 적다. 그 정책에 대해서는 적절한 의사소통이 이루어지지 않았다. "저는 그 시설의 매니저 케빈을 압니다. 그가 그런 종류의 정책을 시행했을 리가 없습니다." 래리가 그곳에 공식적으로 방문한 것이라면 샌디나 작업반에 속한 사람들이 문제를 제기했을 가능성은 낮다. 그날 래리는 선별 라인 작업이 너무나 지루한 반복과 기계가 막히지 않게 해야 한다는 부담감에 작업 소음과 속도가 더해져서 얼마나 작업자를 피로하게 하는지도 깨달았다. "이 일이 이렇게까지 육체적으로 힘들고 정신적으로 피로한 것이라고는 생각지 못했었습니다. 믿을 수 없을 정도로 허리가 아프네요. 다음 장소로 갈 수 있을지 모르겠습니다." 그는 다음 장소로 가기는 했지만 평소처럼 기민한 모습은 아니었다.

> 두 번째 위장취업

날아다니는 쓰레기들
플로리다 폼파노 비치 센트럴 매립지 쓰레기 수거

래리는 겨우 4시간을 자고 다음 근무지인 플로리다 폼파노 비치 웨이스트 매니지먼트의 매립 시설에 도착했다. 래리는 완전히 녹초가 되어서 정신을 차리지 못했다. 작업반장인 월터는 그가 졸지 않는지를 확인해야 할 지경이었다. 월터는 교실 밖에서 작업하고 있는 불도저를 본 초등학교 5학년 때부터 그토록 원했던 중장비 기사의 꿈을 이루기까지 웨이스트 매니지먼트에서 20년 동안 일한 베테랑이었다. 쉰다섯 살의 그는 기술과 전문적인 통솔력, 그리고 든든한 존재감으로 이 시설에 있는 직원 대부분의 멘토 역할을 했다.

월터가 래리에게 맡긴 일은 단순하고 쉬워 보였다. 월터는 스파이크가 박힌 막대와 비닐봉지로 무장한 래리에게 언덕에 있는 쓰레기를 주우라고 지시했다. 월터는 손을 좌우로 휘저으며 나무가 별로 없고 풀로 뒤덮인 경사면을 어떤 방식으로 작업해 올라가야 하는지 일러주었다. 일은 쉬울 거라고 생각했지만 래리는 그래도 월터에게 기술에 대한 조언을 구해야 한다는 의무감을 느꼈다. "어떤 기술을 쓸까요?" 월터가 황당한 얼굴로 대답했다. "그렇게 큰 일이 아니네. 쓰레기를 찍어서 들어올려. 로켓 만드는 일이 아니란 말이야."

로켓을 만드는 일이라면 래리에게 더 나았을지도 모르겠다. 바람이 불자 쓰레기는 마치 자기 의지를 가지고 움직이는 것 같았다. 래리가 막대로 찍을 수 있을 만큼 다가서면 쓰레기는 이내 날아가버렸다. 간신히 쓰레기를 잡으면 바람이 불어 비닐 봉투를 제대로 다룰 수가 없었다. 래리는 언덕을 위 아래로 움직이면 바람을 유리하게 이용할 수 있지 않을까 생각했지만 월터는 미리 얘기해준 지그재그 형태를 고집했다. 잠시 후 월터가 작업량을 확인했

고 래리는 목표를 달성하지 못했다고 인정할 수밖에 없었다. 월터는 "봉지 끝에 구멍이 있는가 보네, 그렇지?"라고 말했지만 농담만은 아니었다. 월터는 점심식사를 시작하면서 무뚝뚝한 태도로 이렇게 말했다. "랜디, 자네는 기대만큼 못 미치는군."

허튼 짓을 용납 않는 월터와 친해지고 싶은 래리는 퇴근 후에는 무엇을 하냐고 질문을 던졌다. 월터는 대부분의 시간을 병원 치료에 할애한다고 설명했다. "나는 투석을 하네. 사흘 밤낮이 걸리지." 그는 이렇게 말하고는 아무것도 아니라는 듯이 덧붙였다. "신장 기능을 잃었어." 래리는 그렇게 활동적인 생활을 유지하는 월터의 능력에 감탄했지만 월터는 자기 연민에 빠지는 사람이 아니었다. "나는 정신을 통해서 몸에 어떤 일이 일어나야 하는지 지시하네. 몸이 내가 뭘 해야 하는지 지시하게 놓아둔다면 할 수 있는 일이 별로 없지. 나 같은 사람도 이렇게 일을 하는데 완벽하게 건강한 사람이 침울한 얼굴로 어슬렁거리는 꼴을 보면 정말로 화가 나. 내가 부러워하는

건강한 몸을 가지고서 그게 뭐냔 말이야."

　래리는 그런 월터의 사정을 전혀 눈치 채지 못하고 있었다. 잠시 후 래리는 다시 한 번 쓰레기 수거에 나섰다. 하지만 바람이 거세게 부는 언덕에서 쓰레기를 줍는 일은 의욕만으로 되는 일이 아니었다. 래리는 최선을 다했지만 바람과 비닐봉지, 종이들이 여전히 기세를 떨쳤다. 래리는 10분 안에 두 봉지를 채우는 데 실패했고, 실망한 월터는 견습생을 불러 나쁜 소식을 전했다. 래리는 해고되었다. 저녁에 모텔에 돌아온 래리는 완전히 낙담해서 기가 꺾여 있었다. "일을 해낼 수 없다는 것을 알게 되자 바람이 몰아치는 언덕에서 아주 비참한 기분이 느껴지더군요. 월터는 지금까지 나를 해고한 유일한 사람입니다."

PRODUCERS'S NOTE

나 아닌 다른 사람이 된다는 것은 쉽지 않은 일이다. 매립지에서 일하는 동안은 의사소통을 할 수 있는 라인을 유지하는 것이 중요하다. 하지만 그것보다 중요한 것은 누가 커뮤니케이션을 하고 있는지 기억하는 것이다. 우리는 현장의 모든 사람들이 사장인 래리를 랜디로 안다는 것을 완전히 잊어버리고, 래리가 '래리가 월터에게' 라고 무선을 보내는 것을 놓치고 있었다.
촬영팀은 매립지 밖에서 래리와 동행할 수가 없게 되어 있었다. 때문에 우리는 월터가 "나는 래리가 아니오! 여기는 래리라는 사람이 없어요! 나는 월터란 말이오!" 라고 대답하는 것을 초조하게 지켜보는 수밖에 없었다. 다행히 래리는 월터가 눈치채기 전에 실수를 깨달았고 간신히 위장 신분을 들키지 않았다.

[세 번째 위장취업]

멀티, 멀티태스킹
뉴욕 페어포트 하이 에이커스 매립지 칭량(稱量)사

래리는 해고의 쇼크를 덜어내기를 기대하며 명확한 목적을 가지고 다음 임무가 있는 곳으로 향했다. "우리는 최소의 직원으로 매립지를 운영하려고 노력하고 있습니다. 우리의 경비 절감 조치들이 효과를 나타내고 있는지 보고 싶습니다." 불행히도 래리는 여기에서도 그러한 조치들이 낳은 의도하지 않은 결과들과 마주치게 되었다.

시설 관리자인 제프로부터 미리 브리핑을 받았던 래리는 그날의 보스가 매립지의 일들이 조화를 이루며 굴러갈 수 있도록 접착제 역할을 하는 사람이라는 정보를 들었다. 그것은 극히 절제된 표현이었다. "부츠를 신었네요." 패기 넘치는 스물아홉 살의 재클린이 래리를 만나자마자 꺼낸 말이었다. "저는 항상 뛰어다녀야 하기 때문에 운동화를 신고 다녀요. 저를 잘 따라다닐 수 있어야 할 텐데." 그녀의 말은 농담이 아니었다. 시설 관리자 제프의 행정 어시스턴트이자 사무 관리자인 재클린은 래리를 이끌고 바람처럼 이동하면서 하루 동안 해야 하는 정신없이 많은 일들을 보여준 후에 래리를 트럭의 무게를 재는 칭량 건물로 데려갔다. 그곳에서 그녀는 칭량사와 칭량 감독의 일도 했다. 그녀는 래리에게 트럭이 도착하면 무게를 재고 출발할 때 적절한 적재량을 결정하는 절차를 훈련시켰다. 서툰 래리 때문에 트럭들이 줄지어 후진하기 시작했지만 재클린은 인내심을 잃지 않았다. 래리가 자리를 다시 인계해주자 그녀는 칭량 작업과 동시에 걸려오는 전화를 처리하기 시작했다. "전화는 계속 울려댔고 그녀는 운전사와 이야기를 나누고 나에게 일하는 방법을 설명하면서 컴퓨터에 무언가를 입력했어요." 래리는 놀라움 속에서 그날의 일을 회상했다. "그녀는 완전히 새로운 경지의 멀티태스킹을 하고 있더군요."

사무실로 되돌아가는 길에 재클린은 회사가 자신을 믿어줘서 자랑스럽다고 말했다. "돈 때문에 일을 하는 게 아니에요. 그냥 행정 어시스턴트만 할 때와 급여는 똑같거든요. 삶이란 자신이 만들어가는 거죠." 하루 일과 동안 서로 친해지면서 재클린은 스물한 살에 자궁 적출을 했고 스물다섯 살이 되기도 전에 5가지 암과 싸워 이겨냈다고 털어놓았다. 동정을 사양하는 그녀는 재빨리 덧붙였다. "언젠가는 이곳의 운영을 맡게 될 거에요." 재클린은 그야말로 패기와 열정이 가득한 사람이었다. 재클린은 래리가 근처에 가족이나 친구가 전혀 없다는 것을 알고는 그를 집으로 초대해 저녁식사를 대접하겠다고 나섰다.

래리는 스파게티와 미트볼로 저녁식사를 하면서 재클린이 남편, 딸과 함께 재클린의 아버지와 여동생, 시동생과 함께 살고 있다는 것을 알게 되었다. 재클린은 매립지에서 바쁜 하루를 보내고 집에 돌아와서는 남편의 사업을 위해 회계와 청구서 계산, 급여 지불의 일을 봐주었다. 하지만 다른 무엇보다 걱정스러운 일은 이 가족이 집을 내놓았다는 사실이었다. 최근 가족들의 수입으로는 감당할 수 없는 부동산 세금이 나왔기 때문이다.

래리는 자신을 너그럽게 대해준 재클린에게 감동을 받았다. 그리고 그녀 가족의 경제적인 어려움에 대해서도 걱정스런 마음이 들었다. "재클린의 가족이 너무나 걱정돼요. 다음 위장취업지로 떠나기 전, 그녀의 문제를 해결할 수 있는 일을 시작해야겠습니다." 다음 일터로 떠나기 전 관리자인 제프와 주차장에서 은밀하게 만나기로 한 래리는 재클린이 그렇게 많은 일을 해야 하는 이유가 매립지에 인력이 부족하기 때문이라는 사실을 알게 되었다. 래리는 재클린의 상황에 대한 개인적인 관심을 분명하게 밝혔다. 즉, 제프에게 재클린을 도와 조직 내에서 성공하게 할 방안을 준비하라고 지시했다.

네 번째 위장취업

똥과의 전쟁
텍사스 휴스턴 풍물 장터 간이 화장실 청소

"당신이 하게 될 일은 화장실 청소입니다." 현장 소장 길버트가 이렇게 말하자 래리의 얼굴이 굳어졌다. "이 화장실들은 수세식이 아니에요. 그러니까 사람이 들어가면 그 흔적이 그대로 남아 있단 말이죠." 이 일은 래리가 조사가 필요하다고 생각한 일이었다. 하지만 자신이 직접 경험을 기대한 일은 아니었다.

그곳의 작업반장인 프레드는 63세였지만 그 절반 나이 정도의 활력을 가진 사람이었다. 곰 같은 덩치가 주는 위압감은, 떠나지 않는 미소와 전염성이 강한 웃음으로 곧 누그러졌다. 프레드는 간이화장실 포트오레(Port-O-Lets)를 청소하는 일이 좋아서 주택가를 운행하는 쓰레기 트럭 운전사로 돌아갈 수 있는 기회도 마다했다. 프레드는 그 일을 10년 동안 해왔다고 말했다.

프레드는 거대한 풍물 장터에 있는 첫 화장실 구역을 향해 운전을 해가면서 래리에게 일에 대한 자신만의 독특한 접근법을 알려주었다. "우리는 사냥꾼이야. 먹이를 보면 슬금슬금 다가가는 거지." 나란히 늘어선 포트오레 앞에 차를 댄 프레드는 래리에게 경고했다. "우리는 안에 뭐가 있는지 몰라. 다만 그게 골칫거리라는 건 알지." 그가 한 칸의 문을 열자 휴지가 널려 있는 더러운 화장실이 드러났다. 프레드가 선언했다. "이건 운명이네." 역겨운 악취가 나는 화장실을 닦으면서도 프레드는 유머를 잃지 않았다. "이건 사람에게서 나온 것일 리가 없어. 안에 동물이 있는 게 분명해."

프레드와 래리가 막 팀워크를 쌓아갈 무렵 길버트가 도착했다. "여기서 8분 안에 나가서 VIP 구역으로 가야 해요." 프레드는 래리

PRODUCERS'S NOTE
제작 노트 | 촬영 뒷얘기

프레드의 훌륭한 태도가 어려운 일을 얼마나 즐겁게 만들어주었는지는 말로 표현할 수 없을 정도다. 그것은 TV 화면을 통해서도 전해졌다. 하지만 끔찍한 냄새가 풍기는 작업 환경 속에서 프레드의 정신력이 어느 정도인지 정말로 이해하려면 실제로 그곳에 있어보는 수밖에는 없다. 휴스턴 로데오(Huston Rodeo)의 간이 화장실 청소를 촬영하는 동안 촬영팀원 중 세 명은 주변의 악취 때문에 점심을 먹지 못했다.

가 진공청소기로 다음 칸의 오물을 빨아들이는 동안 속도를 내라고 독려했다. "리듬을 타, 랜디! 리듬을 타라구!" 래리가 서둘러 탱크를 비우는 동안 호스가 춤을 추듯 움직였다. 다음 구역으로 이동하는 길에도 프레드의 농담은 계속되었다. "이건 단순한 일이 아니라네. 이건 모험이야. 나는 이걸 통과의 전쟁이라고 부르지. 좋은 군사는 견딜 줄 아는 사람이네. 뭐가 좀 튀었을 때는 부상을 당한 거라고 생각하게. 하지만 부상을 당했더라도 싸움을 멈추어서는 안 되네."

래리는 그 시간을 회고하면서도 프레드의 낙관적인 태도와 유머에서 받은 깊은 인상에서 헤어나지 못하고 있었다. 그는 화장실을 청소하면서 정말 즐거운 시간을 보냈다. "프레드는 대부분의 사람들이 역겹다고 생각하는 직업을 재미있는 일로 바꿔놓았습니다. 내 생애 그렇게 긴 시간 동안 일을 하면서 그토록 웃어본 일은 없었어요."

다섯 번째 위장취업

쓰레기를 치우며 기분까지 맑게 해주는 수거원
뉴욕 로체스터 쓰레기 운반 회사 쓰레기 수거 트럭 보조

래리는 위장취업 마지막 날을 뉴욕의 쓰레기 수거 코스에서 일하며 보내기로 했다. 이것은 그가 오랫동안 많은 시간을 기울여 연구하고 분석한 일이었다.

동이 틀 무렵 래리는 그날의 보스인 제니스를 소개 받았다. 작은 키에 원기가 넘치는 이 마흔아홉 살의 여성은 벌써 할머니가 되었다고 했다. 그녀는 웨이스트 매니지먼트에 흔치 않은 여성 쓰레기 수

거 트럭 운전사였다. 그는 웨이스트 매니지먼트에서 6년 동안 근무했고 이전에는 경쟁사에서 쓰레기 트럭을 운전했다. 제니스는 노인병 환자 간호사로 사회생활을 시작했지만 쓰레기 트럭 운전을 좋아하게 되었다. "자, 나가서 쓰레기를 수거해봅시다." 제니스는 이렇게 의욕적으로 외치고는 래리를 쓰레기 수거 코스로 데려갔다. 300가구 이상을 돌아야 한다는 것을 알고 래리는 놀라지 않을 수 없었다. 코스에 들어선 지 얼마 되지 않아 제니스는 현장 주임으로부터 무선 호출을 받았다. 수거 진행 상황을 확인하는 것이었다. "우리는 매일 같은 길을 돌게 되어 있어요. 하루에 12~13시간씩을 일해야 하죠. 그런데도 위에서는 뭘 하고 있느냐고 닥달이죠. 일하고 있지 뭐겠어요. 내 참 기막혀서. 누군가 절차를 만들어서 보내지만, 현실과 안 맞는 경우가 허다해요. 우리는 늘 회사가 원하는 방식에 따라야 한다는 이야기를 들을 뿐이죠."

겉으로는 그녀의 말에 맞장구를 쳐주었지만 래리는 회사에서 생산성 향상을 외치는 사람이 바로 자기 자신이라는 것을 알고 있었다. "그녀가 즐겁게 일하지 못하는 이유는 회사의 정책 때문이고, 그런 정책을 만든 것이 바로 저라는 사실 때문에 기분이 엉망이었어요."

그녀와 다른 동료들이 불만을 갖는 것은 회사의 명령뿐만이 아니었다. 그녀는 주임들이 종종 현장에 나와서 운전사들이 일하는 것을 지켜본다고 설명했다. 그녀는 감시당한다고 생각했다. 그 정책을 만든 사람 중 하나인 래리는 현장 감독을 잘 알고 있었다. "저는 운전사들이 감시당한다고 생각하는 걸 몰랐습니다. 그건 원래 정책의 목적과 전혀 다릅니다." 래리가 사장으로서 만난 운전자들은 현장 감독에 대해 일을 능률적으로 할 수 있는 방법을 알려주고 새로운 시각을 갖게 하는 사람이라고 말했었다.

계속해서 코스를 이동하며 제니스는 래리에게 다른 고충들도 털어놓았다. "아주 좋은 회사이고 모든 것이 만족스럽지만 여성 친화적인 면은 부족한 것 같아요." 다음 정차한 곳에서 쓰레기를 싣기 위해 차에서 내린 제니스는 래리에게 자신이 말한 것이 무슨 의미인지 보여주었다. 트럭 옆면의 저장고를 연 그녀는 플라스틱 뚜껑이 달린 커피 캔을 하나 꺼내서 래리에게 건넸다. "쓰레기 트럭을 모는 여자들에게 필요한 옥외 화장실이에요." 처음에 래리는 그 말이 무슨 뜻인지 알아차리지 못했다. 그러자 제니스가 찬찬히 설명해주었다. "화장실에 갈 때마다 코스에서 벗어날 수가 없단 말이에요. 시간을 너무 많이 잡아먹거든요. 그래서 여기에 소변을 봐요." 래리는 충격과 당황스러움에 휩싸였다. 제니스가 겪어야 했던 일 때문만이 아니라 회사의 여성 운전자들이 화장실 문제를 어떻게 해결해야 할지 전혀 생각해보지 못한 자기 자신 때문이었다.

또 다른 블록으로 트럭을 운전해가는 제니스의 얼굴에 미소가 피어올랐다. 모든 불만이 사라진 모습이었다. 그녀는 자신이 가장 좋아하는 고객들을 만날 수 있는 코스로 들어서고 있다고 말해주었다. "매주 나를 만나기 위해 기다리는 사람들이 있어요." 제니스 혼자만의 생각이 아닌 것이 분명했다. 한집 모퉁이에는 노년의 부인이 기다리고 있다가 제니스와 포옹을 하고 그녀가 좋아하는 음료수를 건넸다. 그 거리로 더 들어가자 다른 두 명의 고객들이 집에서 나와 그녀에게 인사를 건넸다. 강아지들조차 제니스를 반가워하는 것 같았다. 그 블록 끝에 제니스의 트럭이 다가서자 짧은 갈색 곱슬머리의 한 중년 여자가 웃으며 문 밖으로 뛰어나왔다. 두 사람 역시 따뜻하게 포옹을 했다. 제니스는 래리에게 카렌을 소개했다. 카렌은 발달장애가 있는 여성이었다. 카렌은 자신이 가장 좋아하는 쓰레기 수거원인 제니스에게 쓴 편지를 읽어주며 그녀를 칭찬했다. 카렌이 제니스에게 쓴 편지를 들으며 래리는 딸을 생각했다. 힘겹게 글을 쓰고 읽어주기 위해 카렌이 얼마나 애를 썼을지 아는 래리는 감동으로 눈물을 흘렸다.

    래리는 쓰레기 트럭 뒤에 매달려서 이런 감동적인 순간을 맞게 될 줄은 짐작도 하지 못했다. 그가 속속들이 알고 있다고 생각했던 일에 대한 접근법에 의구심이 생겨 잠을 이루지 못하게 될 거라는 것도 말이다. "고객들은 저를 보지 않았습니다. 제니스만 봤죠. 그녀는 고객들과 시간을 보내고 싶어 했지만 생산성 목표 때문에 서둘러 자리에서 떠났습니다. 저는 그녀에게서 훌륭한 고객서비스를 제공할 기회를 빼앗는 정책들을 만든 셈입니다. 제가 만든 생산성에 접근한 방식은 매우 잘못되어 있습니다. 저는 우리의 정책이 운전자들에게 주는 영향을 깨닫지 못했습니다. 모두가 제 사무실에서 나온 것이에요. 바로 저에게서 나온 것이죠. 이제는 고쳐야겠습니다."

보스로 돌아오다

위장취업한 동안 배우고 느낀 모든 것을 얘기하고 싶어 몸살이 난 래리는 휴스턴으로 돌아오자마자 경영진을 소집했다. 그는 안전에 대한 메시지가 회사 문화의 일부가 되어 있다는 데 큰 만족을 느꼈다. "어떤 일을 하건 동료들은 신참인 제게 안 다치려면 어떻게 해야 하는지 끊임없이 상기시켜 주었습니다." 그는 생산성 확대를 위한 회사의 구상 중 대부분이 좋은 효과를 내고 있는 것을 보고 기뻐했다. 하지만 그의 마음 한편에는 '직원들이 감시당하고 있다는 생각을 가지게 해서는 안 된다', '쓰레기 수거 코스에는 휴식시간이 필요하다', '직원들이 지나치게 많은 양의 업무를 강요당해서는 안 된다' 는 등의 수정이 필요한 문제들에 대한 염려가 자리하고 있었다. "생산성이 중요한 것은 사실입니다. 하지만 우리가 추구하는 높은 수준의 고객서비스를 제공하기 위해 노력하는 훌륭한 직원들에게 좌절감을 안겨주지 않도록 균형 있는 방법을 찾아야 합니다."

이후 래리는 위장취업 기간 동안 자신의 '보스'였던 사람들을 한 사람씩 만나 자신의 정체를 밝혔다.

똥과의 전쟁에서 자신의 조수였던 래리가 회사 대표라는 것을 안

프레드는 크게 웃음을 터뜨렸다. 두 사람은 함박웃음을 지었고 래리는 프레드에게 그와 일하는 것이 정말 즐거웠다고 말해주었다. "일에 대한 당신의 긍정적인 접근법과 태도는 큰 변화를 만들고 있습니다. 저는 당신의 그러한 태도를 활용해 회사의 다른 직원들이 그런 신과 흥을 공유할 수 있도록 방법을 찾고 있습니다. 우리 경영진에게 강연도 하고 브레인스토밍 작업도 도와주실 수 있겠습니까?" 프레드는 너무나 가슴이 벅차서 차마 농담을 하지 못했다. "영광이죠. 아무나 받아보지 못하는 특혜죠. 큰 특전이에요, 래리. 회사를 위해 할 수 있는 것이라면 무엇이든지 하겠다고 약속하겠어요."

제니스는 회사에 대한 불만을 털어놓았던 조수가 사실은 사장이라는 것을 알고 걱정이 앞섰다. 그녀는 경영진의 감독 관행에 대해서 자신의 의견을 아주 솔직하게 표현했었다. 래리는 그녀를 안심시키고 오히려 그녀가 자신에게 가르쳐준 것이 무엇인지 설명했다. "제니스, 당신이 말한 것 중 너무나 큰 인상을 남긴 것이 있어요. 당신은 계속 '휴스턴'이나 '회사'라고 말했죠. 그렇게 말할 때 당신이 누구를 가리키고 있었는지 아세요? 바로 저였어요. 저는 내가 내린 결정들로 당신과 다른 운전기사들이 가지는 불만을 직접 경험해보았어요." 그는 현장 관리자들의 재교육을 통해 현장 감독 업무가 잘못을 찾아내는 감시 업무가 아닌 긍정적인 실행 과정으로 변화시키도록 하겠다고 설명했다. 이후 래리는 제니스가 여성 운전자로서 가지는 특별한 고충을 언급했다. "그런 점들도 시정하겠다고 꼭 약속 드리겠습니다. 여성들에게 도움이 되는 작업 환경을 만들 예정입니다." 제니스는 일하면서 부딪히는 곤란을 래리가 이해해준 것에 감사를 표했다. "그가 약속했어요. 정말 근사한 일이에요. 약속이 지켜지는지 지켜보겠어요."

다음으로 래리는 월터를 만났다. 그는 잠깐 당황했지만 곧 평정을 되찾고 '랜디가 청소를 정말 잘했다'고 농담을 던졌다. 래리는 월터의 개인적인 이야기가 큰 감명을 주었다고 털어놓았다. "당신은 거의 20년 동안 투석을 해왔는데도 정말 긍정적인 태도를 가지고 있어요. 유급 휴가를 받아 병원 치료를 받으세요. 저는 다른 직원에게 도움을 줄 수 있는 프로그램을 만들고 싶습니다. 당신은 정말 힘과 영감을 주는 사람이에요." 그런 찬사를 듣는 것이 불편한 월터는 겨우 이렇게 대답했다. "사장님이 우리와 함께 어울려 일을 했다는 것이 제게는 큰 의미로 느껴지네요. 높은 자리에 있는 양반들은 인사하는 시간조차 아까워하는데 말입니다."

샌드는 기계를 막아버린 신참 재활용 분리 작업자가 실제로는 회사 사장이라는 것을 알고 얼이 빠져 있었다. 래리는 샌드에게 배운 귀중한 가르침을 솔직하게 이야기했다. "저와 같이 점심식사를 했던 걸 기억하세요? 당신은 갑자기 벌떡 일어나서 식당을 뛰어나갔죠. 시간기록계에 정확하게 30분을 기록해야 했기 때문이죠. 그건 우리 정책이 아니었어요. 때문에 저로서는 정말 걱정이 되었죠. 시설 관리자 케빈에게 지시하여 그 문제를 손볼 생각입니다."

래리는 약속했던 그대로 케빈을 사무실로 불러 샌디와 다른 직원들이 시간기록계 때문에 겪고 느끼는 불안감에 대해 설명했다. 이로써 감봉 정책이 지각한 직원들에게 미치는 영향에 대한 오해를 바로잡게 되었고, 래리는 위장취업을 통해 직원들의 불만을 처리할 수 있게 된 것에 큰 고마움을 느꼈다.

너무 많은 업무를 맡고 있던 사무 관리자 재클린은 자신이 스파게티와 미트볼을 대접한 사람이 회사의 대표라는 것을 알게 되자 말을 잃었다. "당신의 개인사는 깊은 인상을 남겼습니다. 당신은 한번에 여러 가지 일을 처리하면서도 불평하지 않았어요. 그저 묵묵히 일을 해나갈 뿐이었죠." 래리는 그녀에게 들려줄 좋은 소식을 가지고 있었다. 그녀는 연봉제 직원이 되고 봉급이 인상되고 보너스도 받게 될 뿐 아니라, 현장 감독으로 승진하게 되었다. 현장 감독이 된 그녀의 첫 번째 임무는 더 큰 책임을 맡아줄 자신의 후임자를 뽑는 것이었다. 재클린은 눈물을 참으며 이렇게 말했다. "노력한 것을 인정받고 그에 대한 보상을 받는다는 것이 얼마나 가슴 벅찬지 설명하기 어렵네요."

마침내 래리는 위장취업의 경험을 모든 직원과 함께 나누게 되었다. 화면을 통해 직원들과의 감동적인 순간은 물론 래리가 쓰레기 선별 라인을 따라가지 못하고 쓰레기 줍기에 실패하는 초라한 모습들이 담긴 비디오가 상영되었다. 래리는 그것마저 즐겁게 보며 자신의 모습에 웃음을 지었다. 그 후 래리는 모여 있는 사람들 앞에서 진지한 모습으로 돌아가 이렇게 말했다. "저는 여러분 모두가 받아들여야 하는 많은 정책들을 만듭니다. 저는 이제 우리 회사에서 어려운 일을 도맡아 하는 사람들과 실제적인 관계를 맺고 있기 때문에 더 나은 관리자가 될 수 있을 것입니다. 저는 제 결정이 여러분 모두에게 미치는 영향력에 대해서 완전히 새로운 시각을 가지게 되었습니다."

래리는 보스가 아닌 동료로서 팀 구성원과 관계를 맺지 않았다면 직원들의 문제 가운데 결코 알 수 없는 영역이 있다는 것도 배웠다. 제니스가 아무리 활달하고 격의 없는 사람이라도 그가 회사의 대표라는 것을 알았다면 소변 통으로 사용해야 하는 커피 캔을 보여주지는 못했을 것이다.

언제나 위장취업이 가능한 것이 아니기 때문에 래리는 직원들로부터 정보를 구하고, 그렇게 얻은 식견을 실제에 적용하는 것이 아주 중요한 일이라는 확신을 갖게 되었다. "현장 직원들은 일을 더 낫게 만들려면 어떻게 해야 하는지 잘 알고 있습니다. 그들의 말에 귀를 기울이고 그들의 제안을 실행에 옮긴다면 모두 매우 만족할 것이고 참여의식을 느끼게 될 것입니다. 또 이것은 그들로 하여금 팀의 일원이라는 생각을 강화시켜 줄 것입니다. 사람들은 자신의 목소리를 내고 싶어 합니다. 성공과 실패가 있는 게임에서 자신이 한 몫 담당하기를 바라죠. 직원들이 자신의 의견을 제공해서 무엇인가를 개선하고 고칠 수 있다는 것을 안다면, 우리는 성공 잠재력을 가진 회사가 될 것입니다. 우리 회사의 직원들에게, 아니 어떤 회사이건 당신의 직원들에게 그들이 가장 원하는 것이 무엇이냐고 물어보십시오. 첫째로 꼽히는 것은 돈이 아닙니다. 그 목록의 맨 위에 있는 것은 언제나 인정입니다. 진심으로 직원들을 인정할 수 있다면 그것은 더 없이 강력한 도구가 될 것입니다. 저는 우리가 해낸 일이 정말로 자랑스럽고 뿌듯합니다."

위장취업이 끝나고

- 사람들은 아직까지도 프레드가 보여준 일에 대하여 얼마나 큰 감동을 받았는지 이야기한다. 그는 현재 웨이스트 매니지먼트를 떠나 병원에서 일하고 있다.
- 제니스는 좀 더 여성 친화적인 근무 환경을 만들기 위해 래리가 만든 특별팀에서 근무한다. 그는 여전히 새벽 2시 30분에 일어나 장시간 근무를 하지만, 래리가 이끌고 있는 긍정적인 변화들로 흥분과 의욕 속에 일하고 있다.
- 래리가 샌디와 그녀의 동료들이 겪고 있는 시간기록계 정책의 문제를 해결한 후 직원들의 사기와 생산성이 크게 높아졌다. 그 결과 공장은 재활용 우수 시설로 상까지 받게 되었다.

- 재클린은 매립지에서 자신을 대체할 두 명의 직원을 고용했고, 경리 부장이 되었다. 그녀와 가족은 집을 지킬 수 있었다. 현재는 암 수술에서 회복해 직장으로 돌아가기만을 기다리고 있다.

래리는 위장취업 경험이 귀중한 교훈을 얻는 기회가 되었다고 느끼고 있다. 또한 개인적인 감사의 마음도 더 커졌다. "우리 가족이 가진 문제는 우리가 감당할 수 있는 것이었습니다. 하지만 많은 사람들이 제가 겪어보지 못한 다른 많은 문제들로 큰 상처를 입고, 고통을 받고 있습니다. 〈언더커버 보스〉를 통해 얻은 경험은 제가 얼마나 많은 축복을 받은 사람인지 깨닫게 해주었습니다."

WINGS, WOMEN, AND BEER

닭다리와 여자, 그리고 맥주

"우리 아버지는 절대 현대적인 경영 방식에 순응하려 하지 않으셨습니다. 아버지 세대는 두려움을 통해 부정적인 심리를 강화시키는 경영을 했습니다. 아버지는 그와 같은 실수를 하지 않아야겠다는 배움을 통해 저를 가르치신 셈입니다."

코비 브룩스(Coby Brooks)
후터스(Hooters) 최고경영자

스카티 아처(Scotty Archer)
구직자

UNDERCOVER BOSS

방송에 출연하게 된 배경

후터스 레스토랑 체인은 치킨과 맥주, 몸매가 훤히 드러나는 옷차림의 여종업원을 특징으로 내세우는 브랜드다. 최고경영자 코비 브룩스는 고객들에게 재미있는 분위기를 관측하는 것을 목표로 하는 동시에 세계적으로 유명한 '후터스 걸(Hooters Girls)'에게 긍정적이고 보람 있는 근무 환경을 조성하는 데에도 열심이다. 현장에서 근무하는 직원의 절대 다수가 여성이기 때문에 코비에게는 위장취업 경험이 어려운 일이었지만 그는 팔을 걷어붙이고 꼭 맞는 흰색과 오렌지색으로 된 후터스 티셔츠를 억지로 끼어 입고 일에 나섰다. 많은 사람들은 모르고 있지만 후터스는 코비의 아버지 로버트 브룩스(Robert Brooks)가 작은 기반으로 시작해 성공한 기업이다. 코비는 위장취업을 통해 아버지의 유산에 대해 생각해볼 기회를 가지게 될 것이라고 생각하고 있었다.

보스

코비 브룩스
후터스 아메리카, 내추럴리 프레시(Naturally Fresh, Inc) 사장 겸 최고경영자

위장 신분 및 설정

스카티 아처
불경기 때문에 그의 가족이 운영하던 건설 사업이 어려움을 겪으면서 직업을 구하고 있다. 구직 과정을 촬영하는 프로그램에 출연한다는 설정이다.

후터스는 어떤 회사인가

1983년 4월 1일 만우절, 플로리다 출신의 사업가 여섯 명이 장난삼아 레스토랑 하나를 개업했다. 아이디어는 간단했다. 좋은 음식, 차가운 맥주, 그리고 예쁜 아가씨들…. 남자들이 쫓겨날 염려 없이 '즐거운 시간'을 보낼 수 있는 곳을 만들고자 했던 것이다. 그들은 몸매가 훤히 드러나도록 꽉 끼는 흰 탱크 탑에 오렌지색 숏팬츠(이런 옷차림은 이 식당을 차별화하는 가장 큰 특징이 되었다)를 입은 매력적인 여종업원들로 대표되는 자신들의 사업을 후터스라고 불렀고 올빼미를 로고로 채택했다. 1년이 지나지 않아 본래의 소유주들은 자신들의 콘셉트와 프랜차이즈 확장 권한을 내추럴리 프레시의 소유자인 애틀랜타의 사업가 로버트 브룩스에게 매각했다. 항공사에 크리머와 샐러드드레싱을 공급하는 일로 사업을 시작한 브룩스는, 정치적 정당성과는 다소 거리가 있는 후터스의 콘셉트를 사들여 세계적인 사업으로 탈바꿈시켰다. 오늘날 후터스 아메리카는 27개국과 미국 내 44개 주에 450개 지점을 두고 있다. 괌 매장을 열면서 회사는 과거 대영제국과 같이 '해가 지지 않는' 후터스가 되었다.

오랜 시간이 흘렀지만 본래의 콘셉트는 물론이고 후터스 걸의 유니폼에도 거의 변화가 없다. 1980년대 복고 스타일의 여성성 강조는 후터스 비즈니스 모델의 핵심으로 남아 있으며, 회사는 후터스 걸이 사회적으로 달라스 카우보이(Cowboy)의 치어리더들이나 〈스포츠 일러스트레이티드(Sports Illustrated)〉의 수영복 모델과 다를 바 없는 존재로 받아들여지고 있다고 주장한다. 후터스는 출구에

'패밀리(가족)' 레스토랑이 아닌 '네이버후드(이웃)' 레스토랑이라고 광고하고 있다. 스물다섯에서 쉰네 살 사이의 남성들이 후터스 고객의 70퍼센트를 차지하고 있다. 후터스는 여성과 어린이도 기꺼이 받아들이지만 특별히 그들에게 판촉을 하고 있지는 않다. 여성 착취라는 시각에 대항하기 위해 후터스 아메리카는 성희롱 문제를 다루는 데 적극적인 노력을 펼치며 광범위한 공동체 복지 활동과 자선 사업에 힘을 쏟고 있다. 후터스 커뮤니티 인다우먼트 펀드 (Hooters Community Endowment Fund)는 1992년부터 다양한 자선 사업을 위해 800만 달러 이상 자금을 모았다. 2006년에는 종업원들의 이름으로 200만 달러의 유방암 연구 보조금 기구를 설립했다. 2009년 한 후터스 걸의 남편이 사망한 후에는 회사 자체적으로, 기금 관리 조직을 만들어 운영하고 있다.

코비 브룩스에 관하여

사람들의 삶은 계획대로 되지 않는다. 환경이나 운명의 장난으로 삶은 스스로 예상하거나 원했던 것과는 다른 방향으로 떠밀려 가곤 한다. 코비 브룩스 또한 후터스의 CEO가 되겠다고 생각해본 적이 없었다. 그는 고등학교를 졸업한 이후 아버지 회사 한두 군데에서 일을 하며 세 명의 아이를 키우던 마흔 살의 싱글대디였다. 코비는 가업을 잇는 일이 자신의 사명이라고 생각하지 않았다. 대신 경찰이 되는 꿈을 갖고 있었다. 하지만 그의 아버지 밥은 코비와는 스타일이 정반대였다. 밥은 정력적이고 거칠고 공격적인 반면 코비는 조용조용 말을 하는 차분하고 사려 깊은 성격이었다. 그래서인지는 몰라도 코비의 형인 마크가 확실한 상속자로 결정되어 있었다. 대학을 졸업한 코비가 경관 시험을 보려고 할 때 아버지 밥이 제안했다. 자신이 다른 관심사를 쫓기 전에 1년만 후터스에서 일을 해달라고 아버지가 부탁한 것이다. "아버지는 저를 차에 태우고 계속해서 설득했습니다. 차에서 내리는 방법은 아버지의 뜻을 받드는 것뿐이었죠." 1992년 코비는 본부에 채용되어 1년 동안 일하게 되었다. 운명을 결정짓는 한 해였다. 그해 코비의 형 마크는 비행기 추락 사고로 숨지고 말았다. 가족들을 위해 이 사고를 수습하면서 코비는 회사에 남기로 결정했다.

비슷한 시기에 후터스는 남성 웨이터를 고용하지 않는다는 차별 혐의를 포함해 일련의 큼직한 소송에 휘말렸다. 여섯 명의 창립자들과 밥은 종종 프랜차이즈를 둘러싼 합의 규정을 두고 싸움을 벌였다. 그리고 밥은 30년의 결혼 생활을 뒤로 하고 코비의 어머니와 이혼했다. "아버지와 저는 많은 부분에서 극단적으로 의견을 달리했습니다. 많은 논쟁을 벌였고 뜻이 맞지 않는 부분도 많았죠. 처음부터 아버지가 돌아가시는 그날까지요." 코비는 이렇게 돌려 말했다. "우리 부자 사이에는 늘 논쟁이 치열했죠." 1999년 경쟁심이 강하고 투쟁적인 아버지와 일하는 데에서 오는 스트레스로 코비는 한계점에 도달했다. 결국 코비는 2년 동안 냉각기를 가졌다. 냉각기 덕분에 관계가 회복되어 회사에 전임으로 복귀할 정도가 되기는 했지만, 그렇다 해도 코비가 그 다음에 일어난 일까지 각오한 것은 아니었다. 2003년 밥은 애틀랜타 본부에 중역들을 소집해 대표직에서 물러나겠다고 폭탄선언을 했다. 그리고 자신의 뒤를 이을 후임자로 코비를 염두에 두고 있었다. 다른 사람들은 물론 코비에게도 놀라운 사건이었다.

항공 사업에 손을 대겠다는 아버지의 결정에 크게 반대한 것 외에는 세대교체가 놀랄 만큼 매끄럽게 이루어졌다. 코비는 변화보다는 진화를 위해 노력했다. 그는 메뉴를 업그레이드하고 식당에서 원래 제공하던 맥주와 와인 이외에 칵테일을 추가했다. 코비는 좀 더 편안한 의자와 새로운 비디오 스크린을 설치하고 와이파이를 제공하면서 시설의 현대화를 위해 애썼다. 한편 코비가 기울인 개인적 노력의 대부분은 가맹점 소유주들과의 관계를 개선하는 데 방향이 맞추어졌다. 점주들과 아버지의 관계가 좋지 않았기 때문이다. "아버지는 현대적인 경영 방식에 절대 순응하지 않으셨죠. 아버지 세대는 두려움을 통해 부정적인 심리를 강화시키는 경영을 했습니다. 아버지는 그런 경영을 제게 보여줌으로써 저를 가르치신 셈입니다." 회사는 이제 450개 지역에 지점을 두고 연간 10조의 매출을 올리고 있으며 120개의 지점을 직영으로 운영하고 있다. 코비는 경영 스타일의 변화가 잘 받아들여져 좋은 효과를 냈다고 말했다.

밥은 2006년 숨을 거두었고 코비는 아버지가 설립한 회사를 책임지게 되었다. 심각해보이지 않을지 모르지만 그 역시 다른 모든 사업이 그렇듯이 같은 종류의 문제에 직면해 있었다. "경제 상황이 아주 좋지 않아서 매출이 감소하고 있습니다."

코비는 조용한 성격과 냉철한 스타일 덕분에 모든 외적인 혼란을 한쪽으로 치워두고 사업에 필요한 일들에 집중할 수 있었다. 그는 현장 운영을 가까이에서 편견 없이 살펴, 불황 속에서도 회사의 위상을 좀 더 높이기 위해 위장취업을 하기로 결정했다. "회사의 고위직에 있는 사람들은 식당을 방문해도 솔직한 피드백과 반응을 얻기가 힘듭니다. 빠진 것 없는 진짜 이야기를 듣고 있는지 알 수 없죠. 접근하지 않으면 알아내기 힘든 진짜 문제들을 파악하려면 위장취업이 필요하다고 생각합니다." 코비는 아마도 처음 자신이 기대했던 것보다 더 많은 것을 깨닫게 되었을 것이다.

첫 번째 위장취업

주방에서 쫓겨나다
텍사스 댈러스 후터스 레스토랑 주방 직원

직영 레스토랑에는 코비의 사진이 잘 보이는 데 걸려 있기 때문에 코비는 가맹점에만 위장취업을 하기로 결정했다. 그는 턱수염을 깎고 안경을 써서 위장을 했다. 그가 취업한 시기는 다행스럽게도 CEO를 알아볼 만한 가맹점 고위 관리자들 대부분이 물러난 때였다. 그가 처음 일하게 된 곳은 댈러스 시내 서쪽에 위치한 420평 규모의 후터스 최대 체인점이었다.

"우리는 후터스 걸에 많은 관심을 쏟고 있습니다. 그러나 저는 밖에서 보이지 않는 곳을 살피는 일에 많은 시간을 투자하지 못하고 있다는 걱정이 큽니다. 후터스 걸들이 좋은 이미지를 가지는 것은 주방 직원들이 열심히 일해주기 때문입니다." 회사가 주방 직원들을 위한 보상 프로그램을 시작하기는 했지만 코비는 모든 가맹점이 이 프로그램을 따르고 있을지 궁금했다. 또 자신이 힘든 주방 일을 잘 해낼 수 있을지도 염려되었다. "주방 일을 해본 건 20년도 더 되었습니다."

그가 걱정할 만한 일이었다. 해병과 경찰에 몸담았던 총지배인 데이브는 코비의 임무가 '총알받이'라고 솔직하게 밝혔다. 코비가 할 일은 저녁 시간에 몰려드는 손님 때문에 늘어난 일감을 처리하는 것이었다. 데이브는 장난을 쳐가면서 사람들을 친숙하게 대했지만 그것이 큰 레스토랑을 군대처럼 일사불란한 규율을 통해 움직여야 하는 운영 방식에 영향을 미치지는 않았다. 데이브는 코비가 속도를 높일 수 있도록 격려하고 구슬리면서, 필요에 따라 이 훈련생을 음식 준비에서 청소, 다시 주방 일로 이동시켰다. 데이브는 근무 시간 내내 여러 차례에 걸쳐 코비의 속도가 늦어서 식당에 정체현상이 빚어지고 있다고 경고했다.

"스카티(코비의 위장취업 이름)는 아주 가혹한 상황에 처했죠. 여기서 처음 일을 시작하는 사람들은 모두들 그래요." 데이브가 말했다. "스카티는 몸이 좀 굼떠요." 데이브는 코비를 옆으로 데려가 고생했다는 말을 건네면서 후터스에서는 일을 할 수 없겠다고 전했다. 코비는 도움은커녕 방해만 되었다. 다른 직원들이 주방에서 나와 코비가 하지 못한 일을 마쳐야 할 정도였다. 데이브가 의미심장한 농을 쳤다. "지금 갖고 있는 직업을 절대 잃어서는 안 된다고 늘 각성할 수 있도록. 모자와 셔츠는 가져가도록 하세요."

기진맥진한 코비는 더 이상은 주방에 불려 들어가지 않게 되었다는 소식에 기분이 나쁘지만은 않은 모양이었다. 코비는 그 정도 크기의 레스토랑이 통제 불능의 악순환에 빠지지 않으려면, 매니저가 잘 따라오지 못한 직원에게 타협의 여지를 주지 않고 직원들을 확실히 관리해야 한다는 점을 깨달았다. 코비는 일이 무척 힘들 것이라고 이미 예상하고 있었다. 그러나 한 가지 그가 몰랐던 건 수십 년 전의 주방 모습과는 많이 변해 있었다는 점이다. "요즘은 주방이 라틴 아메리카 문화의 영향을 많이 받고 있더군요. 크게 놀랐습니다. 저는 스페인어를 모르기 때문에 동료들과의 의사소통이 불가능했죠. 데이브도 어느 정도 스페인어를 구사할 수 있지만 그들이 좀 더 효과적으로 소통할 수 있으려면 비 라틴계 관리자들에게 기초 스페인어 교육을 시켜야 할 것 같습니다. 주방에서 함께 사용하는 용어만이라도 말입니다."

PRODUCERS'S NOTE

 제작 노트 | 촬영 뒷얘기

1. 후터스 편 촬영을 시작할 무렵 코비의 허리가 문제를 일으켰다. 코비는 회사에서 어떤 일을 하게 될지 전혀 알지 못했지만, 그 일들 중 일부는 노동의 강도가 상당할 것임이 거의 확실했다. 때문에 지압사를 불러 시술을 부탁했고, 결국 지압사의 도움을 받아 통증과 피로에도 불구하고 임무를 완수해냈다.
2. 첫날 밤 코비가 묵은 호텔은 그의 말을 빌자면 소름이 돋는 곳이었다. 지압사는 어떤 상황에 부딪힐지 몰라서 쭈뼛쭈뼛 호텔에 들어섰다. 이 호텔의 분위기를 굳이 설명하자면, 유명한 공포영화에 등장하는 베이츠 모텔(Bates Motel)에 가깝다. 차에서 기다리는 동안 지압사는 호텔의 분위기 때문에 경찰의 함정 수사가 아닌가 하는 생각을 했다고 털어놓았다. 하지만 코비와 만나자 걱정은 말끔히 사라졌고, 매일 밤 호텔방은 지압실로 변했다.
3. 촬영 중에 고생을 한 것은 코비만이 아니었다. 촬영팀에게도 몹시 어려운 촬영에 긴 스케줄이었다. 계속 촬영이 이어지면서 스태프들의 고충을 알게 된 코비는 고된 일을 하는 촬영팀 중 몇몇에게 지압사를 소개해주었다. 위장취업이 끝난 주말, 코비는 촬영팀 모두가 호텔 방에서 지압사의 시술을 받을 수 있도록 배려했다.

두 번째 위장취업

괘씸한 사실
텍사스 댈러스 후터스 레스토랑 판촉 요원

코비는 두 번째 위장취업을 위해 이번에도 댈러스 매장으로 돌아갔다. 그날 코비는 판촉을 담당하는 두 명의 후터스 걸, 아만다와 브리트니를 따라 시내 판촉 활동에 나섰다. 데이브와 주방 직원에게는 오히려 다행스러운 일이었다.

브리트니는 코비가 입을 밝은 오렌지색 후터스 운동복을 건넸고 아만다는 그에게 셔츠를 선택하게 했다. "XX-스몰, X-스몰, 스몰 사이즈가 있어요. 어떤 사이즈를 입으시겠어요?" 코비가 맞는 게 없을 것 같다고 대답하자, 아만다는 여자 직원들은 모두 옷에 몸을 맞추니 그도 그렇게 해야 한다고 말했다. 스몰 사이즈 티셔츠를 끼어 입은 코비와 두 후터스 걸은 사람이 많이 다니는 교차로에 푯말을 세웠다. 아만다와 브리트니, 코비는 뼈 없는 닭날개 튀김을 시식용으로 제공하고 레스토랑의 메뉴와 특별 메뉴를 알리는 전단을 나누어주며 행인들의 관심을 끌었다.

거리에서 후터스 복장을 하고 나선 지 얼마 되지 않아 짓궂은 방해가 뒤따랐다. 몇몇 중년 남성들은 '맥주, 나체의 여성, TV'를 찾고 있다는 노골적인 말을 서슴지 않았다. 아만다와 브리트니는 후터스에서 서빙 일을 하는 것이 이해가 되지만 코비는 뭘 하는지 모르겠다고 농담하는 사람도 있었다. 코비와 후터스 걸들은 이런 반응에 침착하게 대처하면서 그들 나름의 재치를 발휘했다(코비는 후터스 걸이냐는 질문을 받으면 '이상한 것이 달려 있어서 안 된다'며 받아쳤다).

대화가 가볍고 명랑하기만 했던 것은 아니다. 브리트니와 아만다는 다른 여성들로부터 '성적인 착취를 당하고 있지 않느냐?'는 질문을 받았다. 한 부부는 후터스에 가본 적이 있지만 좋아하지는 않는다고 털어놓았다. 그 부인은 후터스 체인이 여성을 착취한다고 생각했고 남편은 아무래도 아이들을 데리고 가는 것이 꺼려진다고 말했다. 또 다른 부부도 비슷한 말을 남기고 지나갔다. 남편은 후터스를 무척 좋아하지만 부인은 후터스가 여성의 품위를 떨어뜨린다고 생각하고 있었다.

대중들의 이런 반응은 브리트니와 아만다에게 생소한 것이 아니었다. 브리트니는 코비에게 유니폼 때문이라고 말했다. "처음 일을 시작하면서 유니폼을 받았을 때 속으로 '말도 안 돼. 이런 옷을 입으라고?' 하고 생각했어요. 하지만 막상 입어보면 생각만큼 그렇게

나쁘지는 않아요."

거리에서 만난 여성 중 한 명은 후터스에 대해 탐탁지 않게 생각하는 가장 큰 이유가 몸매가 많이 드러나는 유니폼이라고 말했다. 아만다는 '충분히 옷을 입고 있다고 생각한다'며 복장을 옹호했다. 수영을 할 때는 사람들 앞에서 훨씬 몸매가 많이 드러나는 옷을 입는다고 반박하면서 말이다. 하지만 그 여성은 전혀 흔들림이 없었다. 그녀는 자신의 딸이나 동생이 그런 복장으로 일하는 것을 원치 않는다고 했다.

아만다와 브리트니는 그런 말에 당황하거나 단념하지 않았다. 레스토랑으로 돌아가는 길에 브리트니는 여성들이 어떻게 생각하건 남편들은 여전히 찬성 입장에 설 것이라고 말했다. 하지만 코비는

우리는 위장취업한 경영자들에게 직원들이 알아보지 못하도록 변장을 하라고 권하곤 한다. 하지만 텍사스 노스알링턴에서 그 어떤 회에서보다 대담하고 신선한 변장이 필요했다. 후터스 걸로 변신해야 했던 것이다. 아만다라는 이름의 젊은 여직원(댈러스 매장에서 판촉 업무를 담당했던 아만다와 혼동하지 마시길)은 후터스에서 유능한 서버로 일하는 데 필요한 모든 것을 가르쳐주었다. 그렇지만 후터스 걸이 되는 일에는 가르칠 수 없는 부분이 있었다. 남자 서버라고 해서 마냥 편하게 근무할 수 있는 것은 아니었다. 근무 내내 그는 '후터스(hooters: 여성의 가슴—옮긴이)'를 드러내라는 짓궂은 농담에 시달렸고, 그러자 코비는 "저는 원래 그런 거 없이 태어났다고요!"라고 응수했다. 그럼에도 뒤태가 예쁘다는 칭찬을 들었다.

괴로웠다. 그는 후터스에 대해 성차별 인식이 있다는 사실을 알고 있었다. 하지만 직원들이 이러한 사람들의 생각에 맞서야 하는 모습을 직접 본 적이 없었다. "직원들이 겪는 이런저런 일들을 직접 보니 정말 놀라지 않을 수 없네요. 이것은 제가 짊어져야 할 짐이 분명합니다. 후터스 걸 유니폼에 손을 대지 않으면서도 더 많은 고객들을 끌어들일 수 있는 뭔가 다른 방법을 찾아야겠네요. 모든 사람들이 우리를 좋게 받아들이도록 만들 수는 없겠죠. 하지만 몇몇 사람들의 마음만 움직여도 대단히 큰 차이를 만들 수 있을 겁니다. 세상에는 부정적이고 나쁜 일들이 많습니다. 하지만 후터스는 절대 그런 일이 아닙니다."

세 번째 위장취업

테이블 매너
텍사스 알링턴 후터스 레스토랑 부지배인

후터스 걸 노릇을 하느라 진을 빼던 코비는 다음 일은 잘 해낼 수 있다고 자신감 있게 나섰다. 바로 매장의 부지배인으로 일하는 것이었다. "매장의 총지배인은 운동팀의 코치와 같습니다. 모두가 함께 노력해서 목표를 이루도록 해야만 하죠." 불행히도 코비는 자신이 다른 코치가 필요한 팀에 속해 있음을 깨닫게 되었다.

비대한 몸에 잘난 체 심한 짐보는 7년간 후터스에서 총지배인으로 일했다. 그는 코비가 자신의 아랫사람임을 강조하면서, 자신이 일을 어떻게 하는지 제대로 보여주겠다고 호언장담했다. 후터스는 후터스 걸이 전부라고 강조하는 짐보는 근무 전에 후터스 걸들을 세워놓고 외모를 점검했다. 짐보를 제외한 모두가 불편해보였다. 그는 줄을 따라가며 후터스 걸들의 머리, 화장, 손톱, 유니폼을 평가했다.

바쁜 점심시간이 지나면 후터스 걸들의 일부는 집으로 돌아가고 싶어 하는 것이 보통이다. 오후에 손님이 줄면 팁도 줄기 때문이다. 짐보는 게임으로 일찍 퇴근할 직원을 고르겠다고 알렸다. 여직원들은 어쩔 수 없이 음식 먹기 대회에 참여해야 했다. 뒷짐을 진 채 접시에 있는 콩 요리를 먹는 게임이었다. 접시를 가장 먼저 비운 사람은 일찍 퇴근할 권리를 얻게 되었다. 후터스 시스템은 고객들을 즐겁게 하기 위해 여직원들에게 재미있는 경연을 벌이게 한다. 그런데 게임은 코비를 대단히 언짢게 했다. 코비는 짐보에게 게임을 선택한 이유에 대해 물었다. 짐보는 이렇게 대답했다. "규칙 같은 건 없어. 그냥 여자들을 가지고 장난을 좀 치는 거지. 애들이 전부 공주병이란 말이야." 짐보는 그렇게 설명하고 콘테스트의 시작을 알렸다. 웨이트리스들은 모두 게임에 참여해야 했다. "이건 정당하지 못해요." 몇몇이 항의를 했다. 이 일은 〈언더커버 보스〉 첫 번째 시즌의 주인공들이 목격한 그 어떤 장면보다 불쾌하고 충격적인 것이었다.

화가 난 코비는 레스토랑 밖으로 나와서 가맹점의 소유주에게 전화를 걸어 메시지를 남겼다. "납득할 수 없는 방식으로 여직원을 대하는 총지배인을 두고 계시는군요. 즉각적인 조치가 필요한 심각한 문제인 것 같습니다."

평소 침착하고 냉정한 코비도 하고 싶은 말을 참고 위장 신분을

> **PRODUCER'S NOTE**
>
>
> 짐보의 관리 스타일 때문에 코비는 곤란한 상황에 처했다. 코비는 당장이라도 텍사스 지점의 후터스 걸들을 보호해주고 싶었지만, CEO이기 때문에 문제를 적절한 절차에 따라 처리해야 했다. 레스토랑이 직영점이 아닌 가맹점이었기 때문에 코비에게는 짐보를 고용하거나 해고할 직접적인 권한이 없었다.

유지하느라 무척 애를 먹었다. "위장 신분을 드러낼 수 있다면 멱살이라고 잡고 끌어내서, 짐보의 행동이 얼마나 부적절한지 확실하게 말해주고 싶었어요. 부적절하고 용인할 수 없는 행동입니다. 내 회사에서 저런 행동은 절대 묵과할 수 없어요."

네 번째 위장취업

강한 바람보다는 따뜻한 햇살
텍사스 포트워스 후터스 레스토랑 부지배인

완전히 다른 접근 방식을 이용하는 두 남성 지배인과 일을 해본 코비는 다음 임무에서 여성 지배인이 직면한 어려움을 알 수 있는 체험을 했다.

코비는 포트워스 레스토랑의 부총지배인 마시를 따라다니며 또 다른 관리 스타일을 엿보았다. 짐보의 일 스타일과 거리가 멀면서도 효과 면에서 데이브의 스타일과 비교해 손색없는 것이었다. 마시는

쉼 없이 레스토랑을 돌아다니면서 필요한 경우에는 바로 조치를 취했다. 바닥에 엎질러진 음식을 닦는 것처럼 흔한 일이건 술에 취한 손님을 처리하는 것 같이 잠재적인 문제 요소를 처리하는 일이건 가리지 않고 말이다. 마시의 낙관적인 태도는 손님들에게도 좋은 인상을 주었고 직원들, 특히 후터스 걸들에게 도움을 아끼지 않는 그녀의 접근법은 직원들에게 가족과 같은 분위기를 심어주었다.

코비는 마시와 이야기를 나누면서 그녀가 네 살, 다섯 살 난 두 딸의 엄마이며 그녀 자신도 후터스 걸로 일을 시작했다는 것을 알게 되었다. 마시는 여성이고 그 직업을 가진 여성들의 경험을 직접 겪어보았기에 직원들과 소통하는 것이 쉽다고 설명했다. 여성이기 때문에 레스토랑에서 좀 더 따뜻하고 협력적인 환경을 만들 수 있었지만 길고 불규칙한 근무 시간 때문에 가정을 꾸리는 데에는 어려움이 많았다. "아이들을 키우는 일은 끝나지 않는 곡예 같아요. 그저 되도록 많은 시간을 함께 보내려고 노력할 뿐이죠."

코비는 여성 관리자들을 두는 데 뚜렷한 이점이 있다는 것을 깨달았다. "우리 레스토랑에서 지배인이 되는 여성의 수가 점점 늘고 있습니다. 후터스 걸들이 남성 지배인에 비해 여성 지배인들과 더 돈독한 관계를 맺는다는 것을 알게 되었죠. 여성들도 남성들 못지 않게 직원들을 잘 관리합니다. 여성들은 화장도 안 하고 외모에 크게 신경 안 쓰는 남자들보다 후터스의 콘셉트를 설명하는 데 더 효과적이죠." 그렇지만 여성들은 자녀의 주된 양육자인 경우가 많기 때문에 여성 지배인들은 남자 지배인들보다 처리해야 할 개인적인 문제가 더 많고 스트레스도 많았다.

다섯 번째 위장취업

지난 과거와의 재회
조지아 애틀랜타 내추럴프레시 공장 생산직 근로자

코비가 마지막으로 위장취업을 한 곳은 후터스 레스토랑이 아닌 내추럴프레시 공장이었다. 여기에서는 후터스 레스토랑에서 사용하는 소스와 샐러드드레싱이 만들어진다. 아버지 밥 브룩스는 내추럴프레시에 큰 애정을 가지고 있었고 종종 이 회사를 애인이라고 말하기도 했다. 밥은 복도나 공장 작업장을 돌아다니면서 직원들과 이야기를 나누는 것으로 유명했다. 그는 직원들 대부분과 오랫동안 친분을 가지고 있었다. 코비는 존재감이 컸던 아버지가 돌아가신 이후 공장의 사기에 부정적인 영향이 있지 않았을까 염려했다.

    부모님이 모두 공장에서 일을 했기 때문에 코비는 공장에서 자랐다고 해도 과언이 아니다. 그렇지만 열일곱 살 이후로는 공장에 들러보지 않았다. 내추럴프레시를 운영하는 경영진이 후터스의 경영진과 별개이고, 그 조직에서는 코비에게 맡겨진 역할이 없기 때문이다. 코비는 이번 임무가 위장취업에 가장 힘든 일이 될 것이라는 점을 알고 있었다. 어린 시절부터 그를 알고 있는 사람들이 아직도 공장에 많았기 때문이다. 그렇지만 감정적으로도 가장 힘든 일이 될 것이라는 예상까지는 미처 하지 못했다.

    코비는 위장취업 임무를 성공적으로 마치기 위해 공장의 업무 관리자인 패티와 영업 관리 책임자 칩의 도움을 받았다. 그들은 화물 출입구를 통해 코비가 몰래 공장으로 들어가도록 도운 후 머리에 쓰는 헤어넷과 안경 위에 쓰는 안전 고글을 건넸다.

칩은 완전히 변장한 코비를 작업장으로 보내 리키와 함께 작업을 하게 했다. 경력이 그리 길지 않은 리키는 사업장에서 사용하는 대형 후터스 미디엄 핫 윙 소스(Hooters Medium Hot Wing Sauce) 캔을 채우는 일을 하고 있었다.

코비는 리키와 일을 하면서 공장 사람들이 아버지 밥에 대해 무척이나 좋은 기억을 가지고 있고 그를 그리워하고 있다는 것을 알게 되었다. "제가 일을 시작하기 직전에 돌아가셨다고 해요." 리키가 설명했다. "그런데 아직도 좋은 분이란 이야기를 많이 들었어요." 코비는 휴식시간을 가지면서 아버지의 죽음 이후 회사가 내리막길을 걷고 있다는 직원들의 생각을 듣게 되었다. "예전에는 일하는 것이 참 즐거웠는데, 요즘은 떠나고 싶다고 말하는 사람들이 많아요." 코비는 사람들이 이전 보스의 아들인 새 사장에 대해서는 어떤 생각을 가지고 있는지 무척 궁금했다. "그 사람은 싫어하는 분위기에요. 하지만 제 생각에는 새로운 사장을 잘 알지도 못하는 것 같아요."

코비는 뒤통수를 한 대 맞은 것 같은 느낌이 들었다. "리키가 '사장의 아들이 회사를 물려받고 나서부터 모든 일이 엉망이 되었다'고 말할 때는 마음이 무척 상했습니다. 가슴이 아팠죠. 제 손으로 우리 집안의 이름에 먹칠을 한 기분이었어요." 코비는 중역실에 살짝 들어가 아버지의 옛 사무실에서 패티와 자신이 알게 된 것들에 관한 이야기를 나누었다. 아버지의 사무실에 가서도 기분은 전혀 나아지지 않았다. "여기 들어오는 데 겁이 나더군요. 아버지가 당장에라도 나타나서 호통을 칠 것 같았습니다. 아무도 아버지를 대신할 수는 없습니다." 패티는 코비가 리키로부터 들은 이야기의 대부분을 인정했다. 그녀는 앞으로 자주 공장을 찾겠다는 코비의 계획을 듣고 기뻐했다. "소유주 가족의 존재감을 느끼는 것은 오랫동안 공장에 근무한 직원들은 물론 신참 직원들에게도 큰 의미가 될 겁니다." 코비는 자신이 아버지의 빈자리를 모두 채울 수는 없음을 인정했다. "그건 불가능해요. 제가 할 수 있는 일은 자랑스러운 아들이 되기 위해 노력하는 것뿐이죠." 이렇게 말하는 코비의 목소리가 갈라졌다.

보스로 돌아오다

본부로 돌아온 코비는 중역들로부터 수염을 깎는 것이 더 낫다는 농담 비슷한 칭찬을 들었다. "좋은 경험을 얻기 위해서라면 머리를 다 밀어도 좋습니다." 이 말은 솔직한 그의 심정을 표현한 것이었다. 긍정적인 경험에 대해 토론을 한 후 코비는 짐보의 문제를 꺼냈다. "여직원들을 전혀 존중하지 않는 지배인을 발견했습니다. 지금까지는 용케 피해왔습니다만 큰 문제를 일으킬 소지가 다분한 직원이라고 생각합니다." 경영진은 짐보가 재교육을 통해 후터스에서 해고되지 않고 경력을 이어갈 수 있을지 알아보기로 했다. 이어 코비는 내추럴프레시 공장의 사기 하락에 대한 이야기를 꺼냈다. 그는 아버지를

살릴 수는 없지만 경영자와 그 가족들이 공장에 관심과 애정을 갖고 있다는 확신을 다시 심어주기 위해 노력할 것이라고 설명했다. 코비는 목이 메인 채 중역들에게 이렇게 말했다. "다음 주부터는 1주일 전보다 내 일을 훨씬 더 많이 사랑하게 될 것 같습니다."

코비는 브리핑을 끝낸 뒤 위장취업 기간 동안 함께 일했던 동료들에게 자신의 신분을 밝혔다.

아만다와 브리트니는 판촉 지원을 하던 신입이 회사의 사장이라는 것을 알고 무척 놀랐지만 곧 침착함을 되찾았다. 코비가 장난스럽게 그들이 준 꼭 맞는 셔츠에 대해 감사의 인사를 전하자, 아만다는 자신들이 일상적으로 어떤 일을 겪는지 사장이 알게 되었다고 평했다. 코비는 판촉 활동을 하는 동안 보았던 여러 가지 반응을 떠올리며 그녀들에게 마케팅 부서를 도와 고객들에게 후터스의 공동체와 자선 활동에 대해 알리는 캠페인을 개발해달라고 부탁했다. 두 사람은 무척 감격했다. 브리트니가 말했다. "우리가 단순한 후터스 걸만이 아니라는 것을 사람들에게 알린다니 정말 멋지네요." 아만다가 덧붙였다. "우리는 맥주잔이나 치킨 접시만 들고 다니는 여자들이 아니에요. 우리도 존중받아야 할 사람이죠."

일터에서 보여주었던 것보다 훨씬 부드러운 미소를 보이던 데이브는 일을 잘 하고 있다는 칭찬을 듣자 무척이나 감격스러워했다. 코비는 데이브의 이름으로 군인공제회에 5만 달러를 기부하겠다는 결심도 밝혔다. "말할 수 없이 기쁩니다. 제가 소중하게 생각하는 일을 위해 제 이름으로 거액을 기부해서 군과 그 가족들을 도우시겠다고 했어요."

마시는 자신이 생활 속에서 받는 스트레스에 대해 코비가 걱정해주자 큰 감동을 받았다. "레스토랑은 본래 스트레스가 많은 곳입니다. 당신이 얼마나 힘든지 충분히 알 수 있어요. 우리 시스템이 당신처럼 좋은 직원들을 잃지 않도록 해야겠어요. 우선은 가족들과 여유 있게 휴가를 좀 다녀오시게 해드리겠습니다. 어디든지 말씀만 해주세요. 모든 경비는 회사가 부담하죠." 마시가 눈물을 흘리며 감사의 인사를 하자 코비는 가고 싶은 여행지만 말하고, 여행을 다녀와서는 더 기운차게 일해달라고 당부했다. 여행 사진을 꼭 보여달라는 부탁도 잊지 않았다. "아이들과 시간을 많이 보낼 수 있는 기회를 주시다니 너무 감격스러워요. 누구에게도 기대해본 적 없는 일이에요."

코비는 짐보에게 자신의 신분을 밝힌 후 바로 본론으로 들어갔다. "당신은 대단히 부적절한 방식으로 여직원들 대하더군요. 그들을 전혀 존중하지 않아요." 코비는 그의 행동이 도를 넘었다고 지적하고 직원들에게 사과해야 할 필요가 있다고 말했다. 짐보는 변명을 해보려 했다. "경쟁심을 부추기고 좀 가혹하게 대해야 효과가 있습니다. 경쟁심을 가지는 것이 나쁜 일은 아니지 않습니까. 저는 매출을 크게 향상시킨 기록도 가지고 있고…."

코비는 짐보의 말을 가로막고는 수익에 집중하는 일보다 더 중요한 것은 사람을 존중하는 것이라고 말했다. "제게는 아이가 셋 있습니다. 딸이 둘이죠. 저는 언제나 제 딸들에게 후터스에서 일해도 좋다고 말하곤 합니다. 하지만 솔직히 당신 밑에서는 일하게 하고 싶지 않습니다." 이 말이 짐보의 공감을 얻은 듯했다. 그는 코비의 말을 이해했고 앞으로 태도를 고쳐 일하겠다는 약속의 말을 남겼다.

코비는 함께 일했던 직원들에게 개인적으로 신분을 밝힌 뒤, 위장취업의 경험을 나머지 회사 직원들에게 알려야 했다. 그는 1주일간의 위장취업에 대한 소감을 밝혔다. 그의 연설은 단순한 축하의 말을 전했던 지난 행사들보다 더 강력한 비전을 담은 진취적인 것이었다. "우리 회사는 지금도 무척 훌륭한 회사입니다. 하지만 우리는 회사를 지금보다 더 좋은 회사로 만들 것입니다. 편부모들에게 도움이 되도록 시간 관리 문제를 연구할 것이고, 세상에 후터스 걸들의 진정한 모습을 보여줄 수 있는 새로운 마케팅 캠페인을 시작할 것입니다. 우리는 의사, 법률가, 영화배우가 되어 있는 후터스 걸들에 대해 알릴 것입니다. 우리와 함께 일했던, 그리고 그런 노력을 계속해나가서 놀라운 결과를 만들어낸 사람들에 대해서 말입니다. 후터스 가족의 일원이 되게 해주신 제 아버지께 진심으로 감사를 드립니다."

 행사가 끝난 후 화려함과 겉치레에 둘러싸인 삶을 원치 않았고 이 유명한 회사의 수장이 된다는 것을 꿈도 꾸어보지 못했던 이 남자는 신의 섭리를 느끼는 순간을 맞았다. "제 방황은 이제야 끝이 났습니다. 이제 저는 제가 이 일을 하는 이유를 알게 되었습니다. 과거에는 모르고 있었죠. 저는 아버지의 유산을 이어갈 것입니다. 아버지는 절대 칭찬해주시는 법이 없었죠. 하지만 아주 가끔 고개를 끄덕이며 살짝 윙크를 해주실 때가 있었습니다. 오늘은 아마 저에게 윙크를 보내주실 것 같네요."

위장취업이 끝나고

- 데이브는 정확하고 신중한 군인 정신으로 댈러스 서쪽 끝에 있는 후터스를 운영하고 있다. 지난 여름 그는 회사의 자선 단체 지원 노력의 일환으로 자신의 이름으로 된 5만 달러 수표를 군인공제회에 기부했다.
- 아만다와 브리트니는 오퍼레이션 오렌지 프라이드(Operation Orange Pride)라는 이름의 기구에서 활발하게 활동하고 있다. 과거로부터 현재에 이르기까지 후터스 걸들이 이룬 성과와 선행을 대중에게 알리기 위해 만들어진 이 기구는 전 세계적으로 후터스 걸들에 대한 인식을 높이고자 노력한다.
- 짐보는 직원들에게 공식적으로 사과를 했고 이후 회사에서 떠났다.

- 마시와 그녀의 딸들은 1주일 동안 플로리다에서 최고의 대우를 받으며 휴가를 즐겼다. 휴가에서 돌아온 그녀는 회사로부터 아이들과 더 많은 시간을 보낼 수 있는 직책을 제안 받아 그 일을 맡게 되었다.
- 코비는 여전히 후터스 아메리카의 사장이자 CEO로 일하고 있다. 그는 자신의 약속대로 스케줄이 허락하는 한 자주 내추럴프레시 공장을 방문해 복도와 작업장을 돌아다니며 그곳 직원들과 대화를 나눈다. 당연히 공장 직원들의 사기는 크게 높아졌다.

코비 브룩스는 위장취업 경험을 통해 조직 내 경영진과 일선 직원 사이에 존재하는 커뮤니케이션의 장벽을 허물기 위해 노력하고 있다. "우리 회사 중역들은 1년에 두 번 현장 근무를 하고 익숙하지 못한 일을 경험하고 있습니다. 회사는 직원들이 부딪히는 현실적인 어려움과 문제를 깨닫도록 하는 프로그램을 시행하고 있습니다."

코비는 짐보와 맞서면서 많은 사람들이 〈언더커버 보스〉 촬영 사상 가장 불쾌한 상황이라고 말하는 일을 겪었음에도 불구하고 실행이 중요하다는 신념을 잃지 않고 있다. "당신 회사에 위장취업을 해보면 정말 놀라운 일들과 마주치게 될 겁니다. 당신이 알게 된 것이 무엇이든 겸허하게 인정하고 받아들여야 합니다. 그렇게 찾아낸 것이 결국에는 더 나은 결과를 낳으니까요. 삶에서 마주치는 일들을 처리하는 방식과 꼭 같다고 보면 됩니다. 중요한 것은 직업적·개인적인 수준에서 어떻게 다루느냐 하는 것이죠."

개인적인 면에서 코비가 얻은 또 하나의 교훈이 있다. 이를 통해 그는 최근의 격동적인 상황을 좀 더 넓은 시각에서 보고 이해할 수 있게 되었다. "문제가 없는 사람은 없습니다. 어떤 가족이든 어떤 면에서는 고장 난 부분이 있죠. 저는 위장취업 경험을 통해 제 문제가 다른 많은 사람이 직면하고 있는 문제들만큼 심각한 것이 아니라는 점을 알게 되었습니다. 그런 문제들에 비하면 제가 가진 문제는 힘들다고 엄살을 부릴 만한 것이 아닙니다. 위장취업을 해본 이후에는 내 문제에 빠져 있기보다는 다른 사람들에게 초점을 맞추려고 노력하고 있습니다."

THE NECESSITIES OF LIFE

인생에 꼭 필요한 것들

"우리 회사의 DNA 속에는 수천 명의 사람들에게 아메리칸 드림으로 가는 길을 제공해줄 수 있는 역량이 숨쉬고 있습니다."

조 드핀토(Joe DePinto)
세븐일레븐(7-Eleven) 최고경영자

대니 로시(Danni Rossi)
구직자

UNDERCOVER BOSS

보스는 어떻게 참여하게 됐나

누구나 한 번쯤은 세븐일레븐 편의점에 들러본 경험이 있을 것이다. 세계에서 가장 큰 편의점 체인이니 말이다. 하지만 우리 같은 무심한 고객들은 우리가 의존하는 편의를 제공하기 위해 필요한 노력이나 물류의 양에 대해서 심각하게 생각해보지 않는다. 세븐일레븐이라는 거대한 기업의 키를 잡고 있는 사람이 장교 출신으로 강한 자부심의 소유자라는 것은 놀라운 일도 아니다. 최고경영자 조 드핀토는 회사의 가맹점들을 지원하는 데 헌신하고 있다. 그는 위장취업을 통해 가맹점과 고객들의 일상적인 경험을 제대로 파악할 기회라고 생각했다. 그리고 주저없이 촬영에 뛰어들었다.

보스
조 드핀토
세븐일레븐 최고경영자

위장 신분 및 설정
대니 로시
부동산 관련 일자리를 잃고 새로운 기회를 찾고 있다. 신입 직원의 직장 적응기에 관한 TV 프로그램 촬영팀이 대니를 따라다니고 있다.

세븐일레븐은 어떤 회사인가

아직은 세븐일레븐이 어디나 있다고는 말할 수 없다. 하지만 점차 그렇게 되어가고 있다. 댈러스에 본사를 둔 이 회사는 현재 16개국 3만 8,500개 이상의 점포를 갖추고, 세계에서 가장 큰 프랜차이즈 업체로 불리는 맥도날드의 아성을 위협하고 있다. 지금은 어디에서나 쉽게 볼 수 있는 편의점 형태는 1927년 댈러스에서 조 톰슨(Joe Thompson)이라는 한 얼음 회사 직원이 우유와 계란, 빵을 함께 팔면서 시작되었다. 기업심이 왕성했던 톰슨은 결국 스코틀랜드 아이스 컴퍼니(Southland Ice Company)를 사들인 후 도시 전체에 매장을 개설했다. 톰슨의 상점은 오전 7시부터 오후 11시까지 문을 열었다. 당시로서는 보기 드문 일이었다. 그러다 1946년 지금의 세븐일레븐이 되었다. 지금은 대부분의 세븐일레븐 점포가 365일 24시간 운영 체제를 유지하고 있다.

일본 기업 세븐일레븐 재팬(Seven-eleven Japan)과 그 모기업인 이토 요카도(Ito-Yokado)가 1980년대 말 세븐일레븐의 파산을 막으면서 경영에 참여하게 되었다. 이후 1990년대 초반 세븐일레븐의 지배지분을 얻었으며 마침내 소유권을 확보해 이 회사를 세븐 앤 아이 홀딩스(Seven & I Holding)라는 지주 회사의 자회사로 만들었다. 이 회사는 전 세계에 걸쳐 다양한 운영 모델을 따르고 있다. 미국과 캐나다의 경우 매장이 프랜차이즈나 직영 체제를 띠며 멕시코의 경우에는 직매점이 조인트벤처에 속해 있다. 나머지 나라에서는 판매 인가나 가맹점 영업권을 이용해 시장에 진입하는 것이 보통이다. 아직 기업공개를 하지 않았기 때문에 수익이 공개되지는 않았지만 런던에 기반을 둔 리서치 기업 플래닛 리테일(Planet Retail)은 이 회사의 연수익을 약 170억 달러로 추정했다.

 전 세계에 매장을 둔 세계적인 기업이지만 세븐일레븐은 여전히 미국적 문화의 상징처럼 여겨지고 있다. 대표 상품인 슬러피(Slurpee)와 빅 걸프(BigGulp)는 추종 집단을 거느리고 있을 정도다. 이 회사는 만화에서 패러디가 되기도 했다. 세븐일레븐은 영화 〈심슨 가족(The Simpson's Movie)〉의 개봉에 맞추어 북미 매장 중 12개를 영화에 등장하는 퀵이마트(Kwik E-Mart)로 바꾸고, 텔레비전에 나오는 편의점을 본 딴 특별 제품들도 판매했다.

조 드핀토에 관하여

세븐일레븐은 수세대에 걸쳐 24시간 생필품 판매점 역할을 해왔다. 동도 트기 전에 공사장으로 향하는 건설노동자들은 그곳에 들러 커피를 산다. 출근길을 서두르는 증권중개인들도 마찬가지다. 비서들은 오후에 들러서 복권을 사고, 그 옆으로 집으로 가는 길에 우유와 빵을 사러 온 3교대 공장 노동자가 지나친다. 경찰관은 한밤중에 화장실을 이용한다. 그 옆에는 심야 영화를 보고 간단한 군것질거리를 찾는 10대들이 있다. 다른 상점들이 문을 닫는 크리스마스에는 장난감 선물에 빠져 있는 건전지를 사야 하는 사람들이 세븐일레븐으로 몰려든다.

세븐일레븐은 모든 사람들이 이용하는 시설이라는 위상 외에도 이민자들이 아메리칸 드림을 이룰 수 있는 좋은 길이라는 이미지도 가지고 있다. 잠을 아껴 야간 근무를 하는 신규 판매 직원이건, 이 사업을 가족의 경제적 성공을 위한 기반으로 이용하는 1세대 사업가이건, 이민자들은 세븐일레븐의 이야기에서 빼놓을 수 없는 주역들이다.

세븐일레븐의 대표 조 드핀토가 맡은 역할은 이 상징적인 기업에 활력을 불어넣고 변화를 거듭하고 있는 소매 사업 환경에서 성공을 거둘 수 있도록 포지셔닝하는 것이다. 시카고 토박이인 조는 노동자 집안에서 태어났고 웨스트포인트에 입교해 경영공학 학사 학위를 받았다. 군에서 제대한 조는 대학으로 돌아가 노스웨스턴 대학의 그 유명한 켈로그경영대학원(Kellogg Graduate School)에서 MBA를 취득했다. 조의 이러한 배경은 기업들이 매력적으로 생각하는 조합이었고 결국 그는 출세의 사다리를 타고 상상도 해보지 않은 자리에까지 오르게 되었다. 결혼해서 네 명의 아들을 둔 그는 세븐일레븐에 입사하기 전 펩시(Pepsi)의 레스토랑 부문과 손튼 오일(Thornton Oil)에 몸담았고 세븐일레븐에서 비로소 CEO의 자리에 올랐다. 그는 잠시 회사를 떠나 비디오 게임과 엔터테인먼트 소프트웨어 소매업체인 게임스탑(GameStop)의 사장으로도 일했다. 하지만 1년이 되지 않아 다시 세븐일레븐으로 복귀해 회사의 키를 잡고 미래를 위한 포지셔닝에 나섰다.

조는 세계적인 불황에 대한 대응책으로 편의를 제공하는 이미지의 세븐일레븐의 인식을 좀 더 넓은 영역으로 확대하기 위해 노력해왔다. 세계 각지의 세븐일레븐은 일본 상점들을 본보기로 삼아 신선한 음식을 제공하는 공간을 좀 더 많이 확보하려고 노력하고 있다. 특히 미국 내 매장들은 '친근한 이웃 상점'이라는 자신들의 역할을 강조하기 위한 노력으로 지역적·인종적인 특성을 반영하는 제품을 다수 제공하고 있다. 이 회사는 좀 더 저렴한 가격으로 물건을 제공하기 위해 자사 브랜드 세븐셀렉트(7-Select)의 이름하에 부가가치 상품을 생산, 판매하고 있다. 게다가 비디오 게임과 비디오, DVD 대여, 선불 전화카드에 빅 걸프와 슬러피, 빅 바이트 핫도그도 가세했다. 조는 이 거대한 소매 네트워크를 보다 민첩하게 만들 능률화된 물류 시스템 마련에도 박차를 가하고 있다.

이것은 어젠다라고 보기 어려울 수도 있지만 어쨌든 조는 세븐일레븐의 기업문화에까지 변화를 주기 위해 노력하고 있다. "저는 남을 이끌기 위해서는 먼저 그들을 섬겨야 한다고 믿습니다. 회사가 하는 일은 매일 고객들을 대하는 직원들을 지원하는 것입니다. 매매가 이루어지는 곳은 본부 건물이 아닌 매장의 계산대입니다."

이 메시지는 조의 말과 행동을 통해 전달되고 있다. 회사 본부는 이제 '본부'라는 이름 대신 '매장지원센터'라고 불리며 조는 규칙적으로 매장과 시설을 방문한다. 그가 끊임없이 매장을 돌기 때문에 매장이 미국에 6,000개가 넘는 회사가 아니었다면 위장취업은 어려웠을 것이다.

체인점 환경에 익숙하다고 자신한 조는 자신의 위장취업 임무를 단순한 사실 발견 탐험으로 보지 않았다. "당연히 무엇을 잘못하고 있는지 찾아 그것을 고치고, 장기적으로 더 좋은 결과를 만들기를 바랍니다. 하지만 저는 우리가 일구어낸 변화와 우리가 만든 문화에 대한 메시지를 알리고자 하는 바람도 가지고 있습니다." 그 메시지의 대상은 세븐일레븐의 직원 모두는 물론이고 일반 대중까지 아우르고 있었다. "저는 위장취업이 우리가 만들려고 애쓰는 섬김과 배려의 리더십, 즉 서번트 리더십(servant leadership)에 대해 알릴 기회가 될 것이라고 생각합니다."

그는 위장취업 임무를 수행하면서 그런 유형의 접근법을 보여주는 아주 색다르지만 한편으로 대단히 완벽한 사례를 만들어갔다.

첫 번째 위장취업

큰 커피컵의 비밀
뉴욕 세븐일레븐 19131호점 판매사원

커피는 거의 50년 동안 세븐일레븐의 사업에서 큰 역할을 담당해왔다. 세븐일레븐은 1964년 미국 북동부 매장에 혁신적으로 갓 내린 커피의 판매를 도입한 첫 소매점이었다. 이 회사는 현재 하루 100만 컵의 커피를 판매하고 있다. 조의 첫 번째 위장취업 임무는 뉴욕의 헌 매장에서 일하는 것이었다. 이 매장은 하루 2,500잔 이상의 커피를 판매하는 세븐일레븐 커피 판매의 중심지다. 이 매장의 커피 판매량은 미국 내 그 어떤 매장에 비해 독보적인 수준을 유지하고 있다.

조는 이 매장에서 커피 카운터를 맡은 돌로레스와 근무하게 되었다. 키가 작고 통통한 60대 중반의 돌로레스는 지난 18년 동안 두

곳의 가맹점에서 커피를 찾는 손님들이 몰려드는 아침 시간을 책임져왔다. 이 가맹점의 주인은 그녀의 사위이고 두 매장의 지배인은 그녀의 두 아들이다.

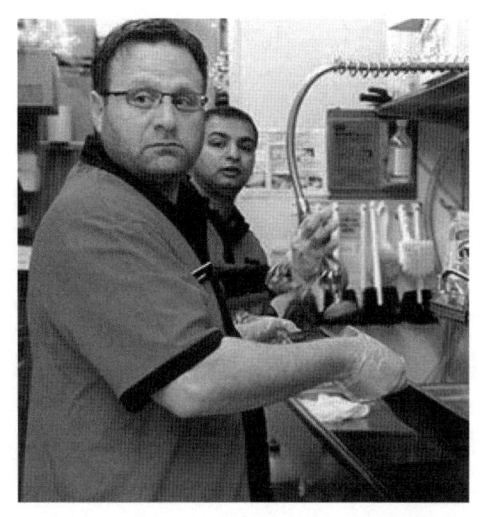

날이 밝고 고객들이 늘어나기 시작하는 가운데 돌로레스는 조에게 커피를 준비하고 채우는 법을 간단히 알려주었다. 하지만 교육은 간간히 이어지던 손님이 끊임없는 물결로 바뀌고 마침내 급류로 이어지면서 중단되고 말았다. 속도를 따라가느라 애쓰면서도 물이 많이 필요하고 커피 판매대가 쉽게 더러워지는 것을 본 조는 '커피 카운터 옆에 개수대가 있으면 편하겠다'는 의견을 내놓았다(도움이 될 것이라고 생각하고 한 말이었다). 돌로레스는 "벌써 새로운 아이디어를 내놓는다."며 '허황한 꿈'에 젖은 교육생을 놀렸다. 고객의 숫자보다 그를 더 놀라게 한 것은 돌로레스와 손님들의 관계였다. 그녀는 손님들의 이름을 부르면서 인사를 건네고 아침 대화를 유도하는 뉴욕식 농담을 재빨리 주고받았다.

조는 돌로레스와 20년 동안 친분을 쌓았다는 한 고객을 만났다. 그 여성은 돌로레스가 신장 한 쪽을 잃었고 1주일에 두 번씩 투석을 받는다고 알려주었다. 그녀의 자녀들은 어머니가 앞으로 상태가 악화되어 예비 장기가 필요한 경우가 생기면 신장을 기부하겠다고 생각하고 있었지만, 돌로레스의 의지는 확고했다. "아이들에게 짐을 주고 싶지는 않아요." 조가 그녀에게 내용을 좀 더 캐물었다. 그녀는 문제를 축소하지도 않았지만 그 때문에 특별한 대우를 받아야 한다고 생각지도 않았다.

하지만 조는 돌로레스가 얼마나 특별한 사람인지 깨닫고 그녀의 성격이 이 매장의 성공에 얼마나 큰 기여를 했는지 알게 되었다. "그 매장이 2,500잔의 커피를 파는 것은 커피 맛이 좋아서라기보다 그곳에 돌로레스가 있어서입니다. 우리는 항상 매장이 친근한 이웃 상점이 되어야 한다고 말하고 고객서비스라는 말을 입에 달고 있습니다. 그런데 돌로레스야말로 그 완벽한 본보기이더군요. 그녀는 고객들을 가족처럼 대하고 관심을 쏟습니다. 돌로레스는 고객의 이름을 기억하고 그들에게 무슨 일이 있는지 훤히 알고 있죠. 이런 종류의 가족적인 접촉은 고급 백화점에 두 시간 들른 동안 생기는 것이거나, 출근길에 서둘러 커피 한 잔을 사는 동안 생기는 것이거나를 막론하고 강한 인상을 남깁니다."

두 번째 위장취업

도넛 만들기
볼티모어 세븐일레븐 베이커리 생산직원

세븐일레븐 베이커리에서는 매일 6,000만 개의 빵이 만들어진다. 이 시설과 회사의 매점 네트워크는 조의 사업 구상에서 중요한 역할을 한다. "우리 조직은 직접 만든 음식 공급을 모든 매장으로 확대하고자 무척 애를 쓰고 있습니다. 제과 아이템이 그 핵심이죠." 조가 두 번째 날 볼티모어에 있는 회사 최대의 빵 공장에 위장취업을 하기로 결정한 이유도 거기에 있었다.

그날 조의 보스가 될 사람은 필이었다. 그 공장에서 반죽을 만들고 빵 굽는 일을 8년째 하고 있는 마흔여덟 살의 필은 훈련생 책임자 역할도 맡고 있었다. 해병대에서 12년 동안 복무하다 제대한 필은 도넛 냄새를 따라오다가 직장을 찾게 되었다고 농담을 했다. 필은 조에게 공장에서 운영하는 기계들을 보여준 뒤 그를 생 프리터를 벨트 위에 얹어 튀김기로 보내는 라인에 배치했다. 간단한 것처럼 들리지만, 조에게는 다른 사람의 도움 없이 벨트 위에 프리터 5개를 올려놓는 것도 벅찬 일이었다. 위장용 안경이 계속 코에서 흘러내리는 탓에 조는 밀가루 범벅이 된 손으로 안경을 치켜 올려야 했다. 계속 자리를 놓치는 것이 서투른 솜씨 탓인지 밀가루가 묻은 안경이 시야를 가리기 때문인지 확실치가 않았다.

오래지 않아 필과 조는 서로 공통점이 많다는 것을 알게 되었고 군에 대한 이야기를 나누면서 유대감을 갖게 되었다. 부드럽게 잘못을 지적하면서, 빠르게 움직이는 벨트를 따라잡는 요령을 가르치는 필의 지도 덕분에 신참도 최소한 자기 몫은 해낼 수 있게 되었다. 안경을 바짝 묶어둘 수 있는 끈만 있다면 제빵 공장에서 꽤나 괜찮은 경력을 쌓을 수 있을 것도 같아 보였다.

휴식시간 동안 필은 자신이 그린 그림을 조에게 보여주었다. 삽화에 재능을 가진 필은 언젠가 프리랜서로 그래픽 아트 사업을 꾸리

고자 하는 꿈을 가지고 있었다. 필은 조의 첫 근무를 기념하기 위해 도넛을 간단히 스케치해주었고, 두 제대 군인들은 도넛으로 건배를 했다.

위장취업으로 공장에서 현장 작업을 하는 대부분의 사장님들과는 달리 조는 일을 아주 즐기는 것 같았다. "아주 좋아요. 사업 같은 골치 아픈 얘기를 하지 않아도 되잖습니까. 즐겁게 도넛을 만들기만 하면 돼요." 그가 그렇게 편안함을 느끼는 것은 공장의 미래에 대해 자신감을 얻었기 때문이기도 했다. "이 공장은 더할 수 없이 잘 운영되고 있습니다. 제가 끼어들어서 속도를 늦추기 전까지는 말입니다. 해병대 병장이라는 배경과 유머 감각은 필을 대단히 훌륭한 트레이너로 만들고 있었습니다. 조직에서 신입 직원들의 훈련을 맡고 있는 것이 그라는 사실에 안심이 됩니다. 필이 제빵 공장에서 생산되는 제품을 우리의 높은 기준에 부합하도록 만들어줄 것이라고 믿습니다."

PRODUCERS'S NOTE

 제작 노트 | 촬영 뒷얘기

세븐일레븐 편을 찍는 동안 촬영팀 중 한 명이 인상적인 작업으로 상을 받게 되었다. 해당 회의 감독인 로저 로스 윌리엄스(Roger Ross Williams)는 조가 그때까지의 진행 상황에 대한 의견을 말하는 것을 촬영하다가 자신의 전화벨이 울리는 소리를 들었다. 로저가 아무렇지도 않게 주머니에서 전화를 꺼내 받기 때문에 촬영은 중단되었고, 수많은 스태프들은 당황한 채 그 모습을 지켜보았다. 로저의 해이한 직업의식에 대해 누군가 비난의 말을 꺼내기도 전에 그는 흥분한 목소리로 이렇게 소리쳤다. "제가 아카데미상 후보가 되었어요!" 그리고 그의 단편영화 〈프루던스의 음악(Music by Prudence)〉은 아카데미 최우수 단편 다큐멘터리상 수상작이 되었다.

세 번째 위장취업

장래성이 없는 회사?
뉴욕 메드퍼드 세븐일레븐 32211호점 야간 판매원

24시간 영업은 세븐일레븐의 성공을 이끈 중요한 요소 중 하나다. 미국의 근무 체제가 점차 밤낮을 가리지 않는 방향으로 바뀌면서 세븐일레븐이 24시간 상시 영업 정책을 확실히 유지해야 하는 필요성도 커지고 있다. "커피 손님이 몰리는 아침 시간대에 일하는 것과 야간에 근무하는 것 사이에는 밤과 낮이라는 차이가 있죠." 조가 농담을 던졌다. "단순히 일의 속도 문제라고 말할 수 없는 것입니다. 의무와 책임이 관련된 문제죠." 조는 야간 근무를 위해 오후 11시에 매장에 도착했고, 그날의 상사 와카스를 만났다. 스물여섯 살의 와카스는 7년 전 파키스탄에서 미국으로 이주했고 세븐일레븐에서 4년 동안 일했다. 처음에 그는 가맹점 지배인의 사환으로 지배인이 시키는 일이면 뭐든 기꺼이 해내곤 했다고 한다.

청소를 하고 상품을 들여놓는 일을 맡은 조는 주차장을 쓸고 선반에 물건을 채웠다. 밤낮이 바뀐 조는 하품을 하며 주변에 할 일이 없는지 찾았다. 와카스는 어쩔 수 없이 조에게 화장실을 청소하고 쓰레기를 내가게 했다. 배달된 샌드위치를 선반에 채우고 난 후에야 마침내 와카스와 조는 이야기할 기회를 얻었다. 조는 와카스가 낮에는 학교에 가기 때문에 야간 근무를 한다는 것을 알게 되었다. 형법을 전공하는 그는 학사 학위를 따기 위해 애쓰고 있었다.

아침이 가까워지면서 아침 시간에 판매할 신선한 제품이 도착하자 와카스는 조에게 팔리지 않은 모든 도넛과 롤, 머핀, 베이글을 버리도록 지시했다. 조는 놀라고 화가 났지만 위장 신분이 발각되지 않도록 침착함을 유지했다. "세븐일레븐은 상하기 쉬운 식품류를 쓰레기로 버리는 대신 자선단체에 기부하는 하베스트 프로그램(Harvest Program)을 운영하고 있습니다. 물론 와카스는 지시를 따를 뿐이었죠. 하지만 그렇게 많은 음식을 버리는 것을 보니 화가 나네요. 우리는 미국에만 6,500개의 매장을 가지고 있습니다. 배고픈 사람에게 갈 수 있는 음식이 많다는 거죠. 이것은 제가 열심히 추진하고 있는 사업입니다. 반드시 손을 봐야겠어요."

이후 버려지는 음식에 대해 조사하던 조는 매장 지배인이 촬영 시에 매장을 돋보이게 만들 욕심에(그들은 신참 직원에 대한 다큐멘터리를 촬영한다고 알고 있었다) 빵을 필요량보다 더 많이 주문했다는 것을 알게 되었다. 그는 대형 비영리 단체들 중 대다수가 도넛이나 롤과 같이 포장되지 않는 음식은 받지 않는다는 것도 알게 되었다. "지역 단체들과 협력해서 관료적인 정책을 버리고 공동체의 니즈에 부합하는 해결책을 찾아내도록 근본적인 수준에서 더 노력을 기울여야 겠다는 교훈을 얻었습니다. 우리는 '친근한 이웃 상점'을 실천하려는 회사입니다."

근무 중에 와카스의 아버지가 저녁을 거른 아들을 위해 직접 싼 도시락을 가지고 매장에 들렀다. 당신의 몫도 함께 싸서 말이다. 세 명이 먹기에 충분한 양이었다. 조는 손님이었기 때문에 와카스는 그에게 식사를 함께 하자고 청했다. 세 사람은 박스로 만든 임시 테이블을 사이에 두고 둘러앉았다. 조는 와카스에게 회사에 대해 어떤 생각을 가지고 있는지 물었다. 와카스는 발전의 여지가 없기 때문에 자신은 세븐일레븐에서 미래를 생각할 수 없다고 솔직하게 말해주었다. "다른 사람들에게 세븐일레븐에서 일하라고 권하고 싶지는 않아요. 성장 가능성이 없거든요." 그가 덧붙였다.

버려진 음식 때문에 화가 나기는 했지만 조를 정말 실망시킨 것은 세븐일레븐에 대한 와카스의 생각이었다. "그렇게 열심히 일하는 훌륭한 젊은이가 세븐일레븐에는 기회가 없다고 생각한다니 정말 가슴이 아프더군요. 훌륭한 회사는 훌륭한 직원들이 만듭니다. 그런 훌륭한 직원들이 이 일을 장래성 없다고 생각하게 놓아둘 수는 없습니다. 훌륭한 병사가 없다면 전쟁에서 승리할 수 없어요."

조는 와카스가 세븐일레븐이 아닌 가맹점에서 일한다는 것으로 변명할 생각이 없었다. "우리는 가맹점이 직원을 구하는 업무를 지원합니다. 마찬가지로 가맹점 또한 회사에서 훌륭한 직원을 찾을 수 있도록 돕습니다. 우리는 본사 직원에게 직접 운영을 맡기기도 하고 운영 직원에게 본사의 자리를 주기도 합니다. 와카스와 같이 다른 일을 할 수 있는 충분한 재능이 있고 더 많은 일을 원하는 사람이 있는데 그에게 기회가 주어지지 않는다면 결국 그 사람은 조직을 떠날 겁니다. 그것은 가맹점에게나 회사에게나 손실이 아닐 수 없습니다. '세븐일레븐에는 성장의 기회가 있다' 는 메시지가 모든 팀원들에게 전달되도록 해야겠습니다."

네 번째 위장취업

소통의 실패
뉴욕 사우샘프턴 세븐일레븐 23754호점 매장 지배인

조는 다음 번 위장취업 임무지인 뉴욕으로 향했다. 그곳은 세븐일레븐 시스템 내의 3만 6,000여 매장 중 최고의 매출을 자랑하는 뉴욕 사우샘프턴 매장이었다. 그의 목표는 늘 분주한 매장과 댈러스 지원 센터의 협력이 얼마나 잘 이루어지는지 확인하는 것이었다.

매장 지배인 로리는 개점한 매장의 앞문을 닦는 업무를 맡기며 조를 바로 업무에 투입시켰다. 조가 수십 명의 고객들이 들어오고 나가는 가운데 겨우 문을 닦고 나자 로리는 10분쯤 후면 문이 다시 지문으로 뒤덮일 거라고 말해주었다. 그녀는 웃는 얼굴로 어깨를 으쓱이며 설명했다. "할 수 있는 한 최선을 다해야죠." 사실 로리는 거의 매일 아침 기본적인 사무를 처리하고, 선반에 상품을 채우고, 음

식을 새로 준비하고, 청소를 했다. 로리는 조에게 자기 대신 지원 센터에 점검을 요청해달라고 부탁했다.

댈러스의 지원 센터는 가맹점의 보수 관리를 책임지고 있다. 문제가 생기면 가맹점에서 전화를 하고 그에 따라 본부가 지원팀을 파견해 문제를 해결한다. 로리는 매장과 저장고에 있는 여러 개의 조명이 작동하지 않았기 때문에 조에게 지원 센터에 전화를 걸어 조명 기구를 수리해줄 보수팀을 불러달라고 한 것이었다. 문제가 생겨 연락을 했던 조는 '우선순위에서 밀려 한 달 뒤에 있는 다음 번 정기 점검 때까지 문제 해결이 불가능하다'는 말을 듣고 충격에 빠졌다.

조는 고객과 안전에 직접적으로 영향을 미치는 상황에 바로 응답해주지 않는 지원 센터의 모습을 직접 확인하고 어안이 벙벙해졌다. 그는 잠시 자리를 비우고 차에서 회사의 COO에게 전화를 걸어 조명을 즉시 교체하라고 지시했다. 조는 최대 매출을 올리는 매장조차 제대로 관리하지 못하는 시스템 때문에 기분이 좋지 않았지만, 그런 상황을 발견하고 문제를 고치기 위해 일할 수 있다는 데 보람을 느꼈다. "매장 지원에 가능한 모든 노력을 아끼지 말아야 합니다. 제게는 정말 중요한 일입니다. 우리 회사의 미래를 위해 꼭 필요한 일이죠. 우리가 가맹점주로부터 듣고 싶은 이야기와 상황에 바로 맞닥뜨린 것입니다. 댈러스로 돌아가서 설비팀과 마주 앉아 여러 가지 관리 및 유지 문제를 세밀히 조사하고 고객에게 직접 영향을 미치거나 안전을 위협하는 문제를 해결하는 게 최우선 사항이 되도록 시스템에 변화를 줄 생각입니다."

다섯 번째 위장취업

아메리칸 드림
텍사스 루이스빌 세븐일레븐 통합 유통 센터 배송 트럭 운전사

조는 마지막 위장취업 임무를 위해 본거지인 텍사스로 향했다. 회사의 유통 센터 중 한 곳에서 일할 예정이었다. "유통 직원들은 우리 회사의 숨은 영웅들입니다. 고객들은 매장에서 손쉽게 제품을 살 수 있지만 그 뒤에 숨겨진 많은 노력에 대해서는 알지 못하죠. 유통 직원들이 하는 일은 말할 수 없이 중요합니다. 그들과 함께 시간을 보내는 것이 무척 기대됩니다."

조는 마흔여덟 살의 이고르와 근무를 하게 되었다. 이고르는 15년 전 아내와 두 아이를 이끌고 미국에 온 카자흐스탄 출신의 이민자다. 이민 당시 이고르의 주머니에는 겨우 50달러가 들어 있었다고 한다.

고향에서는 대학 교육까지 받고 러시아 군대의 장교였지만, 그는 미국에서 지난 10년간 해온 일에 큰 애정을 가지고 있었다. 세븐일레븐의 배송 트럭을 운전하는 일 말이다. 이고르는 트럭을 너무나 사랑해서 팔이 길다면 안아주고 싶다고 말하며 조의 도움을 받아 야간 배송 물품을 적재했다. 오후 10시가 되자 그들은 13개 매장이 속해 있는 배달 구역으로 출발했다.

이고르가 매장을 돌며 배달 구역의 모든 야간 판매원들에게 조를 소개하는 동안, 그의 유머와 열정은 조에게도 옮아갔다. 이고르의 방문은 매장의 물품 공급에 그치지 않고 직원들의 사기까지 높이는 것이 분명했다. 매일 야간 근무 때문에 가족들과 시간을 보내지 못하는 것이 아쉽지 않느냐고 조가 묻자 이고르는 함께 있는 시간이 적다 보니 아내와 싸울 시간이 없어서 사이가 더 돈독해진다고 웃으며 말했다.

이고르의 밝은 성격과 열의 덕분에 즐겁게 일하던 조는 다음 배달할 장소가 자기 집에서 아주 가까운 세븐일레븐이라는 사실을 알고 크게 당황했다. 조가 말했다. "가맹점 주인부터 시작해 거기에 있는 모든 사람들이 저를 압니다." 조는 이고르가 트럭에서 물품을 내리는 것을 도운 다음 가맹점 주인이 매장에 있는 것을 발견했다. 위장취업 사실이 발각되지 않도록 하기 위해 조는 이고르에게 주유소 뒤에 있는 화장실에 좀 다녀와야겠다고 둘러댔다. 그러고는 이고르가 혼자 배달을 하는 내내 화장실에 숨어 있었다.

조는 나머지 배달 구역을 돌면서 이고르에게 1년 내내 눈이 오나 비가 오나 야간 배송을 하면서도 의욕을 잃지 않는 비결을 물었다.

그가 확신에 차서 말했다. "저는 아메리칸 드림을 이루고 있어요. 미국은 세상에서 가장 좋은 나라예요. 당신들은 얼마나 큰 축복을 받았는지 모르고 있죠. 저에게 한정된 이야기가 아니에요. 저는 미국에 대해 말하고 있는 겁니다. 저는 영어도 한마디 못하고 미국 문화에 대해서도 전혀 모르는 채 이곳에 왔죠. 주머니 속에는 달랑 50달러뿐이었고요. 의욕을 잃지 않는 비결이요? 이 나라에 감사한 마음을 가지고 있으니까요. 살아남을 수 있게 해주고 행복을 얻을 수 있게 해준 이 나라에 감사하니까요."

지난 1주일 동안 필요로 하는 것을 조치해주지 않은 회사의 작은 실수 외에는 부정적인 것을 보지 못하고 정말 훌륭한 직원들을 만났던 조에게, 제2의 조국에 대한 이고르의 애정은 화룡점정과도 같았다. "저는 스스로를 정말 열심히 일에 헌신하는 사람이라고 생각해왔습니다. 그런데 CEO인 제 마음이 이렇게 뿌듯할 정도로 열심히 일하는 직원들을 보니 그들이 하는 일에 도움이 될 수 있는 일은 무엇이든 지원이 되도록 더 열심히 일해야겠다는 생각이 듭니다."

보스로 돌아오다

"우리가 해야 할 일이 너무나 많습니다." 이것은 본사로 돌아와 중역들을 만난 자리에서 조가 전한 메시지였다. "우리가 샌드위치와 빵을 자선단체에 보내는 프로그램을 가지고 있다는 것은 모두가 아실 것입니다. 하지만 제가 일했던 한 매장에서는 그 제품들을 모두 버렸습니다. 어떤 매장에서는 조명이 꺼졌는데 바로 수리를 받지 못한 일도 있었습니다. 지금은 제가 그 두 가지 상황에 대해서만 이야기하지만, 그 외에도 매장의 문제가 무엇인지 관심을 집중하고 적절한 조치를 시행해야 한다고 봅니다. 제가 만났던 직원들은 모두 놀라운 사람들이었습니다. 우리는 그들을 좀 더 잘 지원해주어야 합니다."

다음으로 조는 1주일의 위장취업 기간 동안 함께 일을 했던 사람들을 만났다. 그들은 영문도 모르는 채 본사의 호출을 받았다.

학생으로 야간에 카운터에서 일하던 와카스는 조가 들어왔는데도 '대니(조의 위장취업 이름)'를 알아보지 못했다. 조는 야간 근무를 하면서 학교를 다니는 와카스의 노력에 깊은 인상을 받았고 반면에 세븐일레븐에서는 성장의 여지를 찾을 수 없다는 그의 생각에 마음이 아팠다고 전했다. 조는 와카스가 파키스탄으로 돌아가 동포를 돕는 일을 하건 미국에 머물기로 결정하건 회사와 자신이 도움을 주겠다고 약속했다. "개인적으로 자네의 멘토가 되어서 세븐일레븐에 남든 조국으로 돌아가겠다고 결심하든 자네의 성공을 위해 도움을 아끼지 않겠네." 와카스는 조가 보여주는 비전에 기뻐하며 "인생에서 성공할 수 있겠다는 자신감이 느껴집니다."라고 말했다.

조가 필에게 자신의 진짜 신분을 드러내자 그는 "악당은 물러가라!"고 외쳤다. 조는 필과 너무나 즐겁게 일을 했고 심하게 몰아붙이지 않고 교육생을 훈련시켜준 것에 감사했다고 말하면서, 회사의 광고 에이전시에서 프리랜서로 일하면서 포트폴리오를 만들 수 있는

기회를 마련해주었다. 필은 이렇게 말했다. "꿈이 이루어진 거죠."

조는 돌로레스에게 기록적인 숫자의 고객들이 그 세븐일레븐 매장으로 가는 이유는 단순히 커피 때문이 아니고 그녀 때문이라는 것을 발견했다고 말했다. 그는 회사 차원에서 그녀가 건강을 찾을 수 있도록 도움을 주고 싶다고 전했다. "돌로레스 장기기증 홍보 프로그램(Dolores Donor Awareness)을 만들어 미국과 캐나다 전역의 본사와 가맹점 직원들에게 참여를 권하고 장기기증서약서에 서명하는 것이 얼마나 중요한 일인지 알릴 생각입니다." 돌로레스는 무척 흥분한 모습이었다. "세상에, 너무나 근사해요. 정말 마음에 들어요. 복 받으실 거예요."

이고르는 자신의 조수를 바로 알아보았고 그의 진짜 정체를 알고는 무척 놀라워했다. 조는 이고르의 노력과 헌신에 대해 감사를 표하고 그와 아내가 함께 좋은 시간을 보낼 수 있도록 휴가를 선사했다. "회사의 우두머리가 현장 근무를 하다니. 도대체 무슨 일인지 정신이 없네요. 영화나 책에서나 나오는 일인 줄 알았는데. 이것이 야말로 미국에서나 가능한 일입니다."

함께 일했던 사람들에게 도움을 줄 수 있다는 기쁨으로 몹시 들뜬 조는 행사를 위해 본사로 부른 가맹점 관계자들과 직원들 앞에서 연설을 했다. 직원들과 위장취업 경험을 담은 비디오 클립을 함께 본 조는 진심을 담아 이렇게 말했다. "저는 매장들에 대해서 잘 알고 있다고 생각했었습니다. 그러나 위장취업을 통해 제가 배울 것이 아직 많이 있다는 것을 알았습니다. 그것을 가르쳐 줄 분들은 여러분입니다. 앞으로 여러분은 여러분들이 가진 문제가 무엇인지 파악하여 고객들에게 더 나은 서비스를 제공하도록 돕기 위해 열심히 노력하는 회사의 모습을 보게 될 겁니다. 여러분 앞에서 이렇게 약속하겠습니다. 위장취업 경험은 제가 세븐일레븐의 CEO로서 일하는 방식을 바꾸어놓았습니다."

이후 〈오프라 윈프리 쇼(Oprah Winfrey Show)〉에서 〈언더커버 보스〉 신드롬을 소개할 때 등장했듯이 조는 돌로레스와 이고르에게 더 놀라운 선물을 안겨주었다. 그는 돌로레스에게 그녀가 좋아하는 뉴욕 양키스의 시즌 입장권을 선물했다. 가장 극적인 것은 조가 이고르에게 그의 성실함과 아낌없는 열정, 미국에 대한 강한 애정에 보답하고자 휴가를 선물하는 것 이상의 일을 해주겠다고 말한 것이었다. 조는 가맹비를 받지 않고 이고르에게 세븐일레븐 매장을 선물하겠다고 발표했다.

편의점 사업이 얼마나 변화하고 편의점에 얼마나 대단한 세계적 관행이 도입되든 세븐일레븐은 미국 최고의 업체로 남게 될 것이다. 그 이유는 편의점 사업에 주력하고 있기 때문도 아니고 슬러피나 빅 걸프, 빅 바이트를 판매하기 때문도 아니다. 거의 세계 어디에서나 찾아볼 수 있고 누구나 할 것 없이 가는 곳이기 때문이다. 이민자들에게 어엿한 미국 문화의 일원이 될 기회를 주고 그들과 가족을 위한 든든한 경제적 기반을 마련할 가능성을 제공하는 세븐일레븐이야말로 미국적인 사업의 정수라고 할 수 있다. "우리는 세븐일레븐 로고가 곧 기회의 로고라고 말합니다. 우리 회사의 DNA 속에는 수천 명의 사람들에게 아메리칸 드림으로 가는 길을 제공해줄 수 있는 역량이 숨쉬고 있습니다."

위장취업이 끝나고

- 와카스는 상상도 해보지 못한 기회를 얻었다. 그는 10개의 가맹점을 책임지는 세븐일레븐 현장 컨설턴트가 되기 위해 훈련을 받고 있다.
- 필은 세븐일레븐 광고 에이전시의 프리랜서 일러스트레이터로 고용되어 자신만의 포트폴리오를 만들 수 있는 기회를 얻었다.
- 돌로레스를 통해 영감을 얻은 세븐일레븐은 장기기증 홍보 프로그램을 만들었다. 회사는 돌로레스의 이름으로 신장 재단에 15만 달러를 기부했다. 또한 조는 자신의 '망상'을 현실로 만들었는데,

전 매장의 커피 판매대에 개수대가 설치되었다.
- 로리는 보수 문제가 빨리 해결된 것에 무척 기뻐했다. 즉, 조가 관리 보수 문제를 지원 센터가 우선시 하도록 즉각적인 조치를 취해준 데 만족해했다. 조는 그녀를 회사가 신설한 전국 비즈니스 리더십 자문 위원회에 참여시켰고 로리는 그 그룹의 고객 경험 관련 소위원회에서 적극적으로 활동하게 되었다.
- 이고르는 정말로 사장님이 되었다. 그의 세븐일레븐 가맹점은 2010년 5월 텍사스 리처드슨에서 문을 열었다. 조는 개점 첫 날 그곳을 방문해 이고르와 함께 손님을 맞았다.

와카스와 이고르의 이야기는 특별히 조에게 긴 여운을 남겼다. "미국은 이민자와 기업가가 만든 나라입니다. 세븐일레븐의 직원들은 이민자들에게 우리 매장에서 일할 기회를 줄 수 있다는 것을 큰 행운으로 생각합니다. 우리 조직에서 시작해 가맹점주가 되고, 다시 공동체에 그들이 받은 것을 되돌려준 사람들이 얼마나 많은지 모릅니다. 저는 우리 조직이 많은 사람들에게 기회를 제공해주었다는 것에 자부심을 느낍니다."

AN AMERICAN LOVE AFFAIR

유산보다 더 소중한 가치

"제게 화이트 캐슬(White Castle)은 단순한 직장이 아닙니다. 화이트 캐슬은 저의 삶이고 우리 가족의 삶입니다."

데이브 라이프(Dave Rife)
화이트 캐슬(White Castle) 소유주

데이비드 알렌(David Allen)
구직자

보스는 어떻게 참여하게 됐나

미국인들의 햄버거 사랑은 미국 최초의 버거 체인인 화이트 캐슬에서 시작되었다고 해도 과언이 아니다. 따라서 우리는 프로그램의 첫 시즌에 패스트푸드 회사를 포함시켜야 한다고 생각했고, 가장 처음 찾은 곳이 화이트 캐슬이었다. 화이트 캐슬은 가족들이 소유하고 경영하는 체제를 유지하고 있다. 우리는 4대에 걸친 회사 구성원들을 만나는 즐거움을 누리기도 했다. 화이트 캐슬의 중역인 제이미 리처드슨(Jamie Richardson)은 우리가 오하이오 전역의 다양한 시설을 둘러보고 회사의 본부(한 직원은 이곳을 '화이트 캐슬 펜타곤' 이라는 애정 어린 이름으로 불렀다)에 들르는 동안 안내를 도맡아주었다. 4세대 경영진 중 최고 연장자 데이브 라이프는 위장취업에 동의했고 중역 회의에서 형제, 자매, 친지들과 자신이 발견한 것들에 대해 이야기했다.

보스
데이브 라이프
화이트 캐슬 소유주

위장 신분 및 설정
데이비드 알렌
일시 해고된 중장비 회사의 직원. 신참 직원의 하루를 보여주는 텔레비전 프로그램을 촬영 중이다.

화이트 캐슬은 어떤 회사인가

1921년에 월터 앤더슨(Walter Anderson)과 에드가 W. 빌리 잉그램(Edgar W. Billy Ingram)이 캔자스 위치토에 설립한 화이트 캐슬은 최초의 패스트푸드 레스토랑으로 유명하다. 창업자들은 손님 좌석도 없이 판매대만 있는 이 작은 레스토랑을 통해 값이 싸면서도 깨끗한 식사를 제공하기 시작했다. 레스토랑은 작은 성 모양을 본떠 만들어졌다. 화이트 캐슬은 최초로 음식 준비 방법을 표준화해서 고객들에게 한결같은 맛을 유지하는 제품을 공급하고, 요리사를 '무한 대체가 가능한 기술자'로 바꾸는 등 현재 패스트푸드 업계의 일반적인 관행이 된 많은 메뉴얼들을 발명했다.

화이트 캐슬의 창립자들은 헨리 포드(Henry Ford)가 차에 한 일을 버거에 했다고 해도 과언이 아니다. '슬라이더(Slider)'라는 이름의

네모난 작은 햄버거는 1940년대에 5센트에 팔렸다. 빌리 잉그램은 1933년 앤더슨의 지분을 인수하고 본부를 오하이오 콜럼버스로 옮겼다. 이 회사는 제과 회사, 육류 공급 공장, 창고 등 자사의 기반 시설을 늘려나갔고 종이 모자에서 철강 건설 부분에 이르는 개별 사업까지 분리시켰다.

현재 11개의 중서부 주요 주에 421개의 화이트 캐슬 매장이 있고 뉴욕 도심에도 오랜 역사를 가진 상당히 큰 규모의 매장을 가지고 있다. 대부분의 회사 레스토랑은 24시간 영업을 한다. 이 체인은 비교적 작은 규모를 가지고 있지만 수익성 면에서는 결코 뒤지지 않는다. 화이트 캐슬 매장 1곳에서 벌어들이는 매출은 미국에 1만 3,000개 이상의 매장을 둔 맥도날드에 이어 패스트푸드 업계 2위를 달리고 있다.

데이브 라이프에 관하여

어떤 가문이든 그 집안의 특징이 담긴 유산이 있게 마련이다. 디자인이 유산이 되는 집안도 있는가 하면 빚을 물려받는 집안도 있다. 케네디 가처럼 공직에 대한 소명일 수도 있고 대대로 이어오는 전통 명절 음식일 수도 있으며, 공통의 신앙처럼 영적인 경우도 있는가 하면, 공동의 재산과 같이 실재하는 것인 경우도 있다. 유산은 혜택이 되기도 하고 짐이 되기도 하며 때로는 그 두 가지 성격을 모두 갖기도 한다. 하지만 유산에는 언제나 세대를 이어온 유익한 맥락을 보존하고 강화하거나 해로운 맥락을 개선하는 다음 세대에 대한 책임이 포함되어 있다.

창립 후 거의 90년이 지난 화이트 캐슬 시스템은 공식적으로는 기업의 형태를 가지고 있지만 여전히 가족 소유 체제를 유지하고 있다. 다른 체인들처럼 체인점이 가맹점이 아닌 회사의 소유다. 창립자 빌리 잉그램이 회사를 개인 소유로 유지하고 빚을 지지 않기로 결정했기 때문이다. 그의 자리를 아들인 E. W. 잉그램 2세(E. W. Ingram Jr.)가 물려받았고 다시 그의 아들인 E. W. 잉그램 3세(E. W. Ingram Ⅲ)가 이어받았다. 지금은 3대의 가족 구성원이 네 명 생존해 있고 모두가 사업에 참여하고 있다. 다음 세대인 4대의 가족은 17명인데 그중 9명이 사업에 참여하고 있다. 다음으로는 26명의 5대 가족 구성원이 가업의 대를 잇기 위해 기다리고 있다. 창립자의 증손자이며 회사 경영 위원회의 회원인 데이브는 4세대 소유주 가족의 최고 연장자이자 실질적인 리더다.

독특한 소유 체제와 보수적인 사업 철학 덕분에 화이트 캐슬의 사업은 주로 일정한 지역에 편중된 형태를 보이고 있다. 하지만 어떤 면에서는 회사의 지역 범위가 좁기 때문에 장기간 사업을 이어오면서 추종자들로부터 숭배에 가까운 대접을 받고 있기도 하다. 회사는 이들 열성 팬을 '크레이버(Cravers)'라고 부른다. 화이트 캐슬은 창립 80주년을 맞은 2001년에 크레이버 명예의 전당(Cravers Hall of Fame)을 만들어 매년 명예에 전당에 이름을 올릴 사람들을 지명하기 시작했다. 한편 레스토랑 근처에 살지 않는 팬들의 니즈에 부합하기 위해 화이트 캐슬은 전국의 식료품점을 통해 냉동 햄버거를 판매하고 있다. 화이트 캐슬은 최근 정식으로 차려 입은 두 명의 테이블 서버가 딸리고 촛불이 장식된 2인 좌석의 예약을 받는 발렌타인 데이 상품으로 관심을 끌기도 했다.

　이 회사의 전통적인 가족 중심의 접근법은 직원들에게까지 확장된다. '대가족' 개념의 종업원들은 패스트푸드 업체로는 이례적으로 낮은 이직률과 충성도를 자랑한다. 20년 이상 근속한 직원들도 많이 있다. 한 직원은 67년 동안 이 회사에서 일하다가 최근 퇴직했다. "증조부가 이 회사를 시작하면서 내건 핵심 원칙이 몇 가지 있습니다. 성실, 정직, 고용 보장이 그것이죠." 데이브가 설명했다. "증조부님은 우리가 가진 가장 중요한 자원이 직원들이라고 굳게 믿으셨습니다. 미국에는 버거 플립퍼(burger flipper : 말 그대로 해석하면 버거를 뒤집는 사람, 기술이나 교육이 필요치 않은 직업이나 그런 직업으로 생계를 영위하는 사람을 뜻하는 말-옮긴이)라고 불리는 우리 업계의 견습 직원들 같은 사람들에 대한 고정관념이 존재합니다. 버거 플립퍼나 다른 초보적인 일을 하는 사람들을 경시하는 경우가 많죠. 하지만 그들이 하는 일은 결코 쉽지 않습니다. 열심히 일하는 미국인들이죠. 그들은 매일 훌륭한 서비스를 제공하고 뛰어난 제품을 공급하기 위해 최선을 다합니다."

　운동선수처럼 날렵한 몸매를 가진 40대 중반의 데이브는 결혼해서 두 명의 자녀를 두고 있다. 그는 여러 곳에서 식당 운영, 기술 업무, 건설, 제조의 일을 보면서 착실히 지금의 자리까지 올라왔다. 염소수염을 기르고 빨간 콜벳을 타는 데이브는 가족 중에서 가장 화려하다. "화이트 캐슬을 소유한 가족의 구성원으로 태어난 덕분에 멋진 라이프스타일을 가질 수 있었죠. 장난감이 꽤 많았답니다." 화려한 스타일을 가진 데이브이지만 그가 일하는 스타일은 전통적인 목표를 고수하고 있다. 가족의 소유권과 회사의 접근법이 5대뿐 아니라 6대, 그 이상까지 이어지도록 하는 것이다.

그렇지만 지금까지로 보아서는 다음 세대가 그의 자리를 물려받는 날이 빨리 올 것 같지 않다. "생활 습관을 바꾸지 않았다면 그리 오래 살지 못했을 겁니다. 몸이 가장 많이 불었을 때는 약 123킬로그램까지 나갔으니까요. 고혈압에 콜레스테롤 수치도 높았습니다. 조만간 심장병 진단을 받을 처지였죠." 어느 날 데이브는 변화가 필요한 때가 되었다고 판단했다. 그는 규칙적으로 운동을 시작하고 식사 습관을 극적으로 바꾸었다. 지금의 그는 회사에서 나오는 튀김 음식조차 먹지 않고 증기 조리 방식의 슬라이더만을 고집하고 있다. 이처럼 생활을 바꾼 지 2년 만에 데이브는 대대적인 변화를 이루었다. "이제는 목숨을 구한 것 같아요."

데이브는 준비된 위장취업자였다. 체중을 약 34킬로그램 감량한 것에 더해 위장취업의 성공을 위해 아끼던 수염까지 깎아버렸다. 가족의 유산을 다음 세대의 가족과 직원들에게 전하기 위한 노력이었다. "제게 화이트 캐슬은 단순한 직장이 아닙니다. 화이트 캐슬은 저의 삶이고 우리 가족의 삶입니다."

데이브의 열의와 헌신에도 불구하고 나머지 가족들 중에서는 약간의 의구심이 남아 있는 것도 사실이었다. 보수적인 성향이 강한 일부 친지들은 소유주가 촬영팀이 따라다니는 위장취업 경험을 한다는 것이 상식에서 벗어나는 일이라고 생각했다. 데이브의 동생 브래드를 비롯해 주변에서는 데이브가 10대 이후로 해보지 않은 현장 근무를 잘 해낼 수 있을까 불안해하는 사람들도 있었다. "시간이 좀 필요할 겁니다." 데이브도 그 점을 인정했다. "하지만 매일 이 일을 한 것 같이 보여도 안 되는 것 아닙니까?" 하지만 그의 말처럼 지나치게 능숙해보일까봐 걱정할 필요가 없었음이 곧 드러났다.

첫 번째 위장취업

요리사가 너무 많아
오하이오 해밀턴 화이트 캐슬 레스토랑 팀 멤버

화이트 캐슬은 매년 10개에서 12개의 매장을 새롭게 오픈한다. 매장의 오픈에는 개인 회사로서는 상당히 큰돈과 시간의 투자가 필요하다. 새로운 매장의 첫 몇 주 간은 회사가 새롭게 고용한 멤버에 기존 매장에서 데려온 팀 멤버가 더해져 많은 직원들이 함께 일하게 한다. 데이브는 이 사람들에 섞여 새롭게 개점한 화이트 캐슬 매장에서 일하게 되었다.

　새 매장의 총지배인 지니는 데이브에게 유니폼을 지급하고 그를 주방으로 보냈다. 데이브는 눈 코 뜰 새 없이 바쁜 사람들 사이에 둘러싸여 있는 자신을 발견했다. 그렇지 않아도 비좁은 주방에 직원들이 넘쳐났다. 한 사람이 할 일에 두세 명이 배정되어 있으니 곳곳에서 서로 부딪혔고, 무슨 일을 해야 할지 몰라 멀거니 서서 구경만 하는 사람들도 생겨났다. 여러 명의 지배인이 다수의 직원들에게 할 일과 가야 할 곳을 지시하다 보니 혼란이 가중되었고, 지시에 모순이 생기는 경우도 있었다. 지니는 그 상황을 매우 불만스러워했다. 할 일 없이 전면 카운터를 채우고 있는 직원들을 가리키며, 지니가 데이브에게 물었다. "저 사람들이 일을 즐겁게 하고 있는 것 같나요?" 어찌 해야 할지 모르거나 할 일이 없으니 당연히 사기는 바닥을 기고 있었다.

PRODUCERS'S NOTE

제작 노트 | 촬영 뒷얘기

건강에 대해 같은 문제를 가지고 있다는 사실을 안 데이브와 도나 사이에는 깊은 유대감이 형성되었다. 우리는 사장이 화이트 캐슬 팀원들을 위한 건강 프로그램을 시작한다는 것에 도나가 커다란 희망을 갖고 자신감을 얻었다는 것을 알고 있었다. 하지만 데이브가 어떻게 개인적으로 도나에게 동기를 부여할 수 있었는지는 알지 못했다. 해밀턴 매장에서 보낸 시간에 대한 감회를 데이브는 잊지 못했다. 첫 촬영이 모두 끝나자마자 데이브는 다시 매장으로 돌아갔다. 그는 도나를 찾아서 자신의 전화번호를 주고 언제나 도움이 필요할 때면 전화를 걸어도 좋다고 말했다. 감동을 받은 모습이 역력한 도나에게 데이브는 여전히 신분을 드러내지 않은 채, 자신이 화이트 캐슬에서 일하게 된다면 그녀와 함께 걷기운동을 하고 자신의 경험을 얘기해주면서 도나의 체중감량에 자극을 주고 동기를 부여해주는 사람이 되겠다고 약속했다.

촬영을 끝내고 도나가 자신의 진짜 신분을 알게 될 때까지도, 데이브는 위장 신분으로 그녀와 연락했다. 데이브가 변화해야겠다고 마음먹은 것은 단순한 절차적 변화만이 아니었다. "도나는 심장마비를 겪고도 살아남았습니다. 많은 사람이 그렇게 하지 못하고 죽고 말죠. 저도 몇 년 전에는 그런 상황에 있었습니다. 제가 라이프스타일에 변화를 주지 않았다면 지금 이 자리에 있지 못했을 겁니다. 지금부터 두 달 후에 도나에게 심장마비가 왔다는 것을 알게 된다면 몹시 죄책감을 느낄 겁니다." 데이브는 그녀를 비롯해 체중과 관련된 문제로 어려움을 겪는 직원들을 돕고 싶어 했다.

지니는 다른 것보다도 우선 데이브가 할 일 없이 어슬렁거리지 않도록 하기 위해서 그에게 개인 사수, 도나를 배정해주었다. 쉰 살의 도나는 매장의 베테랑이었다. 데이브를 소개 받은 후 도나는 몇 시간 동안 사람이 드문 구역을 오가면서 여러 가지 주방 업무와 카운터 업무를 데이브에게 교육했다. 이윽고 점심식사 시간이 돌아오자, 데이브는 채소가 주재료인 음식 몇 가지만을 점심식사로 골랐다. 그의 의지를 인상 깊게 본 도나는 자신은 자제력이 부족하다고 고백했다. "저는 2003년에 심장마비로 거의 죽을 뻔했어요. 그렇지만 아직도 먹으면 안 되는 음식들을 좋아하죠. 남편은 장애가 있어서 저에게 무슨 일이 생길까봐 늘 노심초사합니다. 저도 오래 살고는 싶지만 지금으로 봐서는 그리 오래 살 수 없을 것 같아요."

첫 근무를 마친 데이브는 보람을 느꼈지만 한편으로는 불안하기도 했다. "추가 인력이 도움보다는 해가 되는 것이 확실합니다. 이 사안에 관해서는 본부와 현장 사람들 사이에 소통이 부족하더군요. 자신들에게 필요한 것이 무엇인지 잘 아는 것은 현장 직원들이에요. 그들의 소리에 좀 더 귀를 기울여야겠습니다."

두 번째 위장취업

돼지들 복 터진 날
인디애나 런셀러 화이트 캐슬 베이커리팀 멤버

화이트 캐슬의 창립자 빌리 잉그램은 레스토랑에서 질 좋은 제품이 제공되도록 하는 가장 좋은 방법이 되도록 많은 변수를 통제하는 것이라고 생각했다. 그래서 그는 회사를 자립적으로 만들기 위해 노력했다. '화이트 캐슬이 하지 않는 것은 밀과 소를 키우는 일뿐'이라는 것은 유명한 농담이다. 데이브는 경력의 대부분을 이런 기반 사업에서 쌓았지만 베이커리 공장에서 일을 해본 적은 없다. 때문에 그는 야간 근무도 마다하지 않고서 베이커리 일을 자원했다.

큰 덩치의 생산관리자 스티브는 데이브에게 베이커리를 간단히 보여주었다. 공장의 소음 때문에 목소리를 높여야 의사소통이 가능했다. 스티브는 매일 생산되는 엄청난 제품의 양에 대해 자랑스럽게 설명하면서 빵을 봉지에 넣는 구역에 데이브를 배치했다. 복잡한 장비가 라인 위에 한 번에 30개의 둥근 번빵이 있는 시트를 4개씩 쌓은 다음 빵 더미를 상자로 밀어넣었다. 데이브의 일은 비닐봉지를 제자리에 붙잡고 있다가 번 더미가 봉지에 들어간 채로 정확하게 박스에 담기게 하는 것이었다. 스티브는 빵을 미는 패들에 손이 닿지 않게 하라고 데이브에게 주의를 줬다. "내려와서 당신 팔에 있는 피부를 다 벗겨낼 거야." 스티브의 경고에 겁은 났지만 자신감은 하늘을 찌르고 있었다.

데이브가 라인을 맡았다. 첫 번째 시도는 실패로 돌아갔다. 번빵 더미의 끝 쪽이 박스 입구에 닿아 으스러졌다. 스티브는 끈기 있게 데이브에게 기계를 어떻게 끄는지 보여주고 으스러진 번을 치운 뒤 그 과정을 다시 시작했다. 데이브는 실패에도 끄떡하지 않고 다시 덤벼들었다. 이번에는 맨 위 시트의 번 절반이 박스 밖으로 굴러 떨어졌다. 스티브는 다시 한 번 기계를 멈추고 번을 치웠다. 데이브는 계속 시도를 하고 스티브는 계속 번을 치웠다. 버려진 번이 쌓여갔다. 데이브는 좌절감과 동시에 오기도 느끼는 것 같았다. 데이브는 기계와 기 싸움을 벌이고 있었다. 데이브는 압도적으로 열세인 상황에서도 포기하지 않는 권투선수 같았다. 그가 다치거나 집안의 사업을 모두 말아먹기 전에 누군가 그를 말려야 했다. 다행히도 스티브가 백기를 던지고 기계의 승리를 선언했다.

스티브는 총 피해액을 합산해서 데이브에게 그가 20~25번은 번을 뭉개버렸다고 알려줬다. 항상 긍정적인 면을 찾기 위해 애쓰는 스티브는 데이브에게 그의 노력이 헛되지 않다고 말해주었다. "버려진 번은 통에 담겨요. 돼지 사육하는 사람들이 와서 그것을 가져가죠. 번을 가축들에게 먹이는 거예요. 당신은 이번 주 돼지들에게 좋은 일을 한 거죠."

돼지들의 은인이 되었다는 것은 데이브에게 큰 위안이 되지 못했다. 그는 집으로 전화를 걸었다. 잠에서 깬 아내가 그를 진정시켰다. "저는 무슨 일을 하든 앞서가려고 해요. 그래야 가족들을 실망시키지 않을 테니까요. 가족들이 저를 자랑스럽게 생각해주기를 바라고 회사의 모든 사람들이 저를 자랑스럽게 생각해주었으면 하거든요. 직원들은 사장이 자신들을 앞지르거나 일을 더 잘 할 수 있을 것이라고 생각지는 않을 겁니다. 하지만 적어도 그들이 하는 일도 꽤 잘 할 수 있는 사람을 원하겠죠. 직원들이 실수하는 것은 괜찮습니다. 그건 이해하죠. 하지만 제 자신에게는 절대로 용납이 안 돼요."

| 세 번째 위장취업 |

공포와 즐거움이 어우러진 야간 근무
켄터키 코빙턴 화이트 캐슬 레스토랑 팀 멤버

데이브는 돼지를 배터지게 먹인 경험을 뒤로 하고 오랜 역사를 가진 켄터키 코빙턴의 화이트 캐슬 레스토랑에서 야간 근무를 하게 되었다. 화이트 캐슬 레스토랑의 24시간 영업은 이 회사가 전통으로 지켜온 것이기는 하지만, 현재 그 정책에 대한 재평가가 진행되고 있는 중이었다.

레스토랑의 부지배인 티나는 데이브에게 주방의 책임자 달린을 소개시켜주었다. 달린은 그에게 그릴 작업에 대해 알려주고 슬라이더 만드는 법을 지도했다. 슬라이더를 만드는 방법은 지침서와 규칙, 재료의 순서까지 정해진 정확한 작업이다. 달린은 절차를 좀 더 능률적으로 진행하는 그 레스토랑 나름의 작은 변경 사항을 일러주었다. 근처에 서 있던 티나가 몸을 기울여 걱정스런 표정으로 데이브가 나쁜 버릇을 갖지 못하도록 주의를 주었다. 정확한 절차에서 조금이라도 벗어나면 안 된다는 것이었다.

쉬는 시간에 티나는 자신이 주의를 준 이유를 설명했다. "나쁜 습관 때문에 해고를 당할 수도 있어요." 그녀가 경고했다. "화이트 캐슬의 절차를 정확하게 따르도록 하세요. 그릴도 정확한 방식으로 배치하고요. 튀김 재료를 지나치게 채워넣지 말아요. 본사 직원들이 방문해 당신이 지침대로 따르지 않는 모습을 발견할 수도 있어요. 그러면 그들은 바로 그 자리에서 당신을 해고할 권한을 행사할 수도

있답니다." 티나는 매일같이 해고될까봐 걱정한다고 털어놓았다.

밤이 늦어지면서 매장의 작업 속도가 점차 빨라졌다. 데이브는 드라이빙 주문 코너에서 조와 함께 일하라는 지시를 받았다. 서른 살의 조는 명랑한 사람으로 5개의 다른 레스토랑에서 여러 코너의 근무를 해보았다고 얘기했다. 조는 절차보다는 고객서비스에 신경을 더 많이 쏟았다. "너무 격식을 차리거나 똑같은 방식으로 얘기할 필요는 없어요. 친절하고 친근하게만 하면 돼요." 조는 복잡한 일을 효율적으로 처리하는 동시에 고객들을 어떻게 대하는지 시범을 보여주었다.

손님이 몰려드는 시간이 지나고 휴식시간을 가지면서 데이브는 조의 비밀을 듣게 되었다. 조는 자신이 집에서 시각 장애가 있는 아들과 많은 시간을 보내기 때문에 커뮤니케이션을 하는 데 능숙하다고 생각하고 있었다. 그는 자신의 긍정적인 태도에 대한 데이브의 칭찬에도 대수롭지 않다는 듯 이렇게 둘러댔다. "가족들을 먹여 살리려면 일을 해야죠. 제가 열심히 일하는 이유는 모두 가족 때문이에요."

야간 근무를 마친 데이브의 마음속에는 여러 가지 감정이 섞여 있었다. 티나가 해고의 두려움에 떠는 모습을 보며 걱정스럽기도 했고 조의 열의에 기운을 얻기도 했다. "우리가 절차를 만든 것은 팀 멤버를 돕고 고객들에게 항상 변함없는 제품을 공급하기 위해서였습니다. 소유주 집안에서 태어난 저는 일자리를 빼앗길까 걱정한 적이 없었죠. 더구나 고용 보장은 제 증조부가 이 회사를 세우면서 내건 핵심 원칙 중 하나입니다. 이 원칙은 가족만을 대상으로 하는 것이 아닙니다. 우리 팀 멤버들에게도 적용되죠. 티나가 매일 해고당할 걱정에 시달린다면 그건 우리의 잘못입니다." 그런 발견이 불안하고 언짢았던 만큼이나 조를 만난 것은 고무적인 일이었다. "그의 밝은 태도는 사람들의 기운을 북돋우고 의욕을 불러일으킵니다. 그가 가진 재능을 잘 활용할 수 있도록 도움을 주어야겠어요."

네 번째 위장취업

요리사의 꿈
일리노이 시카고 화이트 캐슬 레스토랑 팀 멤버

늘 자신의 세대가 사업을 이끌어가게 될 미래를 목표로 일해왔던 데이브는 회사가 젊은 직원들에게 얼마나 많은 기회를 제공하고 있는

지 엿보고 싶었다. 그래서 나이 어린 직원들과 일하는 데 관심을 가지고 있었다. 그 때문에 데이브는 이제 시카고로 가 호세와 일하게 되었다. 호세는 열일곱 살로 법적으로 열여섯 살이 되는 첫 날부터 화이트 캐슬에서 일을 했다. 1세대 멕시코 이민자인 호세는 어느새 레스토랑의 뛰어난 일꾼이 되어 있었다.

  데이브는 부지런한 호세를 따라 조리 구역의 식재료를 채우고 배송된 물품을 냉동고로 옮기고 쓰레기를 버리면서, 이 젊은이의 에너지와 추진력에 깊은 인상을 받았다. 이 단정한 10대 소년은 자신의 꿈이 요리사가 되어 레스토랑을 여는 것이라고 털어놓았다. 하지만 안타깝게도 호세는 화이트 캐슬에서는 자신이 원하는 기회를 찾기 어려울 것이라고 생각하고 있었다. 데이브는 점심시간을 맞아 호세가 집에서 만들어온 그린 살사 소스 샘플을 맛볼 기회를 얻었다. 맛은 훌륭했다. 데이브의 칭찬에 용기를 얻은 호세는 '부모님이 요리사가 되겠다는 자신의 꿈을 진지하게 생각해주지 않는다면, 혼자서라도 목표를 향해 달려가겠다'고 당차게 포부를 밝혔다.

> 다섯 번째 위장취업

행복하지 않은 결말
켄터키 코빙턴 화이트 캐슬 냉동식품 공장 팀 멤버

데이브의 마지막 위장취업 임무는 회사의 냉동식품 공장에서 일하는 것이었다. 크레이버 사이에서 우상의 대접을 받는 이 회사는 레

스토랑 근처에 살지 않는 충성도 높은 고객들이 화이트 캐슬의 제품을 먹을 수 있도록 방법을 마련했다. 냉동식품 공장은 바로 그런 일을 하는 곳이다.

그날 데이브의 보스가 된 부지배인 브렌다는 16년 간 화이트 캐슬에서 일한 베테랑이었다. 그녀는 작업 라인에서 근무하다가 최근에 관리직으로 승급했다. 그녀는 데이브에게 '근무 시작 5분 전에 나와서 출근 카드를 찍어야 한다'고 말했다. 데이브가 지각을 했다고도 알려주었다. 상사의 훈계에 단련이 된 데이브는 지시대로 헤어넷을 쓰고 앞치마를 두른 뒤 포장 라인으로 향했다.

8년 간 화이트 캐슬에 근무한 비키가 데이브에게 포장 기계에 음식을 어떻게 집어넣어야 하는지 설명해주었다. 그녀는 완벽하게 준비된 버거를 양손에 하나씩 들고 있다가 벨트가 천천히 지나치는 동안 빵과 내용물이 떨어지지 않도록 하면서 좀 더 빠르게 움직이는 벨트 위의 지정된 위치에 재빨리 밀어넣는 시범을 보여주었다. 당구 챔피언이 가질 만한 손과 은행 직원과 같은 손재주가 필요한 일이었다. 하지만 데이브에게는 둘 중 어떤 것도 없었다. 데이브는 입에서 욕이 튀어나오는 것을 억지로 참으며, 자신이 일하는 구역에서 버려지는 슬라이더의 숫자만큼 좌절감이 커져감을 느꼈다. 하지만 데이브는 베이커리에서 생산 속도를 늦추었던 것처럼, 포장 조업을 망치지 않은 것만으로도 성공이라고 생각하며 스스로를 다독였다.

PRODUCERS'S NOTE

켄터키 코빙턴의 화이트 캐슬 냉동식품 공장을 방문했을 때도 데이브는 '값싼' 모텔에 계속 머물렀다. 신참 직원의 생활을 진짜로 체험하려면 어쩔 수 없는 일이었다. 데이브는 '10분 후부터는 환불 불가'라고 쓰인 빨간색 깃발이 출입구에 있는데도 군말 없이 상황을 잘 받아들였다. 방에는 침구도 부족하고 좋지 않은 냄새까지 났지만, 데이브는 기분 좋게 생활했다. 심지어 벽을 기어다니는 벌레를 보고 '새 룸메이트'라고 농담할 정도였다.
그러나 그날 밤 우리는 벌레의 공격 따위를 걱정할 여유가 없었다. 데이브의 방에 작은 카메라를 든 촬영팀을 비롯해서 수많은 사람들이 들락거리자 인근 기관들의 관심을 끌게 된 것이다. 우리는 코빙턴 경찰이 우리가 들고 나는 것을 모니터하고 있다는 것을 알게 되었고 곧 이어 헤드라이트를 번쩍이는 경찰차와 경관들에 둘러싸였다. 설상가상으로 우리는 프로그램에 대한 비밀을 발설하면 안 되는 입장이었다. 때문에 우리는 왜 카메라가 있는지를 설명할 수 없었다. 데이브의 화이트 캐슬 직원 신분증이 그들을 겨우 안심시켰다. '언더커버 보스'가 '미국 최고의 현상 수배자'로 변할 수도 있었던 위기의 순간이었다.

비키는 휴게실에서 데이브와 이야기를 나누면서 자신이 공장에서 일해온 8년 동안 직원들의 사기가 많이 떨어졌다고 밝혔다. 현장 주임들이 작업장에서 직원을 돕는 시간보다 휴게실에서 보내는 시간이 많은 것도 문제였다. "여유를 부리는 사람들 때문에 일이 점점 힘들어져요."

데이브는 자신이 찾은 불만 요소에 대해 생각하면서 라인으로 돌아갔다. 오후에 데이브와 비키는 보니타와 함께 치즈 점검 구역에 배정받았다. 데이브가 맡은 일은 버거 위에 있는 치즈의 위치를 바로 잡고 치즈가 빠져 있는 버거에는 치즈를 한 장씩 올리는 것이었다. 보니타는 데이브가 속도를 높이기 위해서 노력하는 동안 도움을 주었지만 치즈가 빠진 버거의 숫자가 늘어나자 일이 밀리기 시작했다. 세 명의 라인 직원들은 속도를 따라가기 위해 애를 쓰며 서로를 도왔지만 주임은 일에 손을 대지 않고 있었다. 현장 주임은 점점 일이 고되지는 라인 작업자들에게 전혀 도움이 되지 않았다.

패티가 데이브에게 피클을 넣는 새로운 일을 시키자 데이브 역시 신이 나서 일을 맡았다. 그렇지만 그가 회사의 생산 라인을 조금만 더 자세히 살폈다면 냉동 화이트 캐슬 버거에는 피클이 들어 있지 않다는 것을 알 수 있었을 것이다. 본분을 다하기 위해 창고에서 피클을 찾던 데이브는 또 다른 문제에 봉착했다. 계단을 찾을 수가 없었던 것이다(사실 공장에는 2층이 없었다)! 그는 라인 작업자에서부터 지게차 운전사에 이르기까지 보이는 사람마다 붙잡고 길을 물었지만 모두가 점점 더 이상한 곳으로 가라고만 일러주었다. 속임수라는 것을 알았을 때는 공장을 온통 뒤지고 다니느라 얼굴이 시뻘겋게 된

PRODUCERS'S NOTE

데이브는 코빙턴 냉동식품 공장에서 비키와 함께 일하며, 라인 작업자와 주임 사이의 반목을 발견하기도 했지만 한바탕 웃을 기회를 얻기도 했다. 비키, 브렌다와 일을 한 후에 데이브는 패티로부터 버거에 양파를 어떻게 얹는지를 배웠다. 패티는 명랑한 직원으로 자신을 공장의 익살꾼이라고 말했다. 신참 직원들이 자신이 환대를 받는다는 기분을 느끼게 해주기 위해 패티가 시도하는 방법 중 하나는, 신참에게 창고 2층에 있는 피클을 가져오는 임무를 맡기는 것이었다.

후였다. 하지만 그의 땀방울 속에서는 재미있는 장난으로 환영해준 동료들에게 고마움을 느끼는 희생자의 미소가 드러났다.

　공장의 사기가 떨어진 것이나 현장 주임의 지원 부족은 데이브를 걱정시키는 또 다른 문제가 되었다. "지금 이 공장에는 행복하지 못한 직원들이 더러 있습니다." 데이브는 현장에서 근무한 1주일 동안 자신이 알게 된 직원사기의 문제, 고용불안 문제, 직원과다 문제를 돌이켜보면서 그 문제들을 좀 더 균형 잡힌 시각으로 파악하기 위해 노력했다. "이 일을 시작할 때 제가 목표로 삼은 것 중 하나는 증조부님과 증조모님께 증손자로서의 도리를 지키는 것이었습니다. 처음에는 대단히 방어적이었습니다. 언제나 긍정적인 면만 보려고 했죠. 하지만 화이트 캐슬은 완벽한 회사가 아닙니다. 이런 정보가 바로 증조부님과 증조모님께서 제가 알길 원한 정보일 거라고 생각합니다. 그분들이 지금 하늘에서 저를 내려다보신다면, 제가 한 일을 기특하게 여기실 것이라고 믿습니다."

보스로 돌아오다

데이브는 모든 촬영이 끝난 후 본부로 돌아가 회사의 경영 위원회를 소집하고 위장취업 기간 동안 자신과 함께 일했던 팀 멤버들을 본부로 불러들였다.

데이브는 전혀 사정을 보지 않았다. 그는 자신에게 좌절감을 안겨주었던 사건들에 대해 설명하고 가족들의 사업 경영 방식에서 드러난 문제들을 지적했다. "해밀턴의 새 매장에는 인력이 지나치게 많았습니다. 여러 명의 지배인이 팀 멤버들에게 할 일을 지시하다 보니 누구 말을 들어야 할지 모르는 상황이 되었죠." 데이브는 지침에 따라 일하지 않으면 해고될 거라는 불안에 시달리는 티나의 이야기도 했다. "우리 팀 멤버 중 한 명이 절차 문제로 일자리를 잃을까 봐 두려워하는 모습을 보니 마음이 좋지 않았습니다. 증조부님도 마음이 무거울 것이고 분명 여러분도 언짢을 것입니다." 그는 냉동식품 공장의 사기 문제도 거론하며, 그 원인이 현장 주임에 대한 교육이 불충분한 데 있다고 보았다.

가족들과 자신의 경험에 대해 이야기를 나눈 후에 데이브는 동료들을 일대일로 만났다.

도나는 훈련생이 실은 창업주의 증손자라는 것을 알고 "깜빡 속았네!"라며 웃음을 터뜨렸다. 데이브는 도나에게 그녀를 의지하는 사람이 많다는 것을 상기시키고 그녀를 통해 영감을 얻어 그녀를 비롯한 팀 멤버들을 위한 건강 프로그램을 만들기로 했다고 알려주었

PRODUCERS'S NOTE

제작 노트 | 촬영 뒷얘기

촬영을 할 때 티나는 우리에게 마지막 행사와 보스와의 일대일 면담에 참석하지 않게 해달라고 부탁했다. 우리는 그녀의 부탁을 들어주지 않을 수 없었다. 하지만 데이브는 티나가 방송이 나갈 때까지 자신이 어떤 기여를 했는지 알지 못한 채 기다려야 한다는 것이 못마땅했다. 그래서 매장으로 그녀를 찾아가 직접 알려주기로 결심했다. 평상시에 회사에서 입는 대로 양복에 넥타이를 맨 데이브는 촬영팀을 대동하고 티나가 일하는 매장을 찾아갔고, 자신의 진짜 신분을 밝혔다. 데이브는 절대로 일자리를 잃는 일은 없을 것이라며 티나를 안심시키고, 매장에 있는 문제를 알려주면 어떤 문제든 고쳐주겠다고 약속했다.

다. 그녀는 눈가를 닦아내며 데이브 같은 사람이 세상에 있어 정말로 기쁘다고 말했다. "화이트 캐슬은 우리가 회사에 기대하는 일 이상의 일을 해서 그들이 저를 아끼고 염려한다는 것을 보여주었어요." 데이브는 처음 도나를 만난 이후 카메라 밖에서 계속 연락을 취해왔고(위장 신분으로) 도나에게 그런 지원이 변치 않을 것이라고 약속했다. 데이브는 그녀의 진전 상황을 늘 확인하고 오랫동안 든든한 지원군이 되어줄 생각을 가지고 있었다.

그 다음 데이브는 방으로 들어가 호세에게 인사를 건네며 자신을 알아보겠냐고 물었다. 호세는 미소를 지으며 '그렇다'고 대답했다. "양복이랑 넥타이는 본 기억이 없지만요." 데이브는 호세를 화이트 캐슬 조리 팀에 소개할 계획이고, 회사에서 그가 어떤 대학을 선택하든 매년 5,000달러의 장학금을 지원할 것이라고 말했다. "내가 자네를 믿고 화이트 캐슬도 자네를 믿으니까." 감격에 목이 메인 호세는 간신히 이렇게 말했다. "이런 일이 제게 일어날 거라고는 상상도 못했어요."

냉동식품 공장의 브렌다와 비키에게 사실을 밝힌 데이브는 그들의 문제를 정리하고 다함께 잘 일할 수 있는 방법을 찾고자 했다. 그는 비키에게 주임의 도움 부족에 대해서 느끼는 불만을 얘기하라고 했고, 브렌다에게는 라인 작업자들이 좀 더 독립적으로 일해야 한다고 생각하는 이유를 설명하도록 했다. 두 사람 사이에는 갈등이 있었지만 데이브의 차분하고 공평한 접근 덕에 껄끄럽고 어려워질 수도 있었을 만남이 한결 수월해졌다. 데이브는 왜 브렌다가 일에 좀 더 많이 참여해야 생각하지는지를 설명했다. 그리고 매장에서 발생하는 문제의 원인 중 하나가 브렌다가 라인 작업에서 관리직으로 이동하면서 적절한 교육을 받지 못한 데 있다는 점을 인정했다. 직원들이 반발할 소지를 줄이는 현명한 처신이었다. 미팅을 끝내면서 두 여성은 공장의 상황을 개성하고 팀워크를 강화하기 위해 함께 노력하자고 약속했다.

드라이빙 주문 코너에서 자신이 교육했던 사람이 누구인지 알게 된 조는 사무실을 둘러보며 이렇게 물었다. "이거 몰래 카메라에요?" 조는 데이브가 함께 일하면서 배운 것에 대해 자세히 들려주자 눈물을 흘리기 시작했다. "당신은 우리가 한가족으로 삼고자 하는 인재상의 전형이에요. '내일의 리더(Leaders of Tomorrow)' 라는 프로그램을 만들려고 하는데, 당신이 커리큘럼 짜는 것을 도와주었으면 해요. 그리고 이 프로그램의 첫 수혜자가 되어주세요. 그 외에도 당신 아들을 위해서 5,000달러를 지원할 예정이에요."라고 데이브가 맬했다. "화이트 캐슬에서 일을 시작할 때는 이런 기회가 제게 오리라고 생각지 못했어요. 그저 화이트 캐슬에서 일한 것뿐인데 불가능하다고 생각했던 많은 일을 가족들을 위해 할 수 있게 될 것 같아요." 이렇게 말하는 조의 뺨에는 눈물이 흐르고 있었다.

다음은 데이브가 가족들과 본부 직원들이 모인 가운데 지난 1주일 동안 자신이 경험한 일에 대해 이야기할 차례였다. "경영진이 현장에 나가는 경우 좋은 모습만 보게 되죠. 저는 우리 레스토랑에서 실제로 어떤 일이 벌어지고 있는지 알고 싶었습니다. 우리 멤버들이 일상적으로 겪고 있는 일이 무엇인지 배우고 싶었죠." 이렇게 해서 그가 얻은 것을 과연 무엇일까? "88년 전 증조부님은 '팀 멤버들이 행복해야 고객들이 행복할 수 있다'는 믿음을 기반으로 이 회사를 세우셨습니다. 그것은 지금도 변함이 없습니다. 이 경험은 제게 우리 삶에는 균형이 중요하며 모든 사람을 존중하는 마음이 필요하다는 것을 가르쳐주었습니다. 우리가 개인이나 회사의 차원에서 그렇게 할 수 있다면 이 회사는 앞으로 88년을 더 이어갈 수 있을 것이라고 확신합니다."

데이브는 가업이 자신의 세대뿐 아니라 미래 세대에까지 이어지도록 해야 한다는 책임감으로 위장취업을 시작했다. 그는 절차의 변화나 교육의 강화 등 개선이 필요한 곳이 있다는 경고 표지판을 발견했다. 하지만 데이브는 증조부와 증조모가 기대했던 방식으로 직원들을 대우하고 문제를 해결하고자 하는 가족들의 의지야말로 가업의 미래를 확고하게 하는 것이라고 믿고 있다.

위장취업을 끝내면서 데이브는 자신과 회사가 책임지고 있는 또 다른 유산이 있다는 것을 알게 되었다. 회사는 도나가 건강하지 못한 라이프스타일이라는 유산을 극복하게 도와야 한다. 회사는 호세가 그의 꿈에 한계를 두도록 위협하는 유산을 극복하게 도와야 한다. 회사는 조가 잠재력을 충분히 발휘해서 자신의 개인적 · 가족적 환경을 능가하도록 도와야 한다. 화이트 캐슬이 이 모든 것을 해야 하는 것은 고도의 사업 감각을 얻기 위해서가 아니라 그것이 가족들이 서로를 위해 하는 일이기 때문이다. "화이트 캐슬이 주식회사가 아니고 가족 소유의 회사라는 것이 참으로 다행스럽게 느껴집니다. 단기적인 수입이나 손익 계산이 아닌 장기적인 성장을 위해 필요한 것과 직원들에게 최선인 것을 기준으로 결정을 내릴 수 있으니까요."

위장취업이 끝나고

- 브렌다와 비키는 커뮤니케이션을 강화하고 서로 협력하며 일하고 있다. 공장의 생산성과 사기가 높아졌다. "브렌다는 우리와 오랫동안 함께 해온 뛰어난 직원입니다." 데이브가 강조했다. "브렌다는 주임 업무에서 어려움을 겪었지만 그것은 그녀 자신의 문제라기보다는 회사가 그녀의 역할을 성공적으로 수행하는 방법에 대해서 적절한 교육을 제공하지 못했기 때문입니다. 교육을 받은 후로 그녀는 훌륭하게 임무를 수행하고 있습니다."
- 도나는 그녀가 영감을 준 새로운 건강 프로그램의 첫 수혜자가

되었다. 그녀가 일하는 오하이오 남부 지역은 이 프로그램의 시범 실시 지역이 되었고, 프로그램은 모든 팀 멤버에게 건강한 삶과 식생활에 대한 정보를 제공한다. 이 프로그램은 혈압과 콜레스테롤 수치에 대한 검사를 무료로 제공한다. 그 외에도 화이트 캐슬은 건강 문제에 미리 대처하기 위해 팀 멤버의 정기 검진 비용을 고용인이 부담하는 정책을 만들 방침이다. 안타깝게도 2010년 5월 말 도나의 남편이 심장마비 때문에 병원에 입원했다. 그녀는 현재 남편의 회복을 돕고 있다. 모두가 도나의 남편이 건강을 찾은 후에는 도나가 자신의 건강도 돌볼 수 있게 되기를 바라고 있다.

- 조는 화이트 캐슬의 인사·교육 부서에서 '내일의 리더'라는 회사의 새로운 프로그램을 개발하는 일을 하고 있다. 이 프로그램은 젊고 재능 있는 팀 멤버들에게 화이트 캐슬에 그들의 미래가 있다는 인식을 높이고 교육과 기술 습득, 회사의 관리직으로 일할 기회를 제공한다. 이 프로그램은 실제로 브렌다가 관리, 감독 기술을 향상시킬 수 있도록 돕는 데 이용되었다. 5,000달러는 조의 아들 조던의 교육을 위해 쓰였다.

- 호세는 시카고의 켄달 요리 학교(Kendall College School of Culinary Arts)에 입학했다. 화이트 캐슬이 약속한 2만 달러(연간 5,000달러) 외에도 전국 레스토랑 협회(National Restaurant Association)가 그에게 추가로 1만 달러의 장학금을 지급했다. 호세는 데이브와 조가 시카고에서 열린 전국 레스토랑 쇼(National Restaurant Show)에 참석하는 데 동행했다. 그곳에 있는 동안 데이브는 호세에게 시카

고 시내 핸콕 빌딩 95층에서 레스토랑을 경영하는 릭 로만(Rick Roman)을 소개해주었다. 이 레스토랑 주인은 호세의 멘토가 되어 주기로 했다. 화이트 캐슬은 호세와 함께 그의 살사 소스 조리법을 슬라이더 토핑으로 개발하고 있다.

- 데이브의 책임은 더 무거워졌다. 이미 자재 철강 건설 부문을 이끌고 있었지만 추가적으로 세 곳의 빵 공장과 세 곳의 육류 가공 공장을 책임지게 되었다. 포장에서 형편없는 솜씨를 보였는데도 말이다. 데이브는 현장과 사무실 사이에 일정한 정도의 커뮤니케이션 부재가 존재하는 것은 피할 수 없는 일이지만, 그 정도를 최소화할 수는 있다고 믿고 있다. 이를 가능하게 하기 위한 방법의 하나로 화이트 캐슬은 햄버거의 달(National Hamburger Month, 5월)을 기념해 본부 직원 모두가 레스토랑에서 일일 근무를 하면서 현장 근무자들이 일상적으로 겪는 일에 대해 이해하고 올바르게 인식하는 기회를 갖도록 하고 있다.

"회사의 경영진이라면 자신이 몸담은 조직에 위장취업을 해볼 기회를 망설이지 말고 잡아야 합니다. 열린 마음으로 현장에 들어가서 좋은 면은 물론이고 나쁜 면도 기꺼이 마주하다 보면 회사의 앞날에는 성장과 진보가 있을 것입니다. 개인적으로는 위장취업 경험이 마음의 눈과 귀를 활짝 열고 다른 사람들로부터 가능한 많은 것을 받아들이게 해주었습니다. 그들이 어떤 사람이고 그들의 직업이 무엇이건 말입니다." 데이브는 이렇게 덧붙였다. "마음의 문을 연다면 사람들로부터 배울 수 있는 것이 너무나 많습니다. 오늘 하찮게 들렸던 것도 내일 다른 상황에서는 귀중한 계시가 될 수도 있습니다. 책상 앞에 앉아서 온갖 숫자와 수치들을 근거로 결정을 내리는 것은 쉽습니다. 하지만 이제부터는 그런 수치들을 볼때마다 직원들의 얼굴을 떠올리면서 내가 내리는 결정이 그들에게 어떤 영향을 줄지 생각해보도록 할 것입니다."

개인적으로 커다란 변화가 또 한 가지 있다. 아내의 적극적인 설득으로 데이브는 더 이상 수염을 기르지 않는다.

TIME TO GET PERSONAL

인간적인 이해가 필요한 때

"경주마 주변에서 일하는 사람들은 매우 완고한 편이죠. 반면 고객에게 초점을 두고 있는 사람들은 더 좋은 경험을 받아들이기 위해 끊임없이 노력합니다. 때로는 이 두 세계가 충돌하기도 하죠."

빌 카스탄잔(Bill Carstanjen)
처칠 다운스(Churchill Downs) 최고운영책임자

빌리 존스(Billy Johns)
실직한 이주자

보스는 어떻게 참여하게 됐나

프로 경마 세계의 여러 기업 중에서 두각을 나타내고 있는 한 회사가 있다. 켄터키 더비(Kentucky Derby) 경마를 개최하는 처칠 다운스가 그곳이다. 지역 주민과 팬들에게 처칠 다운스는 단순한 회사가 아닌 문화 시설이다. 그 때문인지 처칠 다운스를 책임지고 있는 경영자 역시 남보다 눈에 띈다. 키가 6피트 6인치(약 198센티미터)나 되니 말이다. 빌 카스탄잔은 왜소한 체구의 기수들이 가득한 곳에서 유난히 눈에 띄는 거구의 소유자다. 하지만 빌은 직원들이 회사에 대해 정말 어떤 생각을 가지고 있는지 알아내기 위한 위장취업에 대단히 열심이었고 때문에 우리 역시 너무나 높은 곳에 있는 그가 목적을 잘 이뤄낼 수 있도록 방법을 찾아야 했다.

보스
빌 카스탄잔
처칠 다운스 최고운영책임자

위장 신분 및 설정
빌리 존스
일하던 운송회사가 폐업해서 실직자가 되었다. 견습 사원에 대한 텔레비전 다큐멘터리를 촬영하고 있다.

처칠 다운스는 어떤 회사인가

처칠 다운스라는 이름은 미국의 경주마 레이스와 동의어로 받아들여진다. 미국에서 열리는 스포츠 행사 중 가장 오랜 역사를 가진 켄터키 더비 경마를 개최하는 경마장으로 유명한 처칠 다운스는 M. 루이스 클라크(M. Lewis Clark) 대령에 의해 설립되었다. 1873년 유럽 여행 중에 방문했던 경마장에 마음을 뺏긴 그는 켄터키 루이스빌에 돌아와 세계적인 수준의 경마장을 열기로 결심했다. 숙부 존 처칠(John Churchill)과 헨리 처칠(Henry Churchill)로부터 80에이커(약 10만 평)의 땅을 빌리고 회원권을 판매해 건설자금을 마련한 클라크는 1875년 처칠 다운스의 개장과 함께 켄터키 더비 첫 경주를 준비했다. 매트 윈(Matt Winn)과 지역 투자자들이 1902년 이 트랙을 매수해서 1928년 유한회사로 바꾸고 1942년 회사의 이름을 처칠 다운스 유한 회사(Churchill Downs Incorporated, 이하 CDI)로 변경했다.

나스닥에 상장된 CDI는 현재 시카고 교외의 알링턴 파크(Arlington Park) 경마장, 마이애미의 캘더 카지노 경마장(Calder Casino & Race Course), 뉴올리언즈의 페어 그라운즈 경마장(Fair Grounds Race Course & Slot)을 소유하고 있다. 그 외에도 CDI는 일리노이, 루이지애나, 켄터키에 장외 경마 도박장을 두고 있으며 모회사의 핵심 사업인 동시 방송과 경마 운영을 지원하는 TV 방송 제작, 전자 통신, 경마 서비스 회사를 보유하고 있다. CDI는 경마 TV(HorseRacing TV)의 지분을 50퍼센트 보유하고 있으며 최근에는 트윈스파이어스닷컴(TwinSpires.com), 유벳닷컴(Youbet.com)과 같이 사전 적립한 예치

금으로 회사의 모든 경마는 물론 다른 전 세계 경마장에서 펼쳐지는 이륜마차 경마(harness racing)와 순종 경마(thoroughbred racing)에 돈을 걸 수 있는 온라인 서비스로 사세를 넓혀가고 있다. 오랜 전통을 가진 업계에 역사적 뿌리를 둔 회  사인 CDI는 귀중한 문화를 유지함과 동시에 그 유산을 활용하여 보다 빠르게 성장하는 기술 중심적 사업으로 도약하기 위해 노력하고 있다.

빌 카스탄잔에 관하여

요즘 세계는 국가적인 차원에서 효율에 집착하고 있다. 멀티태스킹을 하지 않으면 게으름뱅이나 러다이트(Luddite: 영국 산업혁명 당시 실직을 염려하여 기계파괴운동을 일으킨 일단의 공장 근로자. 기계화와 자동화에 반대하는 사람-옮긴이) 취급을 받기 십상이다. 당신이 하는 일이 숫자로 표시하기 힘들거나, 수치를 측정하기 어렵거나, 그 수치가 빠르게 떨어지는 경우에는 경쟁에서 탈락한다. 정보 기술의 발전으로 활성화된 이런 성과 극대화의 추구가 사람들을 점점 생산적인 노동자로 만들고 있다. 하지만 비용에만 집착하다 보면 측정할 수 없는 것들에 대해 잊게 된다. 때로 우리는 그들의 진정한 가치를 잊는다.

빌 카스탄잔은 지식에 대한 욕심이 많다. 빌이 CDI의 최고운영책임자(COO)로서 하는 일은 수익성을 극대화하고 매출 5억 달러의 이 다각화된 기업이 가진 성장 기회를 분석하는 것이다. 마흔두 살의 그는 집에서는 남편이자 세 아이의 아버지로 더없이 다정하고 자상하지만, 직장에서는 꼼꼼하고 분석적인 접근법으로 문제를 대하는 냉정하고 이지적인 사람이다. 그의 두꺼운 안경과 차분한 성격은 수많은 서류를 검토하고 프레젠테이션을 보는 데 많은 시간을 보내는 일상과 꼭 맞아떨어진다. CDI 내부에는 문화적 차이를 뚜렷하게 드러내는 두 진영이 맞서고 있으며 빌의 일은 그 한 쪽에 단단하게 뿌리를 내리고 있다.

한 진영은 '최전선'에서 CDI라는 지붕 아래에 있는 모든 다양한 사업체의 고객들과 사업적 요구를 처리하는 사람들이다. 이들은 빌처럼 사무실에서 서류 더미와 씨름하는 경영진에서부터 구내매점에 있는 지배인과 직원에 이르기까지 무척 다양하다. 두 번째로 고객과 일상적인 접촉을 갖지 않는 사람들이 있다. 배후에서 일하는 그들은 훈련 조교, 기수, 마방 청소원 등 경주마 주변에 있다. 이들 중에는 정규 교육을 거의 받지 못한 사람들도 있고 대부분 경마장 기숙사에서 생활한다. 그들이 그런 생활을 감내하는 것은 말과 경마에 대한 애정 때문이다.

빌은 열정보다는 기회를 좇는 길을 걸어왔다. 아버지와 할아버지가 모두 해군 장교였던 빌은 어린 시절의 대부분을 전 세계의 군 주

> **PRODUCERS'S NOTE**
>
>
>
> 빌은 위장취업 기간 동안 인간적인 경영 스타일에 대한 식견을 넓히고 직원들과 새로운 관계를 맺는 것 외에 또 한 가지 중요한 보물을 얻었다. 바로 말에 대한 두려움을 덜어낼 수 있게 된 것이다. 빌은 잠깐 동안 인명 구조원과 위생병의 중간쯤 되는 임무를 맡고 있는 기마 수행원, 피트 러브(Pete Love)와 일을 했다. 기수를 태우지 않고 말이 도망치면 쫓아가서 안전하게 데리고 오는 일이 기마 수행원의 업무다. 말을 무척이나 편하게 생각하는 피트는 이 위엄 있는 동물에 대한 빌의 인식을 고쳐주기에 안성맞춤인 사람이었다. 피트는 말을 '조금 덩치가 큰 강아지'라고 하면서 빌에게 주니어라는 말에게 다가가 애정 표현을 해보라고 권했다. 피트의 가르침 덕분에 빌은 어린 시절 이후 처음으로 말과의 관계를 회복했다.

둥지를 돌아다니며 보냈다. 대학을 선택할 때가 되자 그는 UC 버클리로 진학했다. 그러고는 가족의 전통과는 거리가 있는 콜럼비아 법학 대학원을 갔고 우등으로 졸업했다. 빌은 제너럴 일렉트릭(General electric)에 입사하면서 법률 쪽에서 기업계로 자리를 옮겼고 에너지 업계의 기업 인수와 주식 거래 중계 부문 이사로까지 승진했다. CDI에 오기 전까지 빌의 인생은 말과 전혀 관계가 없었다. "솔직히 말해 저는 말이 좀 무섭습니다. 보는 것은 좋지만 말이죠. 단, 멀리서요."

CDI에 입사한 이후로는 말을 볼 기회가 대단히 많았지만 회사의 다각화와 포지셔닝에 많은 시간을 쏟아야 했다. 경마는 엄청난 변화와 직면해야 하는 상황이었다. 경마장이 미국인들이 합법적으로 도박할 수 있는 유일한 장소였을 때는 경마장을 찾는 고객들을 통한 수입에 의존할 수 있었다. 하지만 다른 합법적 도박 기회가 생겨나고 기술의 발달로 어디에서나 경마를 보며 돈을 걸 수 있게 되면서 경마장은 사실상 독점권을 잃고 말았다. 요즈음은 경마 배팅의 90퍼센트가 경마장 밖에서 이루어진다. CDI는 경마장에 의존하지않고도 생존하고 번창하기 위해 장외 경마 도박장과 카지노, 텔레비전, 인터넷 도박과 같은 벤처로 사업을 확장하고 있다.

빌은 사업 확장과 다각화가 조직 내의 문화적 격차를 심화시키지는 않을까 걱정하고 있었다. "경주마 주변에서 일하는 사람들은 상당히 완고한 편이죠. 오랜 시간 동안 같은 방식으로 일을 해왔으니까요. 반면 고객에게 초점을 두고 있는 사람들은 새로운 편의 시설과 새로운 엔터테인먼트 요소, 좀 더 색다르고 좀 더 좋은 경험을 제공하기 위해 새로운 것을 받아들이려고 끊임없이 노력합니다. 때로는 이 두 세계가 충돌하기도 하죠."

빌이 회사에서 일어나고 있는 모든 변화에 대한 직원들의 생각을 여과 없이 듣는 가장 효과적인 방법(어쩌면 유일한 방법일지도 모른다)은 위장취업을 하는 것이었다. "경마 쪽은 동네가 비교적 좁습니다. 제가 우리 시설에 가서 돌아다니면 몇 분 내에 들통이 나죠. 사람들은 휴대 전화를 꺼내들고 빠르게 소문을 냅니다. 우리 경마장이 아니라도 마찬가지입니다. 다른 경마장에 갈 때면 언제나 그쪽 대표자에게 미리 알려주는 것이 예의거든요. 이 업계에 들어왔을 때부터 상당히 고위직에 있었기 때문에 사람들 모르게 경마장을 돌아다녀 본 적이 없습니다. 이번이 기회죠." 그의 도박이 성과를 거두었다는 것을 아는 데에는 긴 시간이 필요치 않았다.

첫 번째 위장취업

열정만으로는 부족한 일
마이애미 캘더 경마장 훈련 조교

빌은 위장취업 첫 날을 준비하면서 콘택트렌즈와 며칠 기른 짧은 수염, 작업복으로 이루어진 최소한의 변장으로도 자신이 자주 방문하는 시설 안에서 무사히 위장취업을 할 수 있게 해달라고 빌었다. 캘더 경마장은 회사에서 가장 큰 변화를 겪고 있는 시설이기 때문에 빌이 자주 방문했던 곳이다. CDI는 회사의 가장 중요한 경마장에 좀 더 많은 업체를 끌어들이고 높은 수익을 창출하기 위해 1억 달러를 들여 경마장 옆에 큰 규모의 카지노를 건설하고 있었다.

그날 빌이 할 일은 그 직업이 가진 전형적인 이미지와는 상당히 다른 훈련 조교와 함께 근무하는 것이었다. 반백의 우락부락한 말 사육사도 아니고 부유하고 거만한 여성 기수도 아닌 질리안은 경제적으로 늘 쪼들리는 서른 살의 싱글맘이다. 질리안은 캘더와 다른 여러 경마장 사이를 옮겨다니며 상금 보너스로 아들과 자신의 생활비는 물론이고 그녀가 돌보는 여덟 필의 말들을 먹이기 위해 애쓰고 있었다.

질리안은 빌에게 자신이 맡고 있는 말들에게 먹이주는 일을 시켰다. 그녀는 이내 문제가 있다는 것을 깨달았다. "내가 별로 좋아하지 않는 1,200파운드(약 544킬로그램)짜리 동물이 있는 작은 마구간에 들어가자면 혈압이 조금 올라갑니다." 빌이 인정했다. 말들이 그가 긴장한 것을 느끼는 것을 본 질리안은 빌과 좀 더 잘 맞는 일을 찾았다. 말 씻기는 일을 돕는 것이었다. 호스와 브러시를 든 빌의 모습은 먹이통을 든 것보다 별반 나아 보이지 않았다. 간신히 말의 뒷발에 얻어맞는 것은 면했지만 빌은 말뿐 아니라 훈련 조교까지 목욕을 시키고 말았다. 질리안은 최대한 완곡하게 '말과 관련된 일을 하는 것은 빌리의 미래 직업으로 최선의 선택은 아닌 것 같다'고 말해주었다.

마침내 질리안이 그에게 적격이라고 찾아낸 일은 빈 마구간을 치우는 것이었다. 청소를 할 때의 빌은 질리안과 일에 대해 이야기를 나눌 정도로 여유 있는 모습이었다. 하지만 그가 알아낸 것은 그다지 좋은 소식이 아니었다. 질리안은 아이와 말들을 먹이고 자동차

PRODUCERS'S NOTE
제작 노트 | 촬영 뒷얘기

질리안은 말을 보살피는 온갖 궂은일들을 처리하는 처지이지만, 그녀의 여섯 살 난 아들 콜린은 빌이 위장취업을 하는 동안 경주에 나섰던 경주마 홀딩더첵(Holding the Check)의 공식적인 공동 마주이다. 질리안이 경주마를 조련하는 데 알아야 할 실전 지식을 가르치는 동안, 콜린은 빌에게 직원으로부터 최선의 것을 얻어내는 법에 대해 조언을 해주었다. 빌이 전날 자신의 말을 씻기고 먹이고 보살핀 것이 마음에 들지 않았던 콜린은 빌을 만나자 추가적인 부탁을 했다. 콜린은 자신의 말을 훈련시키는 조교들의 의무 중 하나가 마주인 자신에게 닭튀김과 베이글 그리고 '커다란 케이크'를 가져다주는 것임을 알린 것이다. 마주란 꽤나 허기가 지는 일인가 보다!

할부금과 집세까지 내야 하는데 남은 돈은 200달러에 불과한 달도 있다고 말했다. "이 곳 사람들은 대부분 형편이 좋지 못해요. 일에 애정이 없으면 여기 붙어 있지 못하죠. 다른 사람에게 권하고 싶지 않은 일이에요."

질리안은 경마장의 마구간이 훈련 조교의 성적에 따라 배당된다고 설명했다. 그러나 이런 방식에는 모순이 많았다. 훈련 조교가 많은 경주에서 우승을 할수록 그들이 얻는 마구간의 숫자는 많아진다. 하지만 우승을 많이 하려면 말의 숫자가 많아야 한다. 질리안이 이런 악순환을 깰 수 있는 방법은 그날 오후 경주에 참가했던 말, 홀딩더첵이 우승하는 것이었다.

경주가 시작되자 질리안과 빌은 관람석으로 나갔다. 말이 문을 박차고 나오자 질리안은 홀딩더첵의 우승을 빌었고 빌은 큰 목소리로 응원을 했다. 한동안은 그들의 간곡한 마음이 효과를 내는 것 같았다. 홀딩더첵은 홈스트레치(마지막 직선 코스)에서 무리를 헤치고 나와 네 번째로 달렸다. 그러나 마무리가 좋지 않았다. 녀석의 기운이 떨어지면서 입상에 실패했다. 질리안은 속상해했다.

빌은 질리안의 경제적인 사정이 대단히 곤란하며 그것이 말들의 성적에 매우 부정적인 영향을 미친다는 것을 알게 되었다. 그것은 의욕과 열정이 큰 모든 마주들과 훈련 조교들이 겪는 문제였다. "경마장을 소유하고 있는 회사는 많은 사람들이 이 사업에 관심을 가지고 뛰어들고 싶어 하기를 바랍니다. 결국 우리 회사의 미래는 거기에 좌우될 겁니다. 처음부터 이 업계와 친숙한 몇몇 사람들의 열정에만 의지할 수는 없죠." 빌이 설명했다.

다각화도 그 해법의 하나였다. 하지만 다가오는 변화에 대해 질리안은 두 가지 모순되는 의견을 가지고 있었다. 그것은 빌이 그 해법의 가치를 설득하면서 직면했던 문제들을 두드러지게 보여주었다. 그녀는 이렇게 말했다. "카지노가 새롭게 들어서면서 캘더에는 대기업이 들어오고 돈도 많이 유입될 거예요. 하지만 저는 그 때문에 저 같은 영세 마주들이 밀려나는 결과가 나타나지는 않았으면 하는 희망을 가지고 있어요."

이후에 빌이 설명했다. "질리안은 저와 우리 회사에 큰 가르침을 주었습니다. 우리는 회사가 가진 가장 훌륭한 자산이 우리의 브랜드냐 켄터키 더비의 전통이냐를 두고 논쟁을 하곤 했습니다. 하지만 저는 여기에서 우리가 가진 최고의 자산은 우리 팀 멤버 대다수가 이 일에 대단한 열정을 가지고 있다는 점이라는 것을 배웠습니다. 그들에게 이 일은 단순한 직업 그 이상입니다. 그들은 가장 보수가 좋은 일이기 때문에 이 일을 하는 것도 아니고 미래를 위한 경제적 기회를 제공하기 때문에 이 일을 하는 것도 아닙니다. 그들이 여기에 있는 것은 오로지 자신의 일을 사랑하기 때문이죠."

두 번째 위장취업
괴상한 연주
일리노이 알링턴 하이츠 알링턴 파크 나팔수

미국에서 가장 아름다운 경마장으로 꼽히는 알링턴 파크는 오랜 역사와 풍광을 자랑하고 있다. 한 나팔수가 연주하는 〈콜 투 포스트(Call to Post)〉보다 상징적으로 그곳의 전통을 보여주는 것은 없다. 평생 악기라고는 다루어본 적이 없는 빌은 나팔수 일을 성공적으로 해내리라는 기대를 가지고 있지 않았다. 하지만 그는 전통적인 일에 대한 직접 경험이 자신에게 도움이 될 것이라고 생각했다. 정식 나팔수인 진은 경험이 전혀 없는 빌을 돕기 위해서 카추(kazoo : 피리같이 생긴 간단한 악기-옮긴이)로 연습을 시작했다. 빌이 카추조차 불어본 적이 없다는 것을 알게 된 진은 빌에게 〈콜 투 포스트〉를 콧소리로 흥얼거려보라고 권하는 인내심을 발휘했다. 빌은 무진 애를 썼지만 나오는 것은 하루 지난 파티 풍선에서 나는 바람 새는 소리였다.

 아무리 연습시켜도 효과가 없다는 것을 깨달은 진은 전통 의상이 마법과 같은 힘을 발휘할지도 모른다는 기대를 안고 빌에게 나팔수 유니폼을 입으라고 지시했다. 옷을 차려 입고 나타난 빌은 무대 공포증으로 떨고 있었고 얼굴은 잔디밭에 장식된 거대한 조각상처럼

굳어 있었다. 진은 어떤 일이 일어날지를 익히 짐작하고 마지막으로 간단하게 요령을 일러주었다. "무슨 일이 있어도 공기를 불어넣으면 안 돼요. 입술로 '부부' 하고 소리를 내는 거에요. '부부' 와 공기만 기억해요." 이 말과 함께 그녀는 빌을 경마장으로 내보냈다. "가슴이 철렁 내려앉는 것만 같았어요. 그런 느낌은 언제 받아봤는지 기억조차 나지 않아요. 심장이 쿵쿵 거리고 토할 것만 같았죠." 곧 청중도 토할 것 같은 기분을 느끼게 되었다.

관객들은 아무런 의심 없이 박수로 이 임시 나팔수를 맞았다. 하지만 괴상한 소음이 흘러나오기 시작하자 사람들은 말을 잃었다. 빌은 짭짤한 크래커 한 박스를 모조리 먹은 오리 같은 소리를 내며 적어도 50년 전부터 이어온 전통의 〈콜 투 포스트〉 연주를 계속했다.

연주가 끝나자 빌은 오히려 안도감을 느꼈다. "극적으로 실패를 하니까 해방감이 느껴지더라고요." 그가 말했다. 세계의 경마 팬들은 그가 다시 나팔을 불어보겠다고 생각하지 않기를 바랄 것이다. 하지만 그는 전혀 후회가 없었다. "제 아이들과 CDI의 팀 멤버들을 생각하고 있었습니다. 저는 항상 타성에 젖지 말고 도전하라고 말하곤 하죠. 기꺼이 거기 나가서 완전히 웃음거리가 되는 모습을 보여준다면, 다음에 아이들이나 팀 멤버들에게 뭔가 다른 일을 해보라고 독려할 때 그들이 좀 더 마음을 열어줄 거라고 생각했습니다."

세 번째 위장취업

집으로 가는 길이 내겐 너무 멀어
일리노이 알링턴 하이츠 알링턴 파크 청소부

빌의 다음 위장취업 임무는 같은 시설에서 특별실을 청소하는 것이었다. COO라는 것을 들킬까봐 두려워하던 마음은 최악의 나팔수라는 것을 들킬까봐 두려운 마음으로 변했다. 야간 근무를 함께 하게 된 드니즈를 만나자 빌은 사람들이 자신을 알아볼 것이라는 걱정을 할 필요가 없었다는 사실을 깨닫게 되었다. 경마장 안에는 사람이라곤 보이지 않았다.

네 명의 아이를 키우는 싱글맘 드니즈는 알링턴 파크에서 일한 지 7개월밖에 되지 않았다. 처음에는 일반석 청소에서 시작했지만 그녀가 열심히 일하는 것을 본 관리자들이 2개 층의 특별실을 청소하도록 승진시켰다. 드니즈는 그 일이 얼마나 중요한지 빌에게 설

명하면서 자신을 진급시킨 헌신과 자부심이 어떤 것인지를 보여주었다. "특별실은 각별히 관리를 해야 해요. 아주 깨끗하게요. 바닥이나 테이블이나 바에 티끌 하나라도 있으면 안 돼요. 손이 닿는 곳이면 어디든 청소기를 돌리고 걸레질을 하고요. 일을 마치고 방을 둘러보면서 예술작품을 보는 것 같은 느낌을 받아야 해요."

빌의 청소 솜씨는 예술작품이라기보다는 어린 아이의 손가락 그림에 가까웠다. 그는 세심하지도 빠르지도 못했다. "당신은 이 일에 재능이 없는 것 같네요." 드니즈가 솔직하게 털어놓았다. "청소부 체질은 아닌가 봐요. 제 일까지 처지네요." 드니즈에게는 속도가 대단히 중요하다. 집이 멀어 퇴근 시간이 90분씩 걸리기 때문이다. 승진은 했지만 봉급 인상은 없었기 때문에 그녀는 알링턴 파크 근처에 집을 구할 수 없었다.

자정이 다 되어 일을 마치자 드니즈는 때때로 관람석에서 어둡고 으스스한 길을 지나 주차장까지 먼 길을 걸어가는 것이 무섭다고 말했다. 상주 경비원들은 직원을 바래다주는 일을 하지 않기 때문에 빌이 드니즈를 차까지 데려다주었다.

드니즈가 집으로 향하는 모습을 바라보면서 빌은 그동안 미처 짐작하지 못했던 아이러니에 대해 생각했다. "저는 경마가 있는 날이면 사람들로 가득한 이 특별실에 있었어요. 그런데도 다음 날을 위해서 얼마나 열심히 청소를 해야 할까 하는 문제는 생각해본 적이 없었죠. 드니즈는 말을 다루는 사람은 아니지만 그녀의 열정과 헌신은 그 사람들 못지않습니다. 인정받을 만한 자격이 충분한 사람이죠. 그 누구보다 경마장에 필요한 사람입니다."

네 번째 위장취업

문화적 차이에 대한 젊은 시각
일리노이 알링턴 하이츠 알링턴 파크 마부 겸 보도석 코디네이터

빌은 이 업계에 있는 젊은 사람들의 생각과 느낌을 알아보고 싶었다. 그래서 네 번째 위장취업에서 경마장의 백스트레치와 사무 부서 일을 동시에 처리하고 있는 스물네 살의 록산느와 함께 일하기로 했다. 몸집이 작은 주근깨투성이의 이 붉은 머리 아가씨는 아칸소 핫 스프링스에서 성장했고 경마 일을 해보겠다는 목표로 혼자 일리노이로 이주했다. 록산느는 오전 4시부터 8시까지 백스트레치에서 마부로 일했다. 그러고는 말쑥하게 옷을 갈아입고 사무 부서로 가서 보도석 코디네이터로 일했다.

빌은 쇼티를 타고 경주마들에게 아침 운동을 시킨 후 돌아오는 길에 록산느를 만났다. 쇼티라는 얌전한 망아지는, 겁이 많고 잘 놀라는 경주마들을 진정시키는 일을 맡고 이었다. 록산느를 도와 쇼티

의 안장을 벗기고 목욕을 시키는 것은 훨씬 큰 덩치에 예민한 성격을 가진 순혈마들을 다루는 것보다 한결 마음 편한 일이었다. 그녀의 진취적인 태도에 깊은 인상을 받은 빌은 록산느에게 최종 목표가 무엇인지 물었다. 록산느는 아무렇지 않게 대답했다. "처칠 다운스를 경영하는 거죠."

보도석에서 정장을 한 록산느를 다시 만난 빌은 전혀 다른 문화를 가진 양쪽 분야에서 일하는 것에 대한 그녀의 의견을 물었다. 록산느는 양쪽의 일을 모두 경험하는 것이 이 업계에서 성공하기 위한 노력의 일환이라고 대답했다. "사무실에서 일하는 사람들은 백스트레치 사람들을 잘 이해하지 못해요. 사람들이 양쪽을 오갈 수 있게 다방면의 일을 시킨다면 도움이 될 거라고 생각해요." 록산느는 '빌리(빌의 위장취업 이름)'가 보도석에 맞는 옷차림이 아니라고 지적했다. 때문에 빌은 기자들이 도착하기 전에 자리를 떠나야 했다.

이후 빌은 록산느의 말을 돌이켜보면서 그것을 단순히 젊은이의 꿈으로만 보아서는 안 된다고 생각했다. 실천할 필요가 있는 실제적인 반응이었던 것이다. "이전에 백스트레치를 방문했을 때는 거리감이 있었고 그 때문에 사람들이 편협하다는 인상을 받았습니다." 빌이 설명했다. "하지만 신분을 숨기고 있으니 그런 거리감이 사라지네요. 사람들이 긴장하지 않고 저를 잘 받아들여줬습니다. 바로 그 때문에 이 사업 내의 다른 문화 사이에 가교가 되는 록산느 같은 직원이 필요한 것입니다."

다섯 번째 위장취업

기수 보조가 된 날
일리노이 알링턴 하이츠 알링턴 파크 기수 보조

빌의 마지막 위장취업 임무는 기수 보조였다. 하루 종일 이어지는 경주 내내 기수의 경기 준비를 담당하는 기수 보조야말로 경마의 숨은 영웅이다.

빌은 기수 대기실 밖에서 케니를 만났다. 젊은 시절 기수였던 깡마른 몸매의 그는 빌보다 2피트(약 61센티미터)는 작았다. 케니는 빌을 데리고 서둘러 여성 기수 대기실로 가서 그날 빌이 보조를 맡을 기수 아이네즈를 소개했다. 케니는 복도를 뛰어다니고 방을 들락거리면서도 서류가 가득 꽂힌 클립보드를 손에서 놓지 않았다. 그 안에는 그날 자신이 담당한 기수의 경기 정보가 모두 담겨 있었다.

트랙사이드에서는 경주가 얼마나 남았는지를 알리는 안내 방송이 끊임없이 흘러나왔고 케니는 한시도 쉬지 않고 부지런히 움직였다. 빌을 이끌고 다니는 케니는 엄청난 속도로 토끼 굴을 뒤지는 사냥개처럼 보였다. 이 전직 기수와 신분을 속이고 일하고 있는 어설픈 사장님은 신문 만화에 나오는 머티와 제프 같았다. 긴 다리로 흐느적거리며 걷는 제프와 잰 걸음으로 그를 훨씬 앞서는 머트 말이다. 빌이 어찌할 줄 모르고 있자 케니는 클립보드를 가리키며 "이게 오늘 자네 밥줄이야."라고 단단히 주입시켰다. 한 번은 길이 엇갈려서 빌과 케니는 서로 다른 쪽 복도를 뛰어다니며 서로를 찾아 헤매기도 했다.

그날은 케니에게 운수가 좋은 날이었다. 아이네즈가 우승을 해서 보너스를 받게 된 것이다. 기수 보조들에게는 기수가 받는 상금의 10퍼센트가 돌아간다. 정신없는 일과가 끝나고 빌의 하루 일과에 대해 평가하는 시간이 오자, 케니는 열심히 일한 빌을 칭찬해주었다. 사람 좋은 기수 보조는 그날 도움을 준 대가로 신분을 속이고 있는 사장님께 200달러를 찔러주었다.

케니는 자신은 경마장에서 성장한 덕분에 일을 하는 데 유리하다고 설명하면서 빌에게 신참 직원이 좋은 기수 보조가 되려면 많은 경험이 필요하다고 일러주었다. "내 딸도 경마장에서 자랐지. 기수로 키우고 싶었는데 말이야." 케니는 빌에게 하루 종일 클립보드 맨 위에 꽂혀 있던 젊은 아가씨의 사진을 보여주었다. 딸 사진이었다. 캐니는 딸이 스무 살의 나이에 선천적인 심장 결함으로 지난 3월 세상을 떠났다고 이야기했다. "내가 메건의 기수 보조를 해주고 싶었

는데. 딸아이는 매일 나와서 아이네즈를 지켜보곤 했지." 완고하게만 보이던 케니는 딸 이야기를 하면서 목이 메었다. "이제는 하늘에서 천사가 되었을 거야. 더 좋은 곳에 가 있는 거지. 언젠가 만나게 될 거야."

빌은 말을 잃었다. 가슴이 아픈 것은 물론이고 창피하다는 생각까지 들었다. 그 순간까지 빌은 그것이 추도 카드라는 것을 알아보지 못했고 하루 종일 그 카드가 무엇인지 물어보지도 않고 있었다. "처음에 슬쩍 보고는 딸의 사진 정도로만 생각했죠. 하지만 저는 클립보드에 있는 경마와 관련된 정보에만 정신이 팔려 있었어요." 면목이 없다고 말하는 빌의 목이 메이고 있었다. "진작 알아봤어야 했는데…. 여쭤봤어야 했는데…."

일이 끝난 후에도 빌은 자신의 실수를 그냥 지나칠 수 없었다. "2초만 시간을 내서 그림 밑에 있는 글씨를 읽어보았더라면 좋았을 거예요. 개인적인 문제에 2초만 관심을 가졌더라도 그런 실수는 하지 않았을 겁니다. 저는 공과 사를 철저히 구분해왔죠. 그리고 가능한 효율적으로 일하기 위해서 일과 관련된 부분에만 관심을 쏟았습니다." 이것은 빌이 위장취업을 통해 얻은 가장 중요한 배움이 되었다.

보스로 돌아오다

휴식으로 컨디션을 회복하고 친숙한 양복 차림으로 돌아간 빌은 경영진을 알링턴 파크로 소집해서 위장취업을 통해 얻은 경험에 대해 이야기했다. 빌은 중역들에게 위장취업 경험이 얼마나 많은 것을 깨닫게 해주었는지 말하면서 경영진은 더 나은 관리자가 되어야 할 책임을 지고 있음을 자각해야 한다고 강조했다.

"이 경험을 통해 제가 알게 된 가장 중요한 것은 우리 조직 내의 문화적 분열이 우리가 생각한 것만큼 심각하지 않다는 점이었습니다. 다른 하나는 변화에 대한 저항이 문제가 되지 않는다는 점이었죠." 빌과 회사 사람들이 백스트레치에서 일하는 사람들의 편협함이라고 인식했던 것은 실은 그들의 생활 방식을 회사의 미래상과 조화시키는 방법을 알지 못해서 생긴 두려움과 과묵함이었다. 빌이 말했다. "내가 이야기를 나누어본 모든 사람들과 내가 가본 백스트레치의 모든 곳에는 회사의 성공을 원하는 진정한 헌신과 그것과 관련된 변화를 기꺼이 받아들이고자 하는 마음이 있었습니다. 문제는 커뮤니케이션과 리더십에 있다고 생각합니다. 직원들이 우리에게 어떻게 도움을 줄 수 있는지 말해주지 않은 채 강요만 한다면, 직원들은 자신들의 도움을 필요 없는 것이라고 생각할 겁니다. 우리 직원들은 변화에 대해서 보다 잘 이해하기를 원하고 무엇보다 자신의 역할이 무엇이며 어떻게 회사에 도움이 될 수 있는지 알고 싶어 합니다."

빌은 자신의 경영 방식에 변화를 줄 계획인지를 묻는 질문에 솔직하게 대답했다. "제가 일하는 방법에는 문제가 있습니다. 직원과 관련된 일이나 정보에 접근하는 여러 가지 방식에 너무나 인간미가 없었던 것이죠. 그저 보고 서류나 프레젠테이션에만 의지했으니까요. 그것이 가장 효율적인 방법이기는 합니다. 하루 동안 회사를 위해 가능한 많은 일을 할 수 있죠. 하지만 효율을 극대화하기 위한 이런 방식의 추진력을 어느 정도는 포기해야 한다고 봅니다. 정말 좋은 팀 멤버가 되기 위해서는 사적인 접근을 위한 시간을 더 마련해야 합니다. 효율이나 시간 관리라는 면에서 포기하는 것이 있더라도 말입니다. 그만한 가치가 있는 일이죠."

중역들에게 보고를 끝낸 후 빌은 위장취업 기간 동안 함께 일을 했던 동료들과 만나게 되었다. 그들은 영문도 모르는 채 시카고로 호출을 받아 도착해 있었다. 모두가 이유가 무엇일지 궁금해하고 있었다. 케니는 처음으로 리무진을 타본다며 황홀해하기도 했지만, 한편으로는 모두들 상당히 불안해하기도 했다.

질리안은 어설프던 훈련 조교를 보고 무척 반가워했다. 빌은 자신의 정체를 밝힌 뒤, 애정을 가진 일을 목표로 정하고 경제적으로 큰 어려움이 따르는 상황에서도 목표를 향해 흔들임 없이 나아가는 그녀의 투지와 결단력을 칭찬했다. 질리안에게 마구간이 서너 칸 더 필요하다는 것을 알게 된 빌은 카지노가 개장한 뒤에 마구간을 더 내주겠다고 약속했다. 또 그녀가 회사에서 정규직으로 일하기를 원한다면 자리를 제공하겠다는 약속도 덧붙였다. 질리안은 너무나 큰 기쁨에 어찌할 바를 모르고 이렇게 말했다. "웃어야 할지 울어야 할지 모르겠어요."

드니즈는 청소를 함께 했던 빌리가 나타나자 놀라면서도 반갑게 맞았다. 하지만 빌이 회사에서 어떤 자리에 있는지 밝히자 놀라서 할 말을 잃었다. 빌은 그녀를 알게 되고 야간 근무가 어떻게 돌아가는지 알도록 해준 기회에 감사의 인사를 전하며 이렇게 말했다. "당신이 가진 열정이 확연히 드러났습니다. 야간에 무서움을 느낀다는 당신 말을 듣고 야간 근무자가 원하는 경우 차까지 함께 가주는 새로운 정책을 만들려고 합니다. 더구나 당신은 통근 거리도 굉장히 멀죠. 당신 집과 가까운 곳에 회사의 장외 경마 도박장이 있는데 원한다면 그곳에 자리를 마련해보겠습니다." 드니즈는 눈물을 글썽이며 누군가로부터 자신이 열심히 일한다는 것을 인정받게 되어 기쁘다고 말했다.

록산느는 사무실에 들어오는 '빌리'를 알아보고 웃으며 양복이 멋지다고 칭찬해주었다. 빌은 자신의 신분을 밝힌 뒤 팔을 걷어붙이고 여러 가지 일에 달려드는 그녀의 진취성과 자발성을 칭찬했다. 그는 루이스빌 처칠 다운스의 마케팅 부서에 일자리를 마련해 록산느가 또 다른 일을 접해볼 기회를 주기로 했다. "그쪽 경마장 사장에게 경쟁자가 가니까 조심하라고 전해두었어요." 빌이 농담을 건넸다. 록산느는 밝은 미소를 지으며 대답했다. "흥분되기도 하고 겁이 나기도 하지만 무엇보다 너무 기뻐서 기절할 것 같아요. 하루라도 빨리 루이스 빌에 가서 새로운 것을 배우고 싶어요."

케니는 '빌리'가 들어오는 것을 보자 바로 걱정을 덜고 마음을 놓았다. "기수 보조 일은 어떻게 되었나?" 그가 물었다. 빌은 절대 케니 같은 기수 보조가 될 수 없을 것이며, 그의 열정을 따라갈 수 없을 것 같다고 말했다. "선생님께도 의미 있고 우리로서도 선생님의 가치를 충분히 인정한다는 것을 표시할 수 있는 일은 하나뿐인 것 같습니다. 내년 알링턴 파크 개장일에 메건의 이름을 딴 경주를 열기로 했어요." 케니는 눈물을 흘리며 메건이 '자신의 모든 것이었다'라는 말만 되풀이했다. 빌은 케니와 아이네즈, 다른 기수 보조들을 비롯한 가족, 친구들이 시상식에 참가해서 우승자에게 트로피를 시상해주기를 바란다는 말도 전했다. 케니는 목이 메었다. "정말 특별한 날이 되겠군. 메건도 내려다볼 거야." 마음을 추스린 케니는 빌에게 일일 기수 보조 체험을 하러 언제든 와도 좋다고 말했다.

빌은 당장은 그 제안을 미뤄두고 알링턴 파크 패덕(paddock : 경마 전에 관객들에게 말을 선보이는 장소-옮긴이)에 모인 직원들에게 연설을 하러 나섰다. 열정이 아닌 우연에 의해 회사의 수장 자리에 앉게 된 빌은 새롭게 발견한 이 업계와 직원들에 대한 사랑을 보여줄 기회를 얻었다. 자신이 전혀 다른 입장에서 한 체험의 결과를 비디오로 보여준 후 빌이 입을 열었다. 그의 말은 고백과 같았다.

"저는 물을 떠난 물고기 같은 처지였습니다. 저는 백스트레치 출신도 아니고 말을 접하며 성장하지도 않았습니다. 하지만 이 회사에 있는 사람들은 제게 기회를 주고, 세상을 보여주고, 저를 여러분과는 다른 저의 세계에만 있도록 놓아두지 않았습니다. 여러분은 제게 중요한 교훈을 주었습니다. 삶에서 가장 중요한 일은 사람 사이의 상호작용에서 시작된다는 것을 말입니다. 여러분은 이야기를 건네고 애정 어린 배려를 해주었습니다. 그것은 우리 모두에게 보다 많이 필요한 것입니다. 저는 이런 것들에 대해 관심이 없습니다. 하지만 이번 경험으로 앞으로는 보다 나은 경영자이자 보다 나은 사람이 되겠다고 약속합니다."

흥분이 가라앉자 빌은 개인적으로 위장취업 체험에 대해 생각해 볼 기회를 가졌다. "이 프로그램에서 저는 조연이었습니다. 하지만 이 프로그램을 찍는 동안 회사의 문화에 대해 보다 잘 이해하고 사람들을 더욱 잘 아는 일에 초점을 맞추기 위해 노력하게 되었습니다. 중요한 것은 제가 위장취업을 했다는 것이 아니라, 고위직에 있는 사람이 기꺼이 시간을 내어 직원들이 하는 일이 어떤 것인지 그리고 그들이 어떻게 살아가는지를 알아보기 위해 성실히 노력했다는 점입니다."

위장취업이 끝나고

- 드니즈는 알링턴 파크에서 새로운 일을 시작했고 월급도 크게 올랐다.

- 록산느는 켄터키 더비 준비 기간 동안 처칠 다운스 경마장의 마케팅 부서에서 일했다. 그녀는 현재 처칠 다운스의 보도석에서 근무하고 있다. 그녀는 열정적으로 이러한 기회들을 받아들이고 있지만 한편으로는 쇼티가 그립다고 한다.
- 질리안은 빌이 약속했던 마구간을 얻어서 훈련 조교 업무를 확장하게 되었다. 그녀가 아주 자랑스러워하는 스타십 보이에이지(Starship Voyage)라는 온순한 수말은 새롭게 단장한 캘더 카지노 · 경마장에서 단골 우승마가 되었다.
- 2010년 4월 29일, 알링턴 파크 개장일에는 작고한 케니의 딸을 기리는 메건 사만다 라이스 추모 경주(Meghan Samantha Rice Memorial Race)가 처음으로 열렸다. 알링턴 파크의 모든 기수들과 기수 보조들, 케니의 가족들이 시상식에 참석했다. 빌 역시 그 자리에 참석해 메건의 경주가 알링턴 파크 개장일의 공식 경기가 될 것이라고 발표했다.
- 빌은 여전히 처칠 다운스사의 COO로 있다. 그는 회사의 다른 경영진들도 위장취업과 비슷한 경험을 해볼 수 있는 방법을 찾았다. 잠시 동안 다른 사람의 입장에 서본다는 뜻 '워크 어 마일 인 서먼 엘스 슈즈(Walk a Mile in someone Else's shoes)' 프로그램이 바로 그것이다.

"우리는 경영진이 일선 현장에서 하루를 보내면서 고객들과 소통하거나 시설을 돌보거나 백스트레치에서 일하도록 하고 있습니다. 이 아이디어를 통해 매니저들에게 현장 직원들의 삶과 일에 대해 배우는 기회를 주는 것이죠. 그와 동시에 직원들에게는 경영진이 그들이 직면하는 어려움을 이해하고 그들이 얼마나 열심히 일하는지 인정한다는 것을 알려주기도 합니다."

위장취업 경험은 빌이 경영자로서 일하는 방법에 큰 영향을 주었다. 그는 사람들의 외양이나 직업에 따른 편견을 가지지 않기 위해서 의식적으로 노력하고 있다.

"캘더와 앨링턴 파크는 이전에 COO로서 정기적으로 방문해서 일했던 곳입니다. 그곳에서 많은 사람들과 마주치게 되었죠. 그들은 저를 똑바로 바라보았습니다. 제 행색이 형사 클루즈(Inspector Clouseau: 동명 영화의 주인공—옮긴이)보다도 못했기 때문이죠. 저는 키가 6피트나 되기 때문에 가만히 있어도 눈에 잘 띕니다. 하지만 양복에 넥타이를 매는 대신 작업복을 입고 있었더니 그냥 빤히 쳐다보기만 하더군요. 복잡한 세상에 살다 보니 우리 모두가 항상 엄청나게 많은 자극과 정보의 홍수 속에 있습니다. 때문에 당연히 외모를 통해 전달되는 메시지를 기준으로 사람들을 보게 됩니다. 하지만 저는 지금부터라도 이런 경향과 싸워보려 합니다. 그리고 경영진들에게도 제한적인 시각으로 직원들을 판단하지 않도록 최선을 다하게 할 생각입니다."

효율을 중시해온 중역은 자신이 일하는 매 순간을 최대로 이용하려던 생각도 고쳐가고 있는 중이다.

"전보다 사람들에게 많은 시간을 할애합니다. 스케줄에서 다섯 시간쯤을 비워두고 시설을 다니며 직원들을 돌아보고 그들과 이야기를 나누는 식으로 말입니다. 보고 서류들이 빠른 시간 안에 많은 양의 정보를 알 수 있는 좋은 방법임에는 틀림이 없습니다. 하지만 저는 가장 좋은 정보가 사람들과의 대화에서 나온다는 것을 배웠습니다. 효율을 극대화하기 위해 5분을 아끼는 것과는 전혀 다른 문제입니다. 때로는 서류를 덮어두고 휴대 전화도 꺼둔 채 직접 눈으로 사람들을 보고 가능한 오랜 시간 동안 그들과 이야기를 나누어야 할 필요가 있습니다."

LOOKING FOR FULFILLMENT

꽉 찬 만족을 찾아서

"경쟁은 나날이 치열해집니다. 쉴 시간이 전혀 없죠. 저는 대단히 민첩하고 활력이 넘치는 사람입니다. 그런 방식으로 코드화가 되어 있죠."

마이클 루빈(Michael Rubin)
GSI 커머스(GSI Commerce) 최고경영자

게리 로저스(Gary Rogers)
임시직 노동자

UNDERCOVER BOSS

보스는 어떻게 참여하게 됐나

미국 기업의 최고경영자 자리에 오르려면 많은 시간이 걸리는 것이 보통이다. 하지만 GSI 커머스의 창업자이자 최고경영자인 마이클 루빈은 대단히 눈에 띄는 예외적 인물이다. 우리가 촬영을 했던 대부분의 회사는 노련한 기업가들이 경영하고 있었다. 우리는 그와 대조되는 젊고 열정적인 최고경영자를 원했다. 서른여덟 살에 자신이 창업한 회사를 연매출 10억 달러의 회사로 키워낸 마이클만한 적임자는 없었다. 그는 우리의 제안에 조금의 망설임도 없이 오케이 사인을 했다.

보스
마이클 루빈
GSI 커머스 창업자 겸 최고경영자

위장 신분 및 설정
게리 로저스
실직한 스포츠 용품 영업사원. 임시직 근로자에 대한 텔레비전 다큐멘터리를 촬영 중이다.

GSI 커머스는 어떤 회사인가

일반인들에게 GSI 커머스는 익숙한 이름이 아닐 수도 있다. 하지만 GSI 커머스는 많은 유명 브랜드들을 뒷받침하는 온라인 엔진이다. 전자상거래, 다채널 소매유통(multichannel retailing), 쌍방향 마케팅의 세계적 리더인 이 회사는 펜실베이니아 킹오브프러시아에 기반을 두고 미국 내 유명 기업들의 온라인 사업을 책임지고 있다. 500여 개의 기업 클라이언트에는 NFL, 토이저러스(Toys 'R' Us), 팀버랜드(Timberland), PBS, 캘빈클라인(Calvin Klein), MLB, 에어로포스테일(Aeropostale), GNC, 라디오(RadioShack), 나스카(NASCAR), 벌베리(Burberry), NBA, 리바이스(Levis), 랄프로렌(Ralph Lauren), 배스앤바디웍스(Bath & Body Works), 딕스스포팅굿스(Dick's Sporting Goods), 에이스하드웨어(Ace Hardware) 등이 있다. 이 회사는 클라이언트들에게 웹사이트 디자인, 쌍방향 마케팅, 제품만족과 고객서비스에 이르기까지 전자 상거래 전반에 대한 솔루션을 제공하고 있다.

2009년 이 회사는 10억 달러의 순이익을 기록했다. 필라델피아 소재의 GSI 커머스 사업 부문, 약 1,800만 건의 계약을 다루는 고객지원 시설과 총면적 2,700만 평방미터에 달하는 7개의 고객만족센터에는 5,000명 이상의 정규 직원들이 근무하며 연간 2,100만 건 이상의 주문을 처리하고 있다.

마이클 루빈에 관하여

기업가는 두 가지로 분류할 수 있다. 그 하나는 사업을 목표에 이르는 수단으로 삼는 사람들이다. 그들에게는 사업이, 수행해야 하는 임무가 된다. 그들은 자신들이 개발한 단일한 상품이나 서비스를 시장에 내놓는 데 초점을 둔다. 그들은 기꺼이 자신의 삶을 그 일에 바친다. 다른 한 부류는 일 자체를 목표로 삼는 사람들이다. 그들에게는 의무감이 없다. 그들은 이기는 것 이외에 어떤 한정적인 목표를 가지고 있지 않다. 그들에게 사업은 삶의 방식이며 삶 그 자체다.

GSI 커머스의 창업자 마이클 루빈은 후자의 대표적인 인물이라고 할 수 있다. 일을 하는 다른 모든 사람과 마이클 사이에 존재하는 가장 큰 차이는 일을 시작한 시기에서 찾을 수 있다. 마이클은 7학년(열두 살) 때부터 이 길을 걸었다. 지금 그는 서른여덟 살로 정보기술 업계의 CEO로서는 어린 나이라고 할 수 없다. 하지만 그보다 일찍 사업을 시작한 사람은 찾아보기 힘들다. 그는 열세 살에 필라델피아 교외에 있는 부모님 집 지하에서 스키 튜닝 사업을 시작했다.

그는 겨우 대학 2학년 때 스키 튜닝 사업에서 얻은 수익과 인맥으로 스키 및 스포츠 용품 매장을 차렸다. 너무 어린 나이 탓에 자신의 명의로 임대 계약을 맺을 수 없어서 보증이 필요했던 마이클은 정신과 의사인 어머니를 상대로 로비를 벌였다. 어머니는 거절했지만 그는 어머니의 대답을 거절로 받아들이지 않았다. 보통의 10대들이 하듯이 다시 아버지를 찾아갔다. 수의사인 아버지를 설득하는 건 좀 더 수월했다(거기에는 마이클이 어머니가 이미 거절했다는 사실을 말하지 않

PRODUCERS'S NOTE

마이클이 어린 시절부터 뛰어난 사업 수완을 보인 일화는 여러 가지가 있다. 그중에서 우리가 가장 좋아했던 에피소드를 하나 소개해본다. 마이클은 열여섯 살에 운전면허를 땄다. 그는 여느 아이들처럼 부모님께 차를 사달라고 조르지 않았다. 이미 여러 개의 성공한 매장을 거느리고 있었던 이 젊은 기업가에게 차 살 돈이 부족했을 리는 없다. 하지만 여전히 어느 정도는 부모님의 통제를 받고 있었고, 마이클의 안전을 염려한 부모님은 실용적인 차를 사겠다는 약속을 받은 후에야 자동차 구매를 허락했다. 마이클은 기꺼이 부모님의 뜻을 따라 투박한 스테이션 왜건을 구입했다. 그는 그 차를 부모님 집 진입로에 세워두고 학교에 가거나 일을 하러갈 때 애용했다. 일단 마이클에게 차가 생기고 나니 부모님들도 더 이상 걱정을 하지 않았다. 모두가 행복해진 것이다. 마이클의 부모님이 스테이션 왜건의 주행거리를 확인해보지 않은 것이 다행이었다. 그랬다면 마이클이 그 차를 하루에 다섯 블록씩만 운전했다는 사실을 알게 되었을 테니 말이다. 그는 집에서 다섯 블록 밖에 부모님 몰래 다른 차를 세워두었다. 포르쉐(Porsche)를 말이다. 그는 매일 스테이션 왜건을 먼지 속에 남겨두고 차를 바꿔 탄 뒤 폼나게 학교로 향했다.

은 것도 일조했다). 아버지가 내건 유일한 조건은 마이클의 대학 진학이었다. 결국 이 약속은 오래가지 못했다.

그는 빌라노바 대학에 입학했을 때 이미 펜실베이니아와 뉴욕에 4개의 소매점을 둔 체인을 보유하고 있었다. 마이클이나 그의 부모 그리고 빌라노바 대학이 그에게 대학 교육이 필요치 않다는 것을 깨닫는 데에는 불과 몇 주밖에 걸리지 않았다. 마이클은 할인 스포츠용품 유통 회사를 시작했고 곧이어 한 신발 회사의 지분을 대거 매입했다. 그 회사는 나스닥에 상장되어 있었기 때문에 마이클은 스물세 살의 나이로 상장 기업의 CEO가 되었다. 1997년 그는 회사들을 통합해 글로벌스포츠(Global Sports Inc.)를 만들었다. 하지만 그의 뛰어난 사업적 감각은 합병 계약서의 잉크가 마르기도 전에 새로운 사업 기회를 알아차렸다. 전자상거래의 엄청난 잠재력을 알아본 것이다. 그가 보유한 소매 업계의 많은 고객들은 그들이 직면한 새로운 경쟁 상황에 대해 불평하면서 웹 사이트 구축과 운영에 대한 두려움을 토로했다. 마이클은 이 두려움이 기회라는 것을 바로 감지했다.

전자상거래 분야의 현황을 조사해본 마이클은 사업 방향을 정보기술 쪽으로 급선회시켰다. 신생 정보기술 기업이 아닌 기존의 브랜드가 전자 상거래를 지배하게 될 것이라고 생각한 그는 기존에 운영하던 분야를 모두 정리하고 새로운 사업에 올인했다. 초기에는 스포츠 용품을 중심으로 시작했지만 이내 사업 규모를 확장해서 2002년에는 공식적으로 GSI 커머스로 사명을 전환하고 전자상거래 분야의 세계적 선도 기업이 되었다.

무한한 에너지를 가진 마이클은 고속으로 움직이는 영구 기관에 비유할 수 있을 것 같다. 1주일 70시간 근무는 그에겐 평범한 일이다. 그는 스스로도 인정하듯이 일에 중독되어 있다. 때로는 한밤중에 일어나 이메일을 확인하고 아시아나 유럽으로 전화를 한다. 마이클은 말까지도 빠르게 한다. "사람들이 딴 나라 말을 하는 것 같다고 하는 경우도 있어요." 그도 인정했다. 마이클은 종종 에너자이저(Energizer)의 버니(Bunny: 에너자이저 건전지 광고에서 쉬지 않고 운동을 하는 캐릭터-옮긴이)라고 불리기도 한다. 다행히도 그는 자신의 있는 그대로의 모습을 받아들이는 이해심 많은 부인과 결혼해 살고 있다.

"11년 전 아내를 만났을 때 저는 이미 1억 5,000만 달러의 매출을 올리는 주식회사 최고경영자였죠. 때문에 제 라이프스타일은 그때나 지금이나 마찬가지에요."

마이클은 말을 천천히 하려고 의식적으로 노력을 했었다. 너무나 많은 사람들이 그의 말을 이해하는 데 어려움을 겪었기 때문이다. 그리고 아내의 강요로 밤에는 침대 근처에 스마트폰을 두지 않고 서랍에 넣어두려고 노력하고 있다. 하지만 성수기 때면 스마트폰을 엿보지 않고서는 견딜 수가 없다. 그런데 아이가 태어나자 그에게도 변화가 생겼다. 어느 정도는 말이다. "네 살 난 딸아이는 제게 바라는 것이 정말 많아요. 엄청나게 강압적이랍니다. 집에 오면 아이의 하인이 되는 것 같아요." 요구가 많은 것은 그의 또 다른 자녀 GSI도 마찬가지다. "우리 업계는 움직임이 대단히 빠르고 우리 회사는 성장세가 아주 가파릅니다. 경쟁은 나날이 치열해집니다. 쉴 시간이 전혀 없죠. 저는 대단히 민첩하고 활력이 넘치는 사람입니다. 그런 방식으로 코드화되어 있죠."

지난 몇 년간 기록적인 성장을 거듭해오면서 마이클은 운영에 대해 실질적인 감각을 유지할 만한 시간적 여유를 갖지 못했다. "저도 다른 사람들과 마찬가지로 가능하면 자주 사무실에서 나와 복도나 구내식당에서 사람들과 이야기를 나누기는 합니다. 사무실에 앉아만 있다 보면 고립되기가 쉬우니까요. 제 일과는 보통 외부의 관계자들과 쉴 틈 없이 이어지는 회의의 연속이랍니다." 마이클은 위장취업을 고립을 피하기 힘든 자신의 상황을 보완해줄 방법으로 보았다. "회사에 무척이나 중요한 일들을 직접 해볼 수 있는 기회가 될 겁니다. 회사의 사기가 어느 정도인지 알아볼 수도 있을 테고요." 늘 도전을 추구하는 마이클은 성수기에 위장취업을 해보기로 결정했다. "연말연시 쇼핑 시즌의 수익이 1년 수익의 70퍼센트를 차지합니다. 따라서 모든 것이 성수기에 집중되죠. 저는 연중 가장 바쁜 시기에 위장취업을 하기로 결심했습니다. 그렇게 정신없는 시기여야 이 게임에서 가장 중요한 때에 우리 팀이 어떻게 돌아가고 있는지 제대로 볼 수 있겠죠."

회사의 정규 직원은 5,000명이지만 10월부터 12월까지 석 달 동안은 일손이 부족해서에 보충한 임시직 직원까지 합치면 그 숫자는 2배가 된다. 때문에 마이클은 성수기에 1주일 간 주문 전화를 받고, 제품을 고르고, 박스를 포장하고, 트럭에 짐을 싣는 일을 하는 임시직 직원의 한 명으로 쉽게 끼어들 수 있었다. 일하기 위해 사는 이 남자는 살기 위해 일을 하는 사람들과 보낼 시간을 고대하고 있었다. 마이클은 많은 것을 배우고 꼭 필요한 변화의 아이디어를 얻어서 돌아오겠다는 큰 기대에 부풀었다. 그는 그들로 인해 자신의 삶에 교훈을 얻고 개인적인 면에서 변화의 필요를 느끼게 될 것이라고는 생각지 못했다.

첫 번째 위장취업

높지도, 빽빽하지도 않게
켄터키 리치우드 GSI 고객 주문 센터

GSI의 리치우드 고객 주문 센터는 미국에서 네 번째로 큰 자동화

시설이다. 54만 3,000 평방피트(약 1만5,000평) 면적의 이 시설은 하루 11만 개 이상의 주문을 처리할 수 있는 능력을 가지고 있다. 마이클이 첫날 할 일은 박스들을 밖으로 내보내는 일을 돕는 것이었다.

매니저 매트는 '게리(마이클의 위장취업 이름)'를 맞아 재빨리 작업 장소로 안내했고 라셸과 함께 트럭에 짐을 싣는 일을 하게 되었다. 역시 임시직 직원인 라셸은 일을 시작한 지 불과 몇 주밖에 되지 않았다. 이혼 후 혼자서 두 아이를 키우는 서른일곱 살의 라셸은 바에서 일하던 중 고객 주문 센터를 지나다가 임시직 모집 공고를 보았다. 바텐더로서의 근무 환경이나 근무 시간에 불만이 있던 그녀는 당장 그 기회를 잡았다.

라셸은 적어도 몇 년 동안 그 일을 해온 사람처럼 수송 트럭에 짐을 채우는 가장 좋은 방법을 보여주며 마이클을 가르쳤다. 에너지가 넘치는 그녀는 같은 크기의 박스끼리 쌓아서, 가능한 높고 **빽빽하게** 트럭을 채우는 것이 중요하다고 설명해주었다. 트럭의 내부까지 들어가는 컨베이어 벨트를 따라 일정한 속도로 박스들이 줄지어 들어오기 시작했다. 마이클과 라셸은 두 시간에 걸쳐 바퀴가 18개 달린 대형 트럭 뒤편을 박스들로 채웠다. 그들은 나란히 서서 계속 내려오는 박스의 공급 속도를 따라가려고 애쓰고 있었다. 라셸이 맡은 쪽은 곧 상자들이 질서 있게 정리되었지만 마이클이 맡은 쪽은 어린아이가 크리스마스 아래에 급히 밀어넣은 빈 선물상자 더미 같이 보였다. 마이클이 속도를 따라가려고 고투를 벌이는(그리고 생전 처음으로 남몰래 속도가 늦어지기를 비는) 동안 라셸은 웃으면서 이 일이 상당한 운동이 된다고 말했다. 일하는 동안 오고 간 이야기를 통해 마이클은 라셀이 정규 직원이 되어서 두 아이의 대학 등록금을 보태주고 싶어 한다는 것을 알게 되었다.

마이클의 바람에도 불구하고 램프를 따라 내려오는 박스들의 속도는 늦추어지지 않았다. 이 두 짐꾼이 점점 트레일러 뒤쪽으로 밀려나면서 마이클이 쌓은 박스 더미가 무너지기 시작했다. 계속 내려오는 새로운 박스의 공격을 받아내는 것보다는 흔들거리는 박스 더미를 수습하는 일이 더 급해진 마이클은, 박스를 더미 위쪽으로 다시 던져 올리고 있었다. 배 안으로 스며든 물을 퍼내는 것 같은 절박한 모습이었다. 점점 더 필사적인 노력을 계속하고 있던 마이클이 뒤로 손을 뻗어 던진 박스에 라셀이 얼굴을 긁혔다.

"끔찍했습니다." 마이클이 회상했다. "트럭은 반밖에 못 채웠고 저는 이미 지쳐 있었어요. 땀이 비 오듯 흘렀죠. 저 때문에 다친 라셀이 혹시 화가 난 건 아닐까 걱정했습니다. 하지만 그녀는 정말 너그러운 사람이더군요. 어깨를 으쓱하고 좀 더 주의하라고 말하더니 일을 계속했어요." 에너자이저 버니의 적수가 거기에 있었다.

자신의 트레일러가 깔끔하게 채워지자 라셀은 위험을 무릅쓰고 마이클이 있는 쪽으로 옮겨와 떨어지는 박스를 정리해주었다. 할당된 시간이 끝나갈 무렵 매트가 돌아와서 작업 상태를 확인했다. 마이클의 작업에 만족하지 못한 매트는 운전수가 문을 열었는데 박스가 떨어지면 운송회사에서 좋아하지 않고 손상이 있는 제품을 받으면 고객들도 불만을 터트린다고 주의를 줬다. 매트는 트럭 안에 화물을 쌓는 일이 '게리의 적성'에는 맞지 않는 것 같다고 에둘러 말하면서 마이클과 라셸을 상품 분류 구역으로 보냈다.

마이클은 지역별로 상자들을 분류해서 팔레트 위에 놓는 일을 했다. 육체적으로도 덜 힘들고 속도도 조금 더 느린 이 작업에서 마이클은 훨씬 나은 솜씨를 보였다. 라셸은 자신이 개발한 방법을 보여주었다. 그녀는 팔에 목적지 바코드 스티커를 붙이고 작업을 하고 있었다. 그 방법으로 추적 시스템에 정보를 더 빠르게 입력했고 작업 생산성을 25퍼센트 정도 향상시킬 수 있었다.

마이클에게는 힘든 하루였다. 하지만 한편으로 깨닫는 바가 많은 날이기도 했다. "자신감 있게 일을 시작했습니다. 젊은 데다 제 자신이 시작한 일인데 회사에서 내가 못할 일이 뭐가 있을까 싶었어요. 제 꾀에 빠져서 아주 혼이 난 거죠. 저는 육체노동에 적합하지 않다는 것을 인정해야 했습니다. 그런 일들은 GSI의 성공에 없어서는 안 되는 종류의 일인데 말이죠. 제 운동을 도와주는 개인 트레이너는 해고당해야 할 것 같아요. 그날 박스 싣는 일도 감당 못하게 운동을 시켰으니 말입니다. 우리는 이 시설을 자동화하는 데 3,000만 달러를 투자했습니다. 하지만 트럭 적재는 전적으로 육체노동이라는 것을 깨달았습니다. 엄청나게 힘든 일이죠." 임시직원 라셸이 열심히 일할 뿐 아니라 생산적으로 일할 수 있는 아이디어를 만들어내고 있는 모습을 본 것이 녹초가 되도록 일하며 얻은 마이클의 보람이었다. 위장취업 첫 날은 육체적으로 혹사당한 하루였다. 그런데 그보다 더 힘든 두 번째 날이 기다리고 있었다. 이번에는 감정적으로 감당하기 힘든 날이었다.

두 번째 위장취업

비탄에서 분노로
플로리다 멜번, GSI 콜센터

다음 일을 위해 켄터키에서 플로리다까지 먼 길을 왔지만 마이클을 아주 신이 나 있었다. 그는 회사 콜센터 중 한 곳에서 스스로 해결할 수 없는 문제를 가진 고객들을 상대하는 에스컬레이션 오퍼레이터(escalations operator)로 일할 예정이었다. "에스컬레이션은 아마도 우리 회사에서 가장 스트레스가 많은 일일 겁니다. 큰 문제를 가진 사람들이 전화를 걸어옵니다. 그 문제를 해결해서 화가 난 사람을 평생의 고객으로 돌려놓는 것이 오퍼레이터들의 과제죠. 이곳은 CEO인 제게 가장 훌륭한 정보원이 될 것이라고 생각합니다. 잘 되지 않는 일을 모두 확인할 수 있을 테니까요." 그는 이 같은 소망을 이루게 되었다.

그날 마이클의 교육을 담당한 직원은 젊은 론 하워드(Ron Howard : 미국의 중견 영화배우)처럼 좋은 인상에 상냥한 태도를 가진 스물다섯 살의 애덤이었다. 이 온화한 에스컬레이션 매니저는 이 일을 위해 태어난 사람 같았다. 그의 부모님은 콜센터를 운영하고 있었고 그는 평생 그 일을 곁에서 보고 자랐다. 애덤은 마이클이 항의 전화를 받을 준비를 갖추도록 하면서 차분한 목소리의 중요성을 강조했다. 그는 오퍼레이터가 해야 할 가장 중요한 일은 사과이고, 다음으로는 전화한 사람이 만족하고 전화를 끊을 수 있도록 노력하는 것이라고 설명해주었다. 애덤이 직접 전화를 받으며 문제를 해결하는 것을 본

마이클은 전화를 건 사람이 얼마나 화가 나고 흥분했든 모든 문제를 매끄럽게 처리하는 그의 모습에 깊은 인상을 받았다. 마이클은 이렇게 경탄했다. "애덤은 인질 협상가를 해야겠어요."

직접 전화를 받아보고 나자 마이클은 사과하는 일이 쉽지 않다는 것을 알게 되었다. 하지만 그는 문제에 대한 해결책을 찾고 고객을 진정시킬 방법을 찾아보려 애를 썼다. 마이클은 애덤의 코치를 받아가며 마침내 화난 고객을 진정시킬 수 있게 되었다. 진을 쏙 빼는 일이었다. 마이클은 자신은 이 일에 맞는 성격이 아닌 것 같다고 말하면서 애덤에게 비결을 물었다. 애덤은 균형 있는 시각이 중요하다고 설명했다. "저는 이런 식으로 생각해요. 그 주문이 그들이 가진 가장 큰 문제라면 저는 문제를 해결해서 고객들이 전화를 끊을 때는 만족감을 느끼고 마음을 진정시킬 수 있도록 최선을 다 하겠다고 말이죠."

쉬는 시간에 애덤은 GSI에 무척 감사하는 마음을 가지고 있다고 말했다. GSI에서 일한 지 1년이 조금 더 되었는데, GSI에 입사하게 된 것은 이전 회사에서 해고를 당했기 때문이라는 것이다. "개인적으로 아주 좋지 않은 상황이었어요." 그가 말했다. "제 아이가 죽었거든요. 그날은 일을 하러 갈 수가 없었어요. 그랬더니 회사에서 더 이상 출근할 필요가 없다고 하더군요." 놀란 마이클은 딸의 심장이 태어나자마자 멈추고 난 후 애덤과 약혼녀가 결혼 계획을 미루고, 딸이 묻혀 있는 곳 옆에 묘소 자리 살 돈을 마련하기 위해 애쓰고 있다는 애덤의 이야기에 귀를 기울였다.

위로도 못하고 할 말을 잃고 있던 마이클은 애덤이 엄청난 대가를 지불하고서 그런 균형 잡힌 시각을 얻게 되었다는 믿기 힘든 사실을 생각하며 고개를 저었다. "책상머리에 붙어서 내 일만 하고, 이런 일에는 가까워지지 않는 것이 나을 뻔했다는 생각이 드는군요." 마이클을 이후에 이렇게 말했다. "그가 겪은 일을 듣자 마음이 찢어지는 것 같았습니다. 가족들이 정말 보고 싶더군요. 그런 경험을 하게 될 거라고는 상상도 못했어요. 전혀 준비가 되어 있지 않았죠."

이후에 마이클은 시스템에 대해 더 살펴보고자 다른 에스컬레이션 오퍼레이터가 일하는 모습을 보게 되었다. 이 자신감이 넘치는 여성 오퍼레이터는 짧은 머리에 팔에는 문신이 있었다. 서른 살의 대니얼은 본래 영업 사원이었지만 성수기에 일손을 돕기 위해 에스컬레이션 일을 하고 있었다.

대니얼의 접근 방식이 애덤의 그것과는 다르다는 것을 아는 데에는 불과 몇 분밖에 걸리지 않았다. 어조는 차분하고 꼼꼼했지만 대니얼은 고객들과 공감한다기보다는 그들과 대립하고 있는 것처럼 보였다. 마이클은 주문이 적절하게 완료되지 않은(고객의 잘못 없이) 고객의 전화를 받아서 전화한 고객을 진정시킬 방법을 찾기 위해 애를 썼다. 대니얼은 마이클에게 자신의 주장을 정확하게 전달하고 상황의 주도권을 잡으라고 충고했다. "고객의 콧대를 꺾어놓아야 해

요. 당신이 고객들을 만족시키고 싶어 한다는 것은 알겠어요. 하지만 그게 안 될 때도 있다는 걸 알아두세요. 100퍼센트 만족은 불가능해요." 그녀가 강조했다. 그녀는 마이클이 전화를 계속 받지 못하도록 직접 전화를 받았다.

애덤은 전화를 건 사람이 불만을 충분히 표현하도록 한 뒤 사과를 하는 반면 대니얼은 고객들과 맞서 싸우고 있었다. 전화를 건 쪽에서는 대니얼이 문제를 이해하지 못하고 있다고 말했다. 대니얼을 그 말에 불쾌해하면서 문제를 이해하지 못하는 것은 고객이라고 되받아쳤다. 전화를 건 고객은 주문에 관한 문제를 계속 설명했다. 대니얼을 자신에게 말할 기회를 주지 않는다며 고객의 말을 잘랐다. 고객은 더 화가 났다. 대니얼은 회사와 직접 이야기를 해보라고 했고 고객은 전화를 끊었다.

고객이 이런 식으로 대우를 받는 것을 보고 화를 참기 힘들었던 마이클은 휴식시간을 요청했다. "애덤의 이야기 때문에 가슴이 아팠었는데, 단 몇 분 사이에 극도의 흥분과 분노 상태를 경험하게 되네요." 그가 말했다. "대니얼의 태도는 제가 직원들에게 기대하는 모습이 아닙니다. 대니얼은 쉽게 화를 내고 적대적인 태도를 가지고 있는 것 같습니다. 그녀는 고객들의 니즈에 집중하는 것이 아니라 자신이 옳다는 것을 증명하려고 해요. 우리 회사에서는 그런 태도를 용납할 수 없습니다. 그녀는 운이 좋았어요. 촬영 중이어서 신분을 밝힐 수 없는 상황이 행운입니다. 그렇지 않았다면 당장에 해고를 했을 겁니다."

마이클은 촬영 중이 아닐 때 다른 직원이 알지 못하도록 콜센터 관리자에게 신분을 밝히고 전화를 끊은 고객의 이름과 전화번호를 받았다. 그러고는 고객에게 다시 전화를 걸었다. 한참을 설명하고 나서야 고객에게 전화를 건 사람이 위장취업을 하고 있는 회사의 CEO라는 것을 믿게 할 수 있었다. "미친 사람이라고 생각했을 겁니다." 마이클이 웃었다. 마이클은 주문과 관련된 문제에 대해 사과를 하고 무료로 제품을 받게 될 것이라고 말해주었다.

화를 다 가라앉히지 못하고 있었지만 마이클은 이것을 기회로 보기 위해 노력했다. "올해 우리는 2,000만 개 이상의 주문을 처리하고 1,500만 개의 거래를 취급할 겁니다. 모든 거래가 완벽하게 이루어질 수 없다는 것은 알고 있습니다. 만족한 고객은 다섯 사람에게 그 이야기를 전하지만 불만이 있는 고객은 50명에게 전한다는 말이 있습니다. 애덤은 좋은 입소문을 내는 데 꼭 필요한 사람입니다. 대니얼은 그렇지 못하죠. 위장취업을 하는 동안 이런 상황을 만나지 않기를 바랐지만 오히려 문제를 알게 되어 다행이라고 생각합니다.

에스컬레이션을 담당하는 사람을 채용할 때 보다 신중해야겠다는 생각을 갖게 되었습니다. 그 다음에는 좀 더 강화된 교육을 시키기로 마음먹었습니다."

> 세 번째 위장취업

그 속도로는 안 돼!
켄터키 리치우드 GSI 고객만족센터

마이클은 어제처럼 감정의 롤러코스터를 겪지 않기를 바라며 리치우드로 향했다. 그는 동일한 물건을 가능한 짧은 시간 안에 포장하고 라벨을 붙이는 일을 하기로 했다. 그가 빨리 일할수록 회사는 많은 수익을 올리게 된다. 또 성수기에는 평소 주문량의 6배가 되는 일을 해내야 한다. 마이클은 회사의 수익에 직접적인 기여를 할 특별한 기회를 가지게 된 것이다.

포장 담당 관리자 그렉은 마이클이 공장에서 가장 숙련된 포장 작업자인 섀넌과 함께 일을 하도록 배정해주었다. 결혼해서 두 명의 10대 자녀를 두고 있는 섀넌은 은행 일을 그만두고 GSI에서 일하고 있었다. 그녀는 더 이상은 은행 직원과 같이 규칙적인 근무를 할 수 없었다. 성수기가 시작되면 휴식없이 1주일 내내 근무를 해야 하기 때문이었다.

섀넌은 우선 마이클에게 자신이 물건을 포장하는 모습을 보여주었다. 섀넌은 테이프로 박스 모양을 만들고 물건을 담은 후 박스를 봉한 뒤 정확한 라벨을 붙이면서(돈다발을 세는 은행원의 말도 안 되게 빠르고 정확한 움직임으로) 목표량이 한 시간에 90개라고 말해주었다. 40초에 하나씩이라는 소리였다. 그녀는 전혀 뽐내는 기색 없이 자신은 한 시간에 110~150개를 포장한다고 말해주었다. 마이클은 섀넌의 빠른 손놀림에 벌어진 입을 다물지 못했다. 겁이 좀 나는 게 사실이었지만 도전에 나서고 싶은 마음에는 변함이 없었다. 그녀의 속도를 따라갈 생각에 긴장이 됐지만 마이클은 분명히 빨리 배우게 될 것이라고 확신했다.

하지만 또 한 번 그의 자신감이 턱없는 것이었다는 게 드러났다. 그가 박스와 포장 테이프와 라벨을 다루는 솜씨는 크리스마스 날 아침 호그와트(Hogwart : 〈해리 포터〉시리즈에 등장하는 마법 학교의 이름—옮긴이) 모형을 조립하는 부모들처럼 서투르기 그지없었다. 90분이 지난 후 그렉은 마이클이 한 시간에 평균 40개의 박스를 포장한다고 알려주었다. 이 일을 계속하려면 발전하는 모습을 보여줘야 했다.

섀넌은 점심을 먹으면서 걱정에 빠진 마이클을 격려했다. 그녀는 마이클을 위로하면서 휴일 없이 1주일 내내 일하는 스케줄이 가족들에게 얼마나 부담되는지를 설명해주었다. 여가시간에는 주로 아들들이 속한 축구팀을 지원하기 위해 자원 봉사에 나서지만, 성수기에는 GSI의 스케줄이 무척 바빠지기 때문에 따라가기가 힘들다는 것이었다.

점심시간 후 포장 구역으로 돌아간 마이클은 목표량을 채워보기로 결심을 다졌다. 하지만 불행히도 그의 단단한 결심과 섀넌의 코칭도 별 도움이 되지 못했다. 마이클은 속도를 따라가려 애쓰면서 포장 라벨을 하나 찢었고 하나는 잘못된 곳에 붙였다. 오후 3시가 되자 그렉은 마이클이 실수한 박스들을 증거로 가지고 돌아왔다. 그렉은 찢어진 라벨이 붙은 박스와 잘못된 위치에 라벨이 붙은 박스를 들고, 라벨 문제에다 충분치 못한 작업량까지 더해져서 마이클이 더 이상 GSI에서 근무할 수 없다고 알렸다. 생애 처음으로, 그것도 자기 자신의 회사에서 해고를 당한 마이클은 꽤나 쑥스러워하면서 CEO보다 박스 포장이 훨씬 초조하고 힘들게 느껴진다고 털어놓았다. 마이클은 모든 것이 자신의 잘못이라는 것을 깨달았다. "그들은 모두 저를 지도하고 격려하면서 일을 잘 해냈습니다. 저는 제 몫을 다하지 못했죠. 섀넌의 일이 제 일보다 훨씬 더 힘듭니다."

일에 능숙하고 회사에 헌신하는 사람을 보는 것은 마이클에게 영감을 불러일으키는 고무적인 일이었다. 하지만 그와 동시에 사람과

PRODUCERS'S NOTE

섀넌은 번개 같은 포장 기술을 갖고 있고, 아이들이 속해 있는 축구팀을 위해 시간을 할애한다. 이 이외에도 1주일에 며칠씩 빙고 게임장에서 자원 봉사를 한다. 여러 모로 멋진 여성이다. 마이클은 할당된 시간에 충분히 많은 박스를 포장하지 못해 해고당한 날 저녁, 그녀를 따라 빙고 게임 모임에 참석했다. 믿기 어렵지만 마이클은 그때 생전 처음 빙고 게임을 해봤다고 한다. 열세 살 때부터 자기 회사를 소유한다는 것은 흔한 게임이나 놀이를 할 만한 여가시간을 허락하지 않는 모양이다. 마이클은 빙고 세계의 첫 경험을 무척이나 즐겼고, 몇 차례 직접 빙고 숫자를 부르기도 했다. 서른여덟 살의 마이클은 섀넌 덕분에 어린 시절에 누려보지 못한 평범한 즐거움을 만끽할 수 있었다.

기계 사이의 관계에 대해서 다시금 생각해보게 만들기도 했다. "위장취업을 하기로 결심했을 때는 우리가 가진 기계와 기술에 뒤지지 않기 위해 노력하는 사람들을 만나게 될 것이라고 생각했습니다. 하지만 섀넌은 포장 전표가 나오는 속도보다 더 빨리 포장을 했습니다. 그녀는 컴퓨터보다 빨랐고 그렇게 일하는 사람은 그녀 하나뿐이 아니었습니다. 그것은 우리 직원들이 자신의 일에 얼마나 유능한지, 그리고 기술이 아닌 직원들이 회사 성공의 이유라는 것을 보여주는 증거입니다."

네 번째 위장취업

마지막 레이스
켄터키 루이스빌 GSI 고객만족센터

트럭에 짐을 쌓는 일, 불만 전화를 받는 일, 박스 포장하는 일 모두에서 자신이 엉망이었다는 것을 알고 있었지만, 마이클은 지더라도 끝까지 해보겠다는 식을 줄 모르는 투지를 보였다. 그렇지만 그도 이번에는 기대치를 조금 낮추었다. 마이클은 능숙한 솜씨를 보여주겠다는 목표 대신 루이스빌 고객만족센터 운영에 폐가 되지 않겠다는 것을 목표로 삼았다.

마이클은 야간에 상품을 찾는 피커(picker) 일을 하게 되었다. 클라이언트의 웹 사이트에 주문이 들어오면 그 주문은 고객만족센터로 전송된다. 주문에 여러 가지 품목이 포함되어 있는 경우에는 피커에게 일이 배정된다. 피커들은 엄청나게 큰 창고 안의 다양한 장소에서 주문된 항목들을 찾아서 상품들이 한 박스에 담겨 배송되도록 하는 일을 맡는다.

　아침 7시에 현장에 도착한 마이클은 그날의 작업반장 카메론을 만났다. 다부진 체구의 카메론은 마이클에게 빠른 속도로 복도를 오가는 자신을 따라다니게 했다. 팔에 찬 컴퓨터 바코드 리더를 휘두르며 동굴 같은 창고 곳곳을 카트를 끌고 다니는 카메론은 보물을 찾아다니는 비디오 게임 주인공 같은 모습이었다. 그는, 창고의 배치 상황을 훤히 꿰뚫고 있었다. 카메론은 최대한 효율적으로 움직이기 위해서 복도를 빠르게 걸으며 주문 상품을 집어 뒤쪽의 카트에 넣은 뒤 다음 품목을 집을 수 있는 다른 복도로 움직였다. 카메론의 재촉에 자극을 받은 마이클은 곧 이 쉽지 않은 사냥에 뛰어들었다.

PRODUCERS'S NOTE

제작 노트　촬영 뒷얘기

카메론은 10대 때 디트로이트 거리에서 노숙을 하며 지냈다. 당시 친절한 한 가족이 그를 집으로 데리고 가 함께 생활하게 해주었다. 이 집의 가장(카메론은 그를 '대부님'이라고 불렀다)은 카메론의 일생에 아주 중요한 역할을 했다. 그가 학업을 계속할 수 있도록 도왔고 그가 농구를 계속하도록 격려해준 것이다. 카메론은 말 그대로 자신을 구제한 사람이 바로 대부님이라고 말했다.
하지만 카메론이 켄터키로 돌아온 후, 대부와의 연락이 끊어졌다. '언더커버 보스' 이전까지는 말이다. 마지막 장면을 촬영하는 동안 우리는 카메론의 대부를 찾을 수 있었다. 그는 기꺼이 마지막 촬영장으로 와주었다. 이 만남을 표현하는 데 감동적이라는 말은 충분치 않았다. 카메론은 자신의 삶에 그렇게 중대한 변화를 일으킨 분에게 어린 딸을 소개할 수 있다는 사실에 전율에 가까운 감격에 휩싸였다.

폭풍같은 첫 번째 사냥이 끝난 후 두 사람은 휴식시간을 가졌다. 그 사이에 카메론의 딸이 방문했다. 카메론은 휴게실 당구대에서 딸과 함께 장난을 쳤다. 긴 시간을 일하고 야간 근무를 하느라 카메론은 딸을 볼 시간이 많지 않았다. 카메론은 켄터키로 돌아오기 전인 10대 시절, 디트로이트 거리에서 노숙자로 살았다. 자동차 사고로 아내를 잃은 이후 카메론은 그가 가져보지 못했던 헌신적인 부모가 되기로 결심했다. 이런 배경 때문에 아이와 보내는 시간이 부족한 것은 그에게 너무나 힘든 일이었다.

작업장으로 돌아온 카메론은 남은 근무 시간 동안 더 많은 상품을 고를 수 있는 사람이 누구인지 가리는 경쟁을 제안했다. 마이클은 승산이 없다는 것을 알았지만 카메론이 던진 미끼를 물었다. 카메론이 복도를 오가며 물건을 찾는 모습은 동작의 경제를 몸으로 구현하는 것 같았다. 반면에 마이클은 탄력을 받기 위해서 잰 걸음으로 애쓰는 이상한 만화 캐릭터 같았다. 복도에서 마주쳐 서로의 진행 상황을 확인할 때면 카메론은 격려와 재촉에 짓궂은 농담까지 더해 마이클을 자극했다. 이 때문에 불붙은 마이클의 경쟁심은 실패를 용납지 않았다. 카메론은 빠른 속도로 꾸준히 작업을 이어갔지만, 모든 것을 쏟아붓기로 한 마이클은 복도를 미친듯이 뛰어다녔다. 마침내 카메론이 마이클을 찾아내서 경쟁이 자신의 승리로 끝났다는 것을 알렸다. 그때까지도 마이클을 땀방울을 흘리며 제품을 찾고 있었다.

마이클은 그날 밤 모텔에서 위장취업 경험으로부터 자신이 배운 것들의 진정한 가치를 곰곰이 생각해보는 시간을 가졌다. "저

는 유복한 가정에서 자랐습니다. 지원을 아끼지 않은 부모님들이 제게 좋은 본보기가 되어주셨죠. 부모님은 저의 성장을 도와주시고 더 나은 사람이 되도록 이끌어주셨습니다. 카메론은 좋은 부모님이나 넉넉한 환경을 갖지 못했습니다. 그렇지만 딸에게 훌륭한 부모가 되어주고 있죠. 카메론 같은 사람을 만나서 그와 그의 딸이 나누는 교감을 지켜보니, 일보다 중요한 삶이 있다는 생각을 갖게 되었습니다. 집에 가서 딸아이를 꼭 안아주고 싶은 마음이 듭니다."

마이클은 자신의 위장취업 경험을 균형 잡힌 시각으로 생각해보다가 가장 중요한 교훈은 효율 향상에 대한 것이 아니라 일과 생활 사이의 균형을 찾아야 한다는 것임을 깨달았다. "제가 함께 일했던 사람들이 겪어온 것들을 모두 이해한다고는 말할 수 없을 겁니다. 우리는 일을 하는 이유가 다릅니다. 어떤 사람들은 가족을 부양하기 위해 일하죠. 저는 GSI 커머스에 너무 많은 노력을 기울이느라 다른 것에 관심을 두지 못하고 있습니다. 저는 그럭저럭 괜찮은 남편이지만 더 좋은 남편이 될 수 있습니다. 또 그럭저럭 괜찮은 아버지이지만 더 좋은 아버지가 될 수도 있죠. 위장취업 기간 동안 제가 얻은 가장 귀중한 교훈은 제가 더 나은 사람이 될 수 있다는 것입니다."

보스로 돌아오다

집에 돌아온 마이클은 딸을 꼭 껴안아주었다. 그는 지난 주에 자신과 함께 일한 동료들을 필라델피아 외곽의 GSI 본부로 불러 만나기로 했다. 누구도 본부의 호출을 받은 이유를 알지 못했다. 그들은 앞으로 무슨 일이 펼쳐질지 전혀 예상하지 못했다.

유난히 침착했던 라셸은 마이클이 사무실에 들어서자 그가 '임시직원'이란 것을 곧 알아보았다. '게리'의 정체를 알게 된 그녀가 던진 첫 번째 말은 자신이 해고되느냐는 농담(어쩌면 진담)이었다. 그녀는 함께 일을 한 후에 몹시 지치지 않았냐고 묻기도 했다. "내 평생 제일 운동을 가장 많이 한 날이었어요." 마이클이 선뜻 대답했다. "당신이 얼마나 열심히 일하는지 보고, 또 불과 3주 만에 회사를 대표할 만한 일꾼이 된 것을 알고 무척이나 뿌듯했습니다. 당신에게 그 보답으로 정규직 일자리를 제안하려고 해요. 우리의 일원이 되어주신다면 영광이겠습니다." 라셀은 이런 말로 마이클의 제안을 받아들였다. "기꺼이 GSI에서 당신과 함께 일하고 정말 훌륭한 팀의 일원이 되겠어요."

상당히 거북해하던 카메론은 함께 상품 고르는 일을 했던 동료가 사무실로 들어서자 바로 알아보며 미소를 지었다. 그래도 불안감은 가시지 않는 것 같았다. 마이클이 정체를 밝히고 자신의 위장취업 경험에 대해 이야기하자 비로소 카메론의 얼굴에서 불안이 사라졌다. "당신은 강력한 에너지를 가지고 정말 열심히 일하는 사람입니다. 믿어지지 않을 만큼 훌륭하게 일을 해내고 있어요." 마이클이 이렇게 이야기를 시작했다. "하지만 정말 제 마음 깊숙이 다가온 것은 딸과 함께 있는 당신의 모습이었습니다. 당신이 더 멋진 크리스마스를 보낼 수 있도록 1,000달러 상품권을 드리고 싶어요. 따님과 즐거운 시간을 보내세요." 카메론의 눈에서 눈물이 흘러내렸다. "당신은 사람들의 마음을 끄는 따뜻한 마음과 잠재력을 가진 리더에요. 오늘부터는 교육 프로그램에 참여하세요. 관리자가 되기 위한 지름길에 들어서는 겁니다."

섀넌은 마이클이 사무실에 들어와 정체를 밝히자 당황해서 웃음을 터뜨렸다. 그녀는 칭찬이 더해질수록 어쩔 줄 모르며 당황했다. "그토록 자부심을 가지고 열심히 일하는 당신의 모습이 제게 큰 자극이 되었습니다. 저도 GSI를 좀 더 나은 회사로 만들기 위해 그만큼만 열심히 일할 수 있다면 좋겠습니다. 우리가 이렇게 성공을 거둔 것은 당신과 같은 훌륭한 직원들이 있었기 때문이에요." 섀넌의 뺨에 눈물이 흘러내렸다. 마이클은 회사 때문에 그녀가 자금 마련에 시간을 할애하지 못한 데 대한 보상으로 아들의 축구팀에 5,000달러를 기부할 것이라고 밝혔다. 섀넌은 CEO가 자신이 어떤 일을 하는지 직접 경험해보고 자신의 말에 귀를 기울여주고 또 자신이 중요하게 생각하는 일을 위해서 힘을 써주는 상상도 못했던 일이 일어나자, 너무나 뿌듯한 나머지 목이 메어 말을 잇지 못했다.

대니얼의 자신감은 마이클이 정체를 알리자 곧 사라졌다. 마이클은 그 사건 이후 그녀와 이야기할 시간을 갖기를 고대했다. 화는 누그러졌지만 그의 생각에는 변함이 없었다. 마이클은 그 사건에 대해 다시 이야기하면서 "그런 방식으로 전화를 처리하는 것은 용납되지 않는다"고 강조했다. "그것은 우리가 고객을 대하는 방식이 아닙니다." 대니얼은 교육 부족과 최근의 상황에 대해 언급하면서 그 일을 합리화했다. 마이클은 그런 요소들이 존재하고 있고 회사에서 책임을 소홀히 한 부분이 있다는 것은 인정했지만 고객에게 무례하게 대한 일에 대해서는 변명이 있을 수 없다고 말했다. 대니얼은 그 상황을 보다 잘 처리했어야 했다고 인정하고 앞으로의 교육을 통해 바뀔 준비가 되어 있다고 말했다.

애덤은 그의 교육생이 사실은 CEO라는 소식에 함박웃음을 지었다. 마이클이 애덤의 노련함과 뛰어난 성과에 대해 칭찬하자 그는 겸손하게 감사를 표했다. 대화가 사적인 이야기로 흘러가자 감정이 북받친 애덤의 얼굴이 굳어졌다. 마이클이 말했다. "당신 이야기를 듣고 마음이 무척 아팠어요. 위장취업을 시작할 때는 나름대로 마음의 준비를 단단히 했었죠. 하지만 당신이 한 이야기와 같은 것에 조금이라도 준비가 되어 있었다고 말한다면 그건 거짓말 일겁니다.

결혼식을 위해 돈을 모으고 있다는 얘기도 했었죠. 저도 결혼 자금에 1만 달러를 보태고 싶어요." CEO가 자신을 위해서 나선다는 이야기를 들은 애덤은 문제를 넓은 시각에서 균형 있게 바라보는 자신의 재능을 다시 한 번 발휘했다. "긍정적인 태도로 살면 좋은 일이 생긴다는 것이 정말이군요. 기적이라는 것이 정말로 있는 모양입니다."

마이클은 애덤과의 관계를 좀 더 큰 안목으로 바라보는 것 같았다. "성수기에 1만 명의 사람이 우리 회사에서 일한다면 좋은 말만 들을 수는 없겠죠. 하지만 보통은 이메일을 통해 듣는 것이 전부입니다. 속이 상할 때도 있고 기부를 하기도 하지만 그 어떤 것도 그곳에 가서 그 사람과 직접 이야기를 나누는 것에 비교할 수 없습니다. 그런 관계야말로 훨씬 심원하고 실제적인 감정을 이끌어내죠."

일이 삶의 전부였던 기업가에게조차 사람이 일에 앞서는 때가 있다. 위장취업 때 함께 한 동료들과 일대일로 만난 뒤 마이클이 회사 강당에서 전직원에게 연설을 할 때에도 그런 순간이 찾아왔다. 그의 연설은 화면을 통해 다른 곳에도 중계되었다. 마이클이 경험한 당황스러운 순간을 빠짐없이 담은 비디오를 함께 감상한 뒤에, 새롭게 태어난 마이클 루빈이 무대에 등장했다. 에너지가 하늘을 찌르고 속사포 같은 말투에 사업에만 집착했던 이 기업가는 자기 성찰적이고 감성적인 리더로 변해 있었다.

"회사의 창립자라는 위치에 있다 보면 일선의 사람들과는 조금 동떨어지게 되는 것이 사실입니다." 그가 고백했다. "저는 회사를 키우는 데에만 초점을 맞춰왔습니다. 하지만 이제 저는 여러분 모두에게 더 나은 환경을 만들어줄 수 있도록 회사 정책을 개선하고 시스템을 발전시키는 일에 더 많은 에너지를 쏟아야 한다는 것을 깨달았습니다. 이번 경험은 제 마음에 큰 반향을 가져왔습니다. 경영자로서는 물론이고 한 인간으로서도 말입니다."

박수와 환호가 멈추자 마이클은 다시 말을 이었다. "위장취업을 통해 저는 제가 훌륭한 가족과 딸을 두었다는 사실도 알게 되었습니다. 삶이란 귀중한 것입니다. 그리고 길지 않습니다. 여러분 모두에게 균형이 필요합니다. 이 경험은 저로 하여금 사업 성과를 내는 것뿐만 아니라 인간적인 공감을 이끌어내는 일, 사람들과 마음을 나누는 일에도 집중해야 한다는 확신을 갖게 해주었습니다."

위장취업이 끝나고

- 라셀은 GSI에서 보험이 적용되는 정규 직원으로 일하고 있다. 12가지 다른 직종에 대한 교육을 받은 그녀는 마이클의 예상대로 팀의 귀중한 새 일꾼이 되었다. 그녀는 최근 물놀이를 하다가 팔이 부러지는 사고를 당했고 이 일로 새롭게 얻은 의료보험 혜택의 고마움을 느끼게 되었다.
- 카메론은 교육을 마치고 최근의 GSI 리더십 컨퍼런스에 참석했다. 관리직으로 진출할 수 있는 발판을 마련해줄 자리였다. 그렇지만 그는 실제로 승진을 하지는 않았다. 회사에서 자신보다 오

래 일한 사람들을 새치기하듯 뛰어넘는 일이 되기 때문이었다.
- 섀넌은 여전히 회사의 뛰어난 포장 직원으로 일하고 있다. 그녀의 두 아들이 속해 있는 축구팀은 리그에서 가장 좋은 유니폼을 입게 되었다.
- 대니얼은 직장으로 복귀해서 교육을 받았지만 지금은 GSI에서 일하지 않는다. 마이클이 이렇게 밝혔다. "위장취업 경험 이후 대니얼과 시간을 보낼 기회가 잇었죠. 사실 그녀는 좋은 사람입니다. 이 일과 잘 맞지 않았던 것뿐이죠. 그런 일은 흔히 일어나지 않습니까?"
- 애덤은 플로리다에서 이주해서 지금은 필라델피아 교외에 있는 GSI 본부에서 일하고 있다. 그는 새로운 자리에서 중요한 책임을 맡고 있다. 그와 약혼녀는 결혼식을 계획하고 있다. 그는 종종 사인을 부탁받는 데 익숙해질 정도로 유명해졌다.
- 마이클은 GSI 커머스의 창립자이자 CEO로 활동하고 있다. 그는 일에 중독된 기업가라는 묘사에 반기를 들지 않았다. 그것이 '사실' 이니 말이다. 하지만 지금은 그 문제를 극복하기 위해 노력하고 있다. "요즘은 촬영 전보다 딸아이와의 사이가 좋아졌습니다. 딸이 조금 자랐고 저는 인생에 일만 있는 것이 아니라는 사실을 배웠으니까요."

마이클은 위장취업을 통해 회사에 더 큰 애정과 열의를 가지게 되었다. "제 기대를 훨씬 뛰어넘었던 한 가지가 있다면 시간급 직원들이 그렇게 어려운 일들을 믿을 수 없을 만큼 잘 해내고 있고 잘 하려는 의욕이 엄청나게 높았던 것이었죠. 우리 직원들을 위해 회사를 키워나갈 기회를 만들고 직원들과 그 가족들에게 더 나은 환경을 만들겠다는 의욕이 그 어느 때보다 강합니다." 그마이클은 중역들도 시간을 쪼개어 현장에 나가봐야 한다는 굳은 믿음을 가지게 되었다. "대단한 경험이었습니다. 자신의 회사에 위장취업을 하게 된다면 스스로를 그 경험에 전적으로 내맡기십시오. 전 다음 성수기에 다시 한 번 위장취업에 도전해볼 생각입니다. 물론 이번에는 카메라가 따라오지 않겠지만요."

WHAT RICHES CAN'T BUY

돈으로 살 수 없는 것

"훌륭한 리더십을 지닌 회사가 되기 위해서는 다음의 세 가지 면을 갖추고 있어야 한다고 생각합니다. 건실한 재정 상태, 회사를 훌륭한 직원들이 일하기 좋은 곳으로 만드는 것, 섬김의 리더십이 그것입니다."

조엘 맨비(Joel Manby)
허센드 패밀리(Herschend Family) 최고경영자

존 브릭스(John Briggs)
신입 직원

UNDERCOVER BOSS

보스는 어떻게 참여하게 됐나

한햇동안 미국에서 놀이공원 입구를 통과하는 사람의 숫자는 대략 수억 명에 이른다. 그래서 놀이공원 업계에는 약 50만 명의 정규 직원과 임시 직원이 일하고 있다. 우리는 〈언더커버 보스〉를 통해 시청자들에게 이런 조직 중 한 곳의 내부 사정을 보여주고 싶었다. 허셴드 패밀리 엔터테인먼트가 특히 적합하겠다고 생각하게 된 이유는 이 회사가 여러 개의 다양한 시설을 보유하고 있으며, 회사 차원에서 늘 가족의 가치를 강조해왔기 때문이다. 우리는 허셴드의 수장이 사려 깊고 카리스마 있는 보스라는 걸 알고 무척 기뻤다. 조엘 맨비는 허셴드 패밀리의 놀이공원 사업을 지휘하는 지금의 자리에 오르기까지 독특한 이력을 밟아온 사람이다. 그는 최고경영자가 되기 전까지 놀이공원에서 일을 해본 경험이 없기 때문에 말단 직원으로 일을 시작해볼 수 있는 기회에 선뜻 응해주었다.

보스
조엘 맨비
허셴드 패밀리 최고경영자

위장 신분 및 설정
존 브릭스
자동차 업계에서 해고당하고 허셴드에 입사한 신입 직원. 말단 사원의 하루를 담는 다큐멘터리 촬영팀이 그를 따라다니고 있다.

허센드 패밀리는 어떤 회사인가

대기업이 지배하고 있는 이 업계에서 허센드 패밀리 엔터테인먼트(Herschend Family Entertainment, 이하 HFE)는 가업의 분위기가 강하게 남아 있는 독특한 회사다. 휴고 허센드와 매리 허센드는 가족 휴가 여행 중에 미주리 오자크 지역에 홀딱 반했고 슬하의 잭과 피터 형제와 함께 1950년 이 회사를 만들었다. 애틀랜타에 기반을 둔 HFE는 매년 이 회사의 22개 놀이시설을 방문하는 1,400만 고객들을 위해 '다시 해도 좋을 만한 가치 있는 기억을 만들자' 는 모토 아래 최선의 노력을 다하고 있다. HFE는 그러한 사명에 헌신하는 1만 명 이상의 직원들과 함께 연간 3억 달러의 수익을 올린다.

이 회사는 미주리 브랜슨에 실버 달러 시티(Silver Dollar City), 마벨 케이브(Marvel Cave), 화이트워터 브랜슨(White Water Branson), 쇼보트 브랜슨 벨(Showboat Branson Belle) 유람선, 토킹 록스 캐번(Talking Rocks Cavern)과 같은 시설을 두고 있다. 아울러 애틀랜타 스톤 마운틴 파크(Stone Mountain Park)를 장기 임대해서 운영하고 있으며, 인근의 크로스로드 빌리지(Crossroads Village), 와일드 어드벤처(Wild Adventures) 테마파크, 스플래시 아일랜드 워터 파크(Splash Island Water Park)를 소유하고 있다. HFE는 켄터키 뉴포트와 뉴저지 캠든의 수족관, 브랜슨, 뉴포트, 필라델피아, 스톤 마운틴, 시애틀, 샌프란시스코의 수륙양용 오리배 투어, 샌프란시스코의 클래식 케이블카 관광(Classic Cable Car Sightseeing)을 운영하고 있기도 하다.

조엘 맨비에 관하여

HFE는 섬김의 리더십을 인내, 친절, 정직, 겸손, 존중, 무욕, 헌신, 용서를 포괄하는 기독교적 가치와 윤리에 일치하는 행동 코드라고 정의하고 이를 적극적으로 받아들이는 회사다. 허센드 가문은 회사가 이러한 원칙에 따라 직원을 대우해야만 직원들 역시 고객에게 최선을 다한다고 믿는다. 조엘 맨비는 이 원칙을 실천에 옮길 책임을 맡고 있다.

베풀고 배려하는 것이 단순히 조엘의 피상적인 철학이라고 생각하는 사람도 있을 것이다. 큰 키에 수려한 외모를 가진 그는 아름다운 아내와 네 명의 사랑스러운 딸(한 명은 중국에서 입양했다)과 함께 살고 있다. HFE의 사장이자 CEO로서 조엘은 모범적인 삶을 살고 있다. 조엘은 알비온 대학(Albion College)의 졸업생 대표이자 스포츠 스타였을 뿐 아니라 로즈 장학금(Rhodes Scholarship) 최종 후보였다. 그는 하버드 경영 대학원(Harvard Business School)에서 석사 학위를 받았고 자동차 업계에서 출세 가도를 달려 서른다섯의 나이에 사브(Saab) USA의 CEO로 임명되면서 자동차 제조업체의 최연소 대표가 되었다.

미시건 배틀크리크의 노동자 계층에서 태어난 조엘과 그의 형제들은 작은 집에서 한방을 쓰며 자랐고 부모님은 부엌에서 주무셨다. 조엘이 과거의 기억을 떠올리며 말했다. "아버지는 정말 열심히 일하셨죠. 한시도 쉬지 않으셨습니다." 조엘의 아버지는 농기구 판매권을 잃은 후 자동차 업계에서 일을 했다. 집에 돌아오면 조엘의 아버지는 잔디 깎기, 밭 갈기, 눈 치우기 같은 일을 하곤 했다. 그 때문에 조엘이 운동 경기에서 우승하는 모습은 한 번도 지켜보지 못했다. 한 가지 특히 기억에 남는 일이 있다. "아버지는 제가 지역 어린이 야구 리그 챔피언 결정전에서 우승해 그랜드 슬램을 달성하는 것도 보지 못하셨어요. 경기가 끝나고 뒷풀이가 있었는데 어머니는 제게 파티에 갈 수 없다고 말씀하셨죠. 간식비가 없어서 말입니다." 학업과 운동에서 모두 두각을 나타냈던 조엘이지만 지역의 자선가인 아치웨이 쿠키(Archway Cookies)의 소유주 조지 마크햄(George Markham)의 장학금을 받고 나서야 알비온 대학교에 진학할 수 있었다.

조엘의 노력과 결단력은 눈부신 대학 성적으로 이어졌다. 그는 학사 성적으로 하버드 경영 대학원에 입학 허가를 받을 수 있었지만 이번에도 학비가 없었다. 때문에 조엘은 입학을 연기하고 제너럴 모터스(이하 GM)에 말단 사원으로 입사했다. 이 자동차 회사의 슬론 장학금(Sloan Fellowships)을 받아보려는 기대에서였다. 슬론 장학금의 수혜자가 되면 수업료를 면제받을 뿐 아니라 월급의 50퍼센트를 지급받을 수 있었다. 조엘은 단 2년 만에 그 장학금을 받게 되었다.

하버드를 졸업한 조엘은 의무 근무 기간을 채우기 위해 GM으로 돌아갔다. 그는 빠른 속도로 승진을 해서, GM이 '다른 개념의 자동차 회사'를 만들겠다는 의지로 저가 수입차와 경쟁하기 위해 만든 새턴(Saturn)팀에 합류했다. 조엘은 경제적인 안정을 찾게 되자 자신을 도왔던 고향의 자선가를 찾아가 대학 학비를 갚겠다고 제안했다.

하지만 조지 마크햄은 어렵게 공부하고 있는 다른 젊은 학생에게 받은 도움을 돌려주라고 말했고, 조엘은 그의 뜻을 따랐다.

조엘은 5년 만에 새턴의 판매를 50억 달러로 성장시킨 주역이었다. 덕분에 테네시에 기반을 둔 이 자동차 회사의 2인자 자리에 올랐다. 이후 GM으로부터 그들이 보유하고 있는 사브 USA를 경영해 달라는 요청을 받았다. 조엘은 가족과 함께 사브(USA 본부)가 있는 조지아로 이주해 그 회사의 최고위직에 앉으면서 미국 자동차 업계의 최연소 CEO가 되었다.

1990년대 말 닷컴 붐이 절정일 당시 그는 다시 한 번 자동차 업계의 고위직에 스카우트를 제의 받았다. 조엘에게 손을 내민 그린라이트닷컴(Greenlight.com)은 딜러로부터 차량을 구입해서 온라인으로 되파는 온라인 차량구매서비스를 제공하는 회사였는데, 아마존닷컴(Amazon.com)과 실리콘밸리의 유명 벤처 캐피탈 회사들의 제휴로 설립되었다. 닷컴 자본이 가진 전망과 새로운 회사를 이끈다는 도전은 저항할 수 없는 유혹이었다. 그는 2000년 4월 새턴을 떠나 그린라이트의 사장이 되었다. 최악의 타이밍이었다.

조엘이 그린라이트와 손을 잡자마자 닷컴 거품이 붕괴되었다. 새로운 회사에서 맞은 첫 주에 나스닥 지수가 30퍼센트 폭락했다. 발사될 로켓을 지휘하게 된 것이 아니라 침몰하는 배의 키를 맡게 된 꼴이었다. 조엘은 가족들을 조지아에 남겨둔 채 회사의 샌프란시스코 본부에서 밤낮없이 일을 했다. 직원을 해고하고 회사를 구해내야 하는 중압감에 외로움이 더해져 그는 우울증에 빠졌고 수면제 대용으로 알코올에 의존하게 되었다. 그린라이트로의 이직으로 조엘은 가족의 풍족한 미래를 꿈꿨지만, 정반대로 그가 다른 어떤 것보다도 중요하게 여기는 가정생활이 위기에 빠지게 되었다. 때마침 카즈다이렉트닷컴(Carsdirect.com)의 그린라이트 매각 협상이 성사되었고 그는 집으로 돌아갈 수 있게 되었다.

수많은 극복과 성공으로 이어진 삶 속에서 조엘은 사업의 실패는 물론 개인적인 실패까지 경험했다. 집으로 돌아온 직후 교회에서 설교를 듣다가 조엘은 문득 큰 깨달음을 얻었다. 자신이 일에서의 성공과 가족들과의 행복을 맞바꾸었다는 것을 알게 된 것이다. 이후 조엘은 언제나 가족을 첫 번째로 두겠다는 약속을 했다. "일을 단거리 경주가 아닌 마라톤으로 생각하고 접근하십시오." 2003년 당시 사업적인 면과 개인적인 면 양쪽에서 바닥을 치고 있던 그에게 도움의 손길이 다가왔다. HFE의 소유주들이 조엘에게 CEO자리를 제안한 것이다.

하늘이 만들어준 기회였다. "일과 개인적인 가치 사이에 단절이 없는 자리에 있다는 것은 멋진 일입니다." 조엘이 단언했다. "우리는 리더십에 세 가지 면이 있다고 생각합니다. 건실한 재정 상태, 회사를 훌륭한 직원들이 일하기 좋은 곳으로 만드는 것, 섬김의 리더십이 그것입니다." 그의 가족은 더 행복해졌다. HFE는 조엘의 지휘 하에 디즈니(Disney), 유니버설(Universal), 식스 플랙(Six Flags), 앤호이저부시(Anheuser-Busch) 등 세계적인 대규모 주식회사들이 지배하고 있는 이 업계에서 두각을 나타내며 세계에서 열 번째로 큰 가족 엔터테인먼트·테마파크 회사가 되었다.

이 회사는 가치 중심 문화를 유지하기 위해 노력하지만 최근의 경기 침체로 회사 사정이 어려워지고 있다. 2008년 말부터 고객들이 엔터테인먼트에 대한 소비를 줄이고 있기 때문이다. 그에 대한 대책으로 HFE는 감원을 해야 했다. "시설에 수백만 달러를 투자했습니다. 수익을 내지 않으면 회사 전체가 무너지고 일자리가 모두 사라질 상황이었죠." 성장 예상치에 못 미치는 지역에서 직원들이 해고되었고 임금은 동결되었다. 회사가 제공하는 복리 후생 또한 줄어들었고 승진도 없었다. 전면적으로 이루어진 조치이기는 했지만 이 때문에 가장 고통을 받는 것은 일선에서 근무하는 사람들이었다. 현장 근무자들은 대부분이 임시 직원이었고 그날 벌어 그날 먹고사는 형편이었다. "늘 섬김의 리더십을 이야기하는 저희들에게 직원을 해고한다는 것은 정말 어려운 일이었습니다."

조엘은 잇따른 인원 축소와 임금 동결로 회사의 분위기가 어떻게 변했는지 알아보기 위해 위장취업을 결심했다. 그는 죄책감도 느끼고 있었다. "경기 침체 이후에는 이전만큼 많이 현장에 나가보지 못했습니다. 자금 위기를 처리하느라 너무 바빴기 때문이기도 하지만 이제 와서 생각해보니 직원을 해고한 일에 대해서 부끄러움을 느끼고 있었나 봅니다. 저는 현장에 나가 사람들이 어떻게 일하는지 알아보고 직원들이 아직도 회사를 좋게 생각하는지 살펴볼 필요가 있다고 생각했습니다. 꾸미지 않은 있는 그대로의 현실을 보기 위해서 위장취업을 결심했습니다. CEO라는 것을 안다면 사람들의 태도도 달라지니까요."

조엘은 HFE의 현재나 미래의 성공과 직결된 고객 경험이 회사의 임금 동결이나 인원 삭감, 그로 인한 사기 저하 등의 문제로 영향을 받았는지의 여부도 확인해보길 원했다. 조엘은 약간의 불안감을 안고 사무실을 떠나 현장으로 향했다.

> 첫 번째 위장취업

꽥꽥, 소리질러봐
조지아 스톤마운틴 오리배 승무원

제2차 세계대전에서 미 육군이 사용한 수륙양용 트럭으로 시작된 HFE의 오리배는 현대화를 거쳐 물에 뜨는 투어 버스로 변모했다. 이 개방형 차량은 시내의 관광지를 돌아 천천히 물로 들어간 뒤 수상에서 관광을 계속한다. 샌프란시스코에서부터 필라델피아까지 오리배를 만나볼 수 있는 곳은 많지만 그 모든 오리배에 공통적으로 적용되는 사항이 있다면 고객들이 즐거운 시간을 가지는 데 가장 중요한 존재가 선장이라는 점이다. "오리배 선장은 단순한 경험의 일부가 아닙니다. 오리배 선장은 경험 그 자체에요." 조엘이 설명했다. 회사 입장에서는 사기와 열의가 저하되도록 놓아두어서는 절대 안 되는 곳이 바로 이곳이다. 조엘은 조지아의 관광 명소로 손꼽히는 애틀랜타 스톤마운틴 파크의 오리배를 선택했다.

 그날 조엘의 보스가 된 사람은 하워드 선장이었다. 오리걸음으로 걷는 이 거구의 선장은 타이니(Tiny)라는 아이러니한 별명을 가지고 있다. 하워드 선장은 전문가의 솜씨로 이 일에 대해 알아야 할 기본적인 사항과 차량의 안전장치를 소개해주었다. 그는 안전과 재미의 두 요소 사이에서 균형을 맞추는 것이 선장의 가장 중요한 임무라고 설명했다. 선장은 재미있는 구경거리를 만들어주어야 할뿐 아니라 어린이들을 물 위로 데리고 가는 데 큰 책임이 따른다는 것을 잘 인식해야 한다. 하워드 선장은 신참 직원에게 오리배에서 재미라는 요소가 '아주 진지한 문제'이기 때문에 주의 깊게 관찰해야 한다는 충고도 잊지 않았다.

배에 타는 순간부터 쇼가 시작되었다. 하워드 선장과 조엘은 활짝 웃는 얼굴로 어린 고객들에게 구명조끼를 입히고 이름을 하나하나 부르면서 '오리 소리'가 나는 장난감을 목에 걸어주었다. 보통은 온화하고 따뜻한 성품의 선장은 이 어린 손님들 앞에서는 살아 있는 만화 캐릭터로 변신했다. 하워드 선장은 수륙양용 차의 후면 램프를 오르면서 발을 굴러 거대한 차를 흔들기 시작했다. 그는 함박웃음을 보이면서 "어린이들이 나가신다."라고 외쳤다. 하워드 선장은 깔깔거리는 아이들 사이를 지나 '조종실'로 뛰어들었다. 옆을 지나치는 광경을 간단히(그리고 유쾌하게) 설명한 후 선장은 오리배 체험에서 가장 결정적인 순간을 위해 아이들의 흥분을 고조시켰다. 조용한 호수로 뛰어드는 것 말이다. 그는 자기가 살아 있는 뗏목이니 걱정하지 말라고 아이들을 안심시켰다. 선장은 아이들에게 팔을 번쩍 들고 "자, 출발!"을 외치게 하고는 물속으로 차를 몰고 들어갔다. 하워드 선장의 친근한 농담과 재미있는 얼굴 덕분에 어린이들은 항해 내내 즐거워하며 웃음을 잃지 않았다.

조엘은 이 뚱뚱한 선장이 보여주는 다양한 모습에 놀라지 않을 수 없었다. 모르는 것이 없는 관광 가이드에 노련한 운전사이자 선장이며 아이들을 재미있게 해주는 얼빠진 광대 역할까지 훌륭하게 소화해냈다. 하워드 선장이 상황에 따라 여러 역할을 끊임없이 오가면서 이 세 가지 면을 끄집어내는 것을 보면 조엘과 같이 침착한 사람도 놀라지 않을 수 없다. 잠시 후 '오리배 훈련생'은 이 오리배 스타의 조연 이상은 꿈꾸지 못하겠다는 결론에 도달했다. 조엘은 오늘 오리배 선장의 표본인 사람을 찾았다고 확신했다.

두 번째 위장취업

HFE의 미래
미주리 브랜슨 실버 달러 시티 정문 책임자

1880년대의 삶을 주제로 하는 테마파크, 실버 달러 시티는 미국에서 가장 친절한 관광지라는 명성을 가지고 있다. 조엘은 놀이공원의 첫인상을 결정짓는 정문에서 위장취업 임무를 수행하게 되었다. 그날 조엘의 교육을 담당할 앨버트는 1880년대의 복장을 하고 있었다. 하지만 그런 복장도 그가 활동적이고 적극적인 21세기 젊은이라는 것을 숨기지는 못했다. 스물한 살의 앨버트는 열네 살부터 실버 달러 시티에서 이런 저런 일을 해왔다. 그는 이 일을 해서 웨이트리스와 교사인 부모가 꾸려가는 가정 경제에 보탬을 주고 있었다.

전통의상으로 갈아입은 조엘은 공원 입구의 회전문 중 하나를 맡게 되었다. 일하는 요령을 일러주는 앨버트에게서 조엘은 사람들이 효율적으로 회전문을 통과하게 하는 동시에, 도착하는 사람들 모두가 특별한 손님이라는 기분을 느끼게 하는 그의 재능을 엿볼 수 있었다. 위장취업을 하면서 손님들의 경험에 누를 끼치지 않을까를 가장 걱정했던 조엘은 이 일을 통해 감격을 맛보았다. 미소를 짓는 고객들을 맞아들이는 일이 고객 경험에 대해 걱정했던 CEO에게 더 할 수 없이 좋은 치료제가 되었다.

휴식시간 동안 조엘과 친해진 앨버트는 테마파크 사업을 하는 것이 장래 희망이기 때문에 실버 달러 시티는 자신에게 단순한 일터가 아니라고 이야기했다. 조엘이 격려를 하자 앨버트는 선뜻 자신의 노트북을 꺼내서 수중 롤러코스터 디자인을 보여주었다. 그러고는 자신이 공원에서 전임으로 일을 하며 야간 대학에 다닌다는 것도 알려주었다. 앨버트는 조금의 수줍음도 없이 당당하게 자신의 최종 목표가 HFE의 CEO가 되는 것이라고 말했다(그는 현재 그 자리에 있는 사람이 '멋진 분'이라고 들었다는 이야기까지 덧붙였다).

미래에 자신의 자리에 앉게 될 열정이 넘치는 젊은이와 보조를 맞추느라 애쓰며 하루를 보낸 조엘은, 이렇게 힘든 시기에 회사가 필요로 하는 것이 바로 앨버트가 가진 열정이라는 것을 느끼게 되었다. "앨버트의 에너지와 열정은 때로 지나칠 때도 있습니다. 하지만 늘 채찍을 들어야 하는 사람보다는 가끔 고삐를 당겨주어야만 하는 사람과 일하는 편이 낫습니다." 조엘은 실버 달러 시티 시대에 통용되던 말을 사용해서 설명했다. 조엘은 의욕과 패기가 넘치는 앨버트의 모습에서 젊은 시절의 자신을 모습을 보았다. "저는 가난한 가정에서 자랐습니다. 그가 그렇듯이 말입니다. 공격적이고 열의에 넘쳤죠. 차이점이라면 저는 도중에 많은 기회를 만났다는 것입니다."

세 번째 위장취업

모닝콜
미주리 브랜슨 실버 달러 시티 거리 청소부

실버 달러 시티는 미국에서 가장 친절한 테마파크로 알려져 있을 뿐 아니라 미국에서 가장 깨끗한 공원으로도 손꼽힌다. 조엘이 어떻게 그런 명성을 얻게 되었는지를 알아보기 위해 나선 시간은 해도 뜨기 전인 새벽이었다.

그날 조엘의 현장 주임이 된 리처드는 아침 시간에 일이 무척 바쁠 것이라고 겁을 주었다. 실버 달러 시티에서 청소 업무를 12년간 해온 그는 가족과 좀 더 많은 시간을 보내기 위해 이른 시간에 근무를 하고 있었다.

리처드가 소방관과 같은 노련한 기술로 고압 호스를 조정하며 음식점 앞을 쓸어내리자 곧 보도가 말끔해졌다. 리처드는 신참 조엘에게 잔디에 물을 주는 사람을 골탕 먹일 때 하듯이 호스를 접어 재빨리 물줄기를 막고 발로 호스를 밟으라고 가르쳐주었다. 전혀 익숙하지 못한 상태에 호스를 건네받은 조엘은 보도를 청소하는 대신 리처드에게 물세례를 주고 말았다. 결국 일을 제 시간에 끝내기 위해 리처드가 호스를 다시 맡아야 했다.

구경꾼으로 물러나 처음으로 자신을 훈련시킨 직원에게 관심을 쏟을 수 있게 된 조엘은 리처드의 개인사에 대해 물었다. 그리고 두 사람이 입양한 자녀를 둔 공통점이 있다는 사실을 알아냈다. 리처드와 그의 아내는 세 아들을 두었지만 여자 아이를 키우고 싶었고, 그래서 입양을 선택했다. 입양 과정에서 그들은 입양을 생각한 여자 아이에게 자매가 있다는 것을 알게 되었다. 리처드 부부는 이 자매들을 갈라놓는 것이 옳지 않다고 결정하고 둘 모두를 입양했다. 리처드는 가족들이 힘든 시간을 보내고 있다고 털어놓았다. 홍수로 집을 잃었고 아직 재건 공사가 끝나지 않은 상태였다. HFE는 자연 재해로 인해 도움을 필요로 하는 직원들을 위한 자금 지원 프로그램을 가지고 있었다. 조엘은 몇 가지 질문을 슬쩍 던져보고 리처드가 지원 신청을 하지 않았다는 것을 알게 되었다.

리처드의 이야기는 조엘에게 고생하던 아버지의 기억을 떠올리게 했다. "리처드는 정말 대범한 사람입니다. 무척 열심히 일하는 사람이기도 하죠. 그는 재정적으로 큰 불운을 당했지만 불평하거나 세상을 원망하지 않습니다. 그저 해야 할 일을 묵묵히 해나가고 있죠." 조엘은 리처드가 회사에 재해 지원을 신청하지 않았다는 이야기를 듣고, 지원을 받아들이도록 리처드를 설득하기로 결심했다.

"재해 지원을 위한 자금이 마련되어 있습니다. 회사는 그것이 유용하게 사용되기를 원해요. 리처드가 자존심 강한 사람이라는 것은 저도 압니다. 하지만 신청을 하지 않는다면 그를 도울 수 없습니다. 신청을 하지 않는다면 누구에게도 도움을 줄 수가 없습니다."

네 번째 위장취업

유람선의 도박사
미주리 브랜슨 쇼보트 브랜슨 벨 식음료 서버

손님 앞에서 실수를 저지를지도 모른다는 조엘의 두려움은 다음 근무지에서 극에 달했다. 그는 쇼보트 브랜슨 벨에서 테이블 서빙을 맡아야 했다. 조엘은 쟁반에 담긴 음식을 고객 무릎 위에 엎지를지도 모른다는 공포에 사로잡혔다. 식당 바닥에 바나나 껍질이 없기를 기도했다.

쇼보트에서는 독특한 극장식당을 체험할 수 있다. 무대에서 공연이 펼쳐지는 동안 여러 코스로 이루어진 정찬이 서빙된다. 물론 보트는 움직이고 있다. 음식 서빙은 정확한 시간에 이루어져야 하기 때문에 승무원과 주방의 인력, 서빙 직원, 엔터테이너 사이의 정확한 조정이 필요하다. 사기 저하는 바로 실수로 이어져서 고객들에게 실망감을 연겨줄 수도 있다. 불황 때문에 이미 관객 수가 줄어들었기 때문에 서비스의 질이 떨어지는 일까지 있어서는 안 되는 상황이었다.

조엘은 주 식당에서 웨이터로 근무했고 그의 교육을 담당한 것은 제니퍼였다. 서른 살의 그녀는 '존(조엘의 위장취업 이름)'이 이전에 웨이터를 해본 경험이 없다는 이야기를 듣고 잠시 당황해했다. 하지만 쓰든 달든 그것을 따질 형편이 아니었다. 웨

이터 유니폼으로 갈아입은 조엘은 정확한 시간이 정해진 음식 서빙 안무를 망치지 않기 위해 최선을 다했다. 커다란 쟁반에는 9개의 접시가 담겨 있었다. 노련한 직원들은 그 쟁반을 한 손에 들고 극적인 입장 퍼레이드를 했지만 조엘은 균형을 잡고 어깨가 무너지지 않게 하기 위해서 두 손이 필요했다. 그는 힘든 노동과 두려움으로 곧 땀에 젖었다.

반면 제니퍼는 친절하면서도 효율적으로 일하고 있었다. 조엘도 일을 잘 해낼까 걱정할 필요가 없었다. 고객의 대부분을 차지하는 노부인들은 조엘의 세심한 응대에 감격해서 그의 형편없는 서빙 기술은 신경 쓰지 않았다. 조엘과 제니퍼가 첫 회를 마무리하면서 고객들과 이야기를 나눌 때 꽤 많은 노부인들이 '존'을 불러 수고비를 찔러넣어 주었다. "노부인들이 존을 좋아하는 것 같아요." 제니퍼가 웃으면서 털어놓았다.

갑판에서 쉬고 있던 제니퍼는 딸아이가 아프다는 보모의 전화를 받았다. 걱정이 된 조엘은 제니퍼의 가족에 대해 물었고 그녀가 열 살과 일곱 살배기 두 딸을 둔 싱글맘이라는 것을 알게 되었다. 제니

PRODUCERS'S NOTE

조엘은 촬영하는 동안 새로운 임무를 수행할 때마다 물리적인 기념품을 남기는 데 집착했다. 예를 들어 임무 때 입었던 유니폼 같은 것을 남기는 일 말이다. 조엘은 앨버트와 근무할 때 입었던 식민시대 풍의 의상에서부터 제니퍼와 일할 때 입었던 턱시도까지 모든 유니폼을 자신의 집 옷장에 걸어두었다. 그리고 위장 신분인 존 브릭스의 특징이 되는 청재킷에 강한 애착을 갖기 시작했다. 하지만 조엘이 옷을 보관하려는 것은 단순히 옷장에 재미있는 의상 몇 벌을 걸어두기 위해서가 아니다. 그는 카메라가 꺼진 후에도 〈언더커버 보스〉의 경험을 잊지 않고 싶었던 것이다. 촬영이 끝나고 프로그램이 방영되면, 조엘은 직원들과 같은 제복을 입건 양복에 넥타이를 매건 사람들이 자신을 알아보게 될 것이고 다시는 그와 같은 경험을 하지 못할 것임을 알고 있었다. 또한 조엘은 이전에 직원들과 맺었던 소중한 관계를 상기하고 자신이 얻었던 교훈들을 언제나 마음에 간직하기를 원했다.

퍼는 자신처럼, 9시에 출근해서 5시에 퇴근하는 직업을 갖지 못한 수많은 엄마들은 아이들을 돌보는 데 많은 어려움을 겪는다고 털어놓았다.

하지만 그녀가 더 답답해하는 것은, 때때로 관객 수가 줄어드는 날이면 임시직인 자신의 일자리는 너무도 쉽게 사라져버린다는 것이었다. 그런 날은 출근을 했더라도 급료를 받지 못하기 때문에, 나와 있는 동안 아이들을 돌본 보모에게 지불해야 할 돈을 어떻게 마련해야 할지 걱정이 되었다. "이 일은 마치 도박 같아요." 제니퍼가 걱정스럽게 말했다. "일하러 와서 무슨 일이 생길지 전혀 예측할 수 없으니까요."

조엘은 제니퍼가 겪고 있는 문제들까지는 생각해보지 못하고 있었다. "임시 직원들은 주로 자식이 없는 사람들일거라 생각하고 있었습니다. 그래서 자녀양육보다는 의료 문제에 초점을 두고 복지를 생각했죠." 조엘이 말했다. "하지만 우리 회사에 생각보다 훨씬 많은 편부와 편모들이 일하고 있다는 것을 알게 되었습니다. 그들에게 반드시 지원을 해주어야 합니다." 조엘은 자신의 의견을 이렇게 말했다. "편부모들에게 자녀양육에 관련된 문제보다 더 큰 문제가 어디 있겠습니까?"

다섯 번째 위장취업

감동적인 이야기
뉴저지 캠던 어드벤처 수족관 임시 고용인

위장취업 마지막 날, 조엘은 HFE가 새롭게 인수한 필라델피아 외곽의 어드벤처 수족관으로 갔다. 조엘은 이렇게 말했다. "이곳이나 이곳의 사람들에 대해서 알아볼 기회가 없었습니다. 작은 공간에 많은 아이들이 몰려드는 곳으로 대단히 집중적인 경험이 이루어진다고 들었습니다. 다행스럽게도 직원들이 잘 처리하고 있다고 하더군요. 그들이 어떻게 관리하고 있는지 배우고 싶습니다."

10대 초반의 아이들에게 둘러싸여 계단을 올라간 조엘은 더 많은 아이들이 재잘거리며 '터치 탱크(touch tank: 어린이들이 트레이너의 도움으로 여러 가지 바다 생물들을 만져보거나 집어볼 수 있는 커다란 개방형 수족관―옮긴이)'로 보이는 것 주변에 떼를 지어 몰려 있는 것을 발견했다.

　스물다섯 살의 메르세데스라는 활발한 직원이 조엘의 교육을 담당했다. 그녀는 조엘이 준비할 시간도 주지 않고 바로 일을 맡겼다. 그녀는 특유의 매력과 카리스마로 아이들(그리고 조엘)에게 탱크 안에 있는 여러 종의 수중 생물들에 대해 알려주었다.
　잠시 관객이 뜸한 틈을 타서 메르세데스는 조엘에게 그들이 함께 해야 할 다음 작업을 소개해주었다. 청소였다. 메르세데스는 손에 분무기와 헝겊을 들고 어린 손님들의 진로를 방해하지 않으면서, 어린이들이 손자국을 남긴 거대한 수족관 유리를 어떻게 하면 재빠르게 청소할 수 있는지 보여주었다. 그녀는 함박웃음을 지으며 "빨리, 빨리, 빨리!"라고 조엘을 격려했다. 단호하면서도 쾌활한 메르세데스는 그가 놓친 얼룩을 가리키고 힘을 좀 더 써보라고 재촉했다. 그러다 이렇게 물었다. "이런 청소 일은 한 번도 안 해본 거예요?" 당황한 조엘은 청소를 끝내자마자 다른 아이들이 와서 새 지문으로 유리를 뒤덮는다고 불평했다. 메르세데스는 이렇게 말했다. "변명은 안 통해요."

메르세데스의 헌신과 에너지에 감명을 받은 조엘은 그녀가 달리 맡은 일이 없는지 물었다. "회계와 재무 일도 하고 행사 주최도 하고, 어떤 일이든 조금씩은 다 해요." 메르세데스는 2년 동안 수족관에서 일했고 이 일자리를 얻기 전에는 아들과 노숙을 했다고 말했다. 당시 메르세데스의 아들은 겨우 돌이 지난 갓난아기였다. 메르세데스가 일자리를 구하지 못했기 때문에 모자는 탁아소 바닥에서 잠을 자야 했다. "여기서 일자리를 구한 후에는 어떤 일이든 '예스'라고 대답하고 이곳에서 제공하는 모든 기회를 받아들이고 있어요." 그녀는 웃으며 덧붙였다. "보수는 다음 문제죠."

조엘은 일과를 끝내고 수족관 밖에 앉아 있으면서도 메르세데스와 나눈 이야기를 잊지 못하고 있었다. "그녀가 어떤 일을 겪어 왔는지 듣고 그녀가 지금 가지고 있는 태도를 보자 숙연해졌습니다. 정말 놀라운 사람입니다. 저는 사랑이 가득한 가정을 가지고 있고 저희 부모님은 저에게 항상 큰 힘이 되어주셨습니다. 그런데 그녀는 이 모든 일을 혼자 겪어왔어요. 우리 회사에는 메르세데스나 리처드 같은 직원들을 돕는 프로그램이 있습니다. 그런데 그들은 신청을 하지 않았습니다. 직원들이 그 자금을 이용할 수 있도록 새로운 조치가 필요하다는 얘기죠. 쓰이지 않는 돈은 절약되는 것이 아닙니다. 누군가 필요한 사람을 도울 기회를 잃은 것이죠."

녹초가 된 조엘은 1주일 간의 위장취업 기간을 돌아보며 그 경험을 철학적으로 표현했다. "너무나 고통스러운 것을 보면 이런 생각이 들죠. '왜 이렇게밖에 될 수 없었을까?'" 목이 멘 그는 HFE가 가족과 같다던 앨버트의 말을 떠올렸다. "맞습니다. 허센드는 회사를 위해 일하는 모든 직원들을 우리의 가족이라고 생각합니다. 회사를 성장시키고 모든 직원의 고용을 보장하기 위해서는 수익이 중요합니다. 하지만 수익이 모든 결정의 중심이 되어서는 안 됩니다. 역사상 최악의 불황이라는 지금 이 시기를 큰 성장을 이루기에 적합한 때라고 생각할 수는 없습니다. 이런 상황에서는 결정을 내리기가 더 어렵습니다. 하지만 리더십이란 바로 이런 때 발휘되는 것입니다."

보스로 돌아오다

조엘은 본부로 돌아와 경영진과 회의를 가졌다. 조엘은 직원들이 직면한 중요한 문제를 가장 먼저 언급했다. "우리에게는 직원들을 위한 자금 지원 프로그램이 있습니다. 나와 일을 했던 직원들은 정말 도움이 필요한 상황인데도 자금 지원을 신청하지 않았습니다. 거의 전부가 말입니다." 경영진들은 놀라고 어리둥절한 표정이었다. 중역들은 직원들이 이용 가능한 제도에 대해서 모르고 있는 것이 의사소통의 문제냐고 물었다. 조엘은 정보의 부족이 아닌 자존심의 문제라고 설명했다. "아무도 재정 지원을 신청하고 싶어 하지 않아요." 그가 간단하게 말했다. "그 프로그램을 더욱 잘 알리고 더 많은 직원들이 신청하게 할 묘책을 마련해야 합니다."

다음으로 조엘은 두 번째로 중요한 발견에 대해 언급했다. "편부모들을 보다 잘 도울 수 있는 방안을 찾아야 합니다. 우리 회사의 노동자들 중 상당수가 편부모입니다. 우리는 그들이 시련을 잘 이겨낼 수 있도록 도와야 합니다." 조엘은 경영진에게 직원들이 이렇게 절박한 문제를 어떻게 해결하고 있는지 열린 마음으로 이해하고 살펴봐달라고 당부했다.

이렇게 중역들에게 전진 명령을 하달한 조엘은 지난 주 자신의 '보스'였던 사람들을 만나기 위해 회의실을 떠났다. 조엘과 함께 일했던 직원들은 아무런 이유도 듣지 못한 채 본부로 호출되었다.

하워드 선장은 오리배 훈련생이 사무실에 들어서는 것을 보는 순간 싱긋 웃으면서 '존'에게 따뜻한 인사를 건넸다. 그리고 훈련생의 신분을 알게 되자 깜작 놀랐다. "내 보스라고요?" 그는 믿을 수 없다는 듯 물었다. 조엘은 하워드가 오리배 투어에서 했던 것 같은 방식으로 자신을 변화시킬 수 있는 사람은 본 적이 없었다고 설명했다. "저는 아이들과 소통하려고 애를 썼지만 당신은 어떤 의미에서는 스스로가 아이가 된 것 같았습니다. 저는 '하워드 선장이 가진 마법 같은 힘을 다른 곳에 있는 오리배 투어에도 접목시킬 수 없을까? 하는 생각을 했습니다. 다른 도시로 가서 다른 선장들에게 당신이 어떻게 하는지 가르쳐주셨으면 좋겠습니다." "물론이죠." 하워드 선장이 조엘을 꼭 안으며 약속했다.

제니퍼는 CEO를 직접 만나게 되자 이전에 했던 이야기가 문제가 되는 것은 아닌지 걱정했다. 하지만 조엘의 상냥한 태도에 곧 마음을 놓게 되었다. 조엘은 그녀의 직업윤리에 감동을 받았다고 전하면서 제니퍼가 자신으로 하여금 편부모가 된다는 것이 어떤 일인지 눈 뜨게 해주었다고 말했다. 조엘은 회사가 보육을 포함한 재정적 지원을 확대해서 제니퍼가 그런 걱정을 덜어낼 수 있게 해줄 것이라고 말했다. 그녀는 미소를 지으며 말했다. "제가 가장 힘들어하던 문제였어요. 그 문제에 대해 크게 걱정하지 않아도 된다니 정말 꿈만 같아요."

조엘이 자신의 정체를 밝히자 리처드의 입은 말 그대로 딱 벌어졌다. 그가 고개를 저으며 한 말은 이것뿐이었다. "깜빡 속았군." 조엘은 리처드에게 그가 특별한 사람이며 그를 직원으로 둔 회사는 행운이라고 말하면서, 회사가 집을 고칠 수 있도록 재해 지원금 1만 달러를 배정할 것이고 조엘을 포함한 회사 직원들이 현장에 가서 빨리 집을 복구할 수 있도록 도울 것이라고 밝혔다. "이런 일이 일어날 것이라고는 꿈도 꾸지 못했어요." 놀란 리처드가 말했다. "정말이지 큰 위로가 될 겁니다."

메르세데스는 조엘이 사무실에 들어와 자신에게 유리 청소 기술을 가르쳤던 사람이 누구인지 이야기하자 당황해하면서 웃음을 터뜨렸다. 조엘은 메르세데스가 훌륭한 태도를 가진 대단한 일꾼이라고 생각한다고 말하면서 당장 급여를 인상시켜주겠다고 약속했다. 눈에 눈물이 맺힌 메르세데스가 믿기지 않는다는 표정으로 조엘의 말을 듣고 있었다. 조엘은 계속해서 노숙자 생활을 청산한 것을 기념해서 그녀의 아파트에 필요한 모든 살림을 마련해주겠다고 말했다. "당신이 우리 회사에서 오랫동안 함께 일했으면 좋겠어요." 조엘이 특히 강조해서 말했다. "누가 알겠어요. 언젠가는 당신이 내 집을 마련해서 이사를 하는 것을 보게 될지도 모르죠." 메르세데스는 간신히 이렇게 말했다. "기분이 너무 좋아요."

조엘의 자리에 오르겠다는 희망을 품고 있는 스물한 살의 에너지 넘치는 청년 앨버트는 조엘이 사무실에 들어서자 교육생을 단번에 알아보고 벌떡 일어나 악수를 청했다. 그러다 자신이 만나고 있는 사람이 어떤 사람인지 알게 되자 웃음을 터뜨렸다. 조엘은 앨버트에게 전임으로 일을 하면서 학교를 다니는 그의 모습에서 장학금 프로그램을 시작할 영감을 얻었고, 앨버트가 그 첫 번째 수혜자라고 밝혔다.

"이제 하루 종일 일하지 않고 학교에 다녀도 돼요." 조엘은 감정이 북받치기 시작한 앨버트에게 이렇게 설명했다. "학교를 다니는 동안 회사에서는 주당 40시간 근무에 해당하는 급여를 지불할 거예요." 그 소식에 그는 울음을 터뜨리고 말았다. 처음으로 그가 말을 잃은 순간이었다. "회사에서 원하는 조건은 학교에 가지 않는 방학 기간 동안 돌아와서 일을 해주는 것뿐입니다." 조엘이 이 말을 마치기도 전에 앨버트는 기꺼이 그렇게 하겠다고 대답했다. "부모님께 전화부터 드려야겠어요." 이렇게 말하는 앨버트의 눈에서는 또다시 눈물이 흘렀다. "부모님이 너무나 자랑스러워하실 거예요."

위장취업 동안 함께 일했던 모든 동료들과 이야기를 나눈 조엘은 회사 직원들 앞에서 연설을 했다. 그들에게 위장취업을 하며 보낸 1주일 간의 비디오를 보여주면서 자신의 어설픈 실수에 웃음을 짓던 조엘의 목소리가 일순간 진지해졌다. "우리는 뛰어난 고객 경험에 대해 늘 강조해왔습니다. 하지만 저는 직원 여러분들이 얼마나 훌륭한 분들인지 여러분의 일에, 서로에게, 또 회사에 대해 얼마나 큰 열정을 가지고 있는지 알지 못했습니다. 여러분들이 일선에서 하고 있는 일에 대한 존경과 감사의 마음을 다시금 되찾게 되었습니다. 여러분들이 정말 자랑스럽습니다."

조엘의 생각은 그가 회사에서 일하는 것에 대한 자부심으로 바뀌었다. "가히 기록적인 경제 불황의 와중에서 저는 우리 시설의 총지배인들, 우리 재무담당 최고책임자(CFO), 우리 이사회, 우리 회사의 소유주들에게 가서 우리 직원들에게 좀 더 많은 투자를 해달라고 요청했습니다. 그리고 사람들은 이 기회를 흥분과 기대로 받아들였습니다. 한 사람도 빠짐없이 말입니다. 돈보다 더 소중한 것을 위해 일하기를 원하는 사람들이 많이 있습니다. 그들은 사람과 환경과 공동체에 관심을 가지는 회사를 위해서, 대의를 위해서 일하기를 원합니다. 수익에 치중하고 주주들을 만족시켜야 하는 사업을 하지만, 운이 조금은 부족한 사람들을 도울 수 있는 자리에 있고 직원들을 돕는 일의 가치를 믿는 회사를 위해 일할 수 있는 저는 행운아입니다."

위장취업은 조엘에게 불황 속에서도 회사가 기독교적인 창립 이념을 고수해나갈 수 있다는 것을 확신하는 기회가 되었다. 또한 스스로에게 자신의 가치를 보여줄 수 있는 기회이자, 힘들었을 때 도와준 사람들과 조직에 보답할 수 있는 기회도 되어주었다. 과거에 받은 혜택을 미래로 되돌려줄 수 있는 기회를 얻은 것이다.

PRODUCER'S NOTE

1. 이 회의 촬영 스케줄 때문에 우리는 마지막 장면을 할로윈에서 촬영했다. 연설이나 일대일 인터뷰를 한 사람 중에는 아무도 할로윈 의상을 입은 사람이 없었지만 모두가 그날이 무슨 날인지 잘 알고 있었다. 특히나 밤에 과자를 받으러 다닐 생각에 큰 기대를 하고 있는 아이들을 둔 부모들은 말할 것도 없었다.
2. 애틀랜타에서 행사를 마무리한 뒤 사람들은 제작팀이 마련한 비행기에 오르기 위해 공항으로 향했다. 하지만 조엘은 더 멋진 계획을 가지고 있었다. 직원들을 일반 비행기에 태워 집에 보내고 싶지 않았던 조엘은 직원들을 모두 모아 자가용 비행기에 태웠다. 집에 제 시간에 돌려보내어 가족들과 할로윈을 즐기게 해주고 싶었기 때문이다.

위장취업이 끝나고

- 하워드 선장은 HFE가 새롭게 마련한 캡틴 프로그램(Captain Program)을 통해 그의 기술과 아이디어를 다른 도시의 동료들과 나누고 있다.
- 제니퍼는 현재 조엘이 그랬던 것처럼 고객들로부터 엄청난 관심을 받고 있다. 회사의 새로운 편부모 지원 프로그램 덕분에 그녀는 보육비용을 지원받고 있다. HFE의 프로그램은 수입이 지역 빈곤율 85퍼센트 이하에 해당하는 편부모를 대상으로 직원당 매달 300달러 한도에서 한 아이당 매달 100달러의 보육비 지원을

제공한다. 자격이 있는 약 250명의 직원 중에 약 50명만이 지원을 신청했기 때문에 조엘과 다른 중역들은 보다 많은 참여를 유도할 방안을 찾으려 노력하고 있다. 일반 가정에 프로그램을 확대 시행하는 것에 대해서도 논의가 이루어지고 있다.

- 메르세데스는 급여가 올랐고 지원받은 가구로 아파트를 그녀와 아들을 위한 보금자리로 꾸밀 수 있었다.
- HFE는 리처드에게 집수리 지원금을 전달했고 그 과정에서 집에 욕실을 하나 더 설치해주었다. 리처드의 집을 재건하는 일을 하는 동안 HFE는 1만 달러가 자연 재해 지원금으로 충분치 못하다는 것을 알게 되었다. 회사는 재해 지원금 한도를 갑절인 2만 달러로 상향 조정했다.
- 앨버트는 결혼을 했다. 앨버트 부부는 조지아 발도스타로 이주했고 그곳에서 앨버트는 대학을 다니며 여름방학이 되면 회사를 위해 일할 계획이다. 회사는 장학금 프로그램 조항을 수정했다. 한 사람의 수혜자에게 전액 장학금과 봉급을 지불하는 대신 3명의 수혜자에게 전액 장학금을 지급하기로 했다. 그렇지만 앨버트는 평균 3.0학점 이상을 유지하는 한 전액 장학금과 봉급을 계속해서 받게 될 예정이다.
- 조엘은 여전히 HFE의 CEO로 재직 중이다. 그의 위장취업 경험은 경제 불황의 여파로 흐려졌을지도 모를 그의 신념을 재확인하는 기회가 되었다. "제가 고수하는 단순한 사업 원칙이 하나 있습니다. 고객 경험은 절대 직원들의 열의보다 높아질 수 없다는 것입니다. 위장취업 경험은 제게 그 원칙을 다시 일깨워주었습니

다. 우리가 새롭게 만든 모든 프로그램은 큰돈을 벌어들이는 수단이 아닙니다. 하지만 그런 프로그램들은 이미 회사에 열심을 다해 헌신하고 있는 직원들이 사기가 떨어질 수도 있는 시기에도 보다 열의를 가질 수 있게 해주었습니다. 우리는 지역의 다른 어떤 테마파크 회사보다 좋은 성과를 내고 있습니다. 그리고 저는 우리가 원칙과 가치를 실천에 옮긴 것이 그러한 결과에 일조했다고 믿고 있습니다."

위장취업을 경험한 이후 이 조용한 CEO는 HFE의 원칙을 공유하는 일에 보다 공격적으로 나서고 있다. "전보다 말이 많아졌고 좀 더 거침이 없어졌습니다. 위장취업에 나서는 것은 분명히 겁나는 일입니다. 하지만 그것은 제가 내린 최고의 멋진 결정이었습니다. 사람들을 돕는다는 것은 정말 신나는 일입니다."

TROUBLES DOWN THE DRAIN

커뮤니케이션의 중요성

"직함이나 중역실이라는 올가미는 솔직한 커뮤니케이션을 완전히 차단하는 장애물입니다. 사무실에 틀어박혀 결정을 내리고, 그것을 회사 이메일로 전송하거나 회사 사보를 통해 발표하는 것은 아주 쉬운 일이죠."

릭 아킬라(Rick Arquilla)
로토루터(Roto-Rooter) 최고운영책임자

행크 덴맨(Hank Denman)
신입 직원

UNDERCOVER BOSS

보스는 어떻게 참여하게 됐나

우리는 직원들과 고객 사이에 직접적인 접촉이 있다는 사실 때문에 로토루터에 무척 큰 매력을 느끼고 있었다. 대부분의 회사들은 사람들을 매장으로 끌어들이지만 몇몇 전통적인 브랜드들은 여전히 고객의 가정으로 직접 직원을 보내고 있다. 출연 결정 인터뷰를 위해 릭을 만난 우리는 그의 성실하고 개방적인 태도를 보고 마음을 굳힐 수 있었다. 릭은 완벽한 위장을 위해서는 문자 그대로 팔을 걷어붙이고 손을 더럽혀야 한다는 사실을 알고 있었다. 그는 도전에 기꺼이 맞서기로 했다.

보스
릭 아킬라
로토루터 대표 겸 최고운영책임자

위장 신분
행크 덴맨
회사의 신입 직원. 회사의 창립 75주년을 기념하는 비디오를 촬영하고 있다.

로토루터는 어떤 회사인가

새뮤얼 블랑(Samuel Blanc)이 아들 밀턴이 살고 있는 아파트의 꽉 막힌 배수관에 무언가 조치를 취해야겠다고 결심한 것은 1920년대 후반의 일이었다. 땅 속에 묻힌 하수로를 뚫기 위해서는 마당을 파야 한다는 것에 불만을 느낀 새뮤얼과 아들 밀턴은 큰 공사를 하지 않고도 문제를 해결할 방법을 찾기 위해 고심했다. 그러다 식기 세척기의 모터와 롤러스케이트 바퀴, 강철 케이블을 조립해서 날카로운 회전 날로 땅을 파지 않고도 막힌 하수구나 파이프 안으로 자란 나무뿌리를 자를 수 있는 기계를 고안해냈다. 새뮤얼의 아내 레티는 그 발명품에 '로토루터'라는 이름을 붙였다.

이 기계는 날개 돋친 듯 팔렸다. 이 기계만으로 대공황의 와중에 쉽게 창업할 기회를 만들 수 있었다. 그로부터 75년이 흐른 뒤 '로터루터'는 신시내티에 본부를 두고 110개의 회사 소유 구역과 500개의 가맹주 소유 구역에서 영업을 하는 북아메리카 최대의 배관·하수구 청소서비스업체로 성장했다. 일본과 필리핀, 오스트레일리아, 영국, 인도네시아, 싱가포르에까지 체인점이 생겼다. 현재 이 회사는 7,000명이 넘는 직원을 거느리고, 연간 7억 달러가 넘는 매출을 올리고 있다. 여전히 하수구 청소를 주로 하고 있지만 로토루터의 기술자들은 변기 설치에서부터 물이 새는 수도 수리에 이르기까지 포괄적인 배관서비스를 제공한다. 또한 로토루터는 다수의 영업 지역에서 24시간 응급서비스를 제공하고 있다.

릭 아킬라에 관하여

누군가의 영웅적인 면모는 극기와 동일시되는 경우가 상당히 많다. 또 조용하고, 다른 사람과 거리를 두고, 감정적으로 냉철한 모습을 보이면 강한 사람으로 인식되곤 한다. 하지만 개방적인 마음을 가지고 상처나 비난에 자신을 그대로 드러내는 것이야말로 진정으로 큰 용기와 강한 품성이 필요한 일이다.

릭 아킬라는 스스로를 절대 영웅이라고 부르지 않는다. 그는 그렇게 성장하지 않았다. 릭은 오하이오 마운트 버넌의 작은 마을에서 자랐다. 이 마을의 아버지들은 대부분 농부나 공장 노동자로 일했다. 릭은 자신의 뿌리를 절대 잊지 않되, 그 뿌리를 뛰어넘는 사람이 되라는 격려를 받으며 자랐다. 릭의 부모는 항상 릭에게 대학에 진학해서 공장 노동자인 아버지의 전철을 따르지 않겠다는 약속을 하게 했다. 결국 릭은 가족들과의 약속을 지켜 오하이오 주립대학을 졸업했고, 이후 양복을 입고 일하는 이른바 화이트칼라 직종에 종사하게 되었다.

릭은 밑바닥부터 시작해 열심히 경력을 쌓았다. 그 덕에 켐론(Chemlawn: 1967년에 설립된 잔디 관리 전문회사—옮긴이)에 입사한 후 승승장구했다. 그리고 그 회사의 부사장 자리에 올랐다. 끊임없이 경력을 쌓은 그는 1999년 마침내 로터루터의 대표 겸 COO가 되었다. 그는 이 모든 결실이 노력과 결단의 결과였다고 말한다. "얼마 전에 한 젊은이가 제게 와서 성공의 비결이 뭐냐고 묻더군요. 그가 원하는 대답은 어떤 원칙이나 방식이라는 걸 알았지만, 매일매일 열심히 일하고 또 기회가 왔을 때 최선을 다해 그 기회를 이용하라는 말밖에는 해줄 말이 없었어요."

기회를 잘 이용한 것은 릭뿐만이 아니었다. 로토루터도 그 덕을 톡톡히 보았다. 릭의 지휘하에 로토루터는 회사의 전문 영역을 전통적인 하수구 청소에서 주거와 상업 환경과 관련된 전면적인 서비스에까지 확장했고, 그 과정에서 세계적인 브랜드로 성장하게 되었다. "제가 가장 불만인 것은 많은 사람들이 로토루터가 하수구 청소 외에도 많은 일을 한다는 것을 모른다는 점입니다. 회사 이름과 본래의 서비스가 너무나 잘 알려져 있어서, 사람들이 우리가 하수구 청소만 하는 회사가 아니라는 것을 모르는 것이죠."

릭은 자신의 아내나 세 딸에 대해 말하건 로토루터의 운영 목표에 대해 말하건 자신의 마음을 숨김없이 내보였다. "아버지는 공장에서 일하는 것을 싫어했어요. 술을 마시기 시작했고 다시는 끊지 못했죠. 우리 가족에게 큰 상처가 되었습니다. 그러던 어느 날 공장이 문을 닫았고 아버지와 같은 사람들은 다른 비슷한 일감을 찾을 기회도 없이 내쳐졌어요. 제 목표 중 하나는 로토루터의 직원들이 절대 우리 아버지가 그랬듯이 무시당하거나 부당한 대우를 받고 있다고 느끼지 않도록 하는 것이에요." 릭은 이것이 보장되어야 사람들이 기쁜 마음으로 일하러 오고 일에 대해 자부심을 가지며, 회사를 위해서가 아니라 자신을 위해서 일을 잘 해내는 분위기를 만들 수 있다고 믿고 있다. "사람들이 기꺼이 직장에 와서 하루 종일 일하고 싶은 분위기를 만들지 못한다면 그것은 우리가 옳게 운영 하지 못한다는 증거입니다."

이 목표 때문에 릭은 항상 가까이 하기 쉽고 다가가기 쉬운 사람이 되기 위해 노력하고 있다. 하지만 그것이 쉽지 않은 일이라는 것을 그는 잘 알고 있다. "직함이나 중역실이라는 올가미는 솔직한 커뮤니케이션을 완전히 차단하는 장애물입니다. 사무실에 틀어박혀 결정을 내리고 그것을 회사 이메일로 전송하거나 회사 사보를 통해 발표하는 것은 아주 쉬운 일이죠. 그보다는 잠시 숨을 돌리고 그 결정이 모두에게 어떤 영향을 줄지 알아봐야 합니다."

위장취업의 경험은 릭의 사고방식에 상당한 영향을 주었다. 회사의 시스템이 현장에서 실제로 어떻게 이행되는지 볼 수 있는 기회를 제공했기 때문이다. 하지만 그보다 더 중요한 것은 그 경험이 일시적이긴 했지만 장벽을 걷어내고 솔직한 커뮤니케이션을 가질 수 있는 기회가 되었다는 것이다. 또한 직원들이 가진 문제와 감정에 대해 실제적인 감각을 얻는 기회가 되어주었다. "정말로 당신이 어떤 사람인지, 당신의 회사가 어떤 회사인지 알리면 힘든 시기보다 더 좋은 때가 없죠." 릭은 바로 이런 진정한 모습을 보게 되었다. 하지만 그 방식은 그가 전혀 예상치 못했던 것이었다.

릭은 한 지점에서 가능한 많은 배관 업무를 해보기로 결정했다. 그래야만 그가 폐를 끼치는 매니저의 숫자를 최소화할 수 있었기 때문이다. 세 가지 임무를 수행할 곳으로 그가 선택한 지역은 뉴올리언스였다. 허리케인 카트리나의 악몽에서 아직 헤어나오지 못한 지역을 맡고 있는데도 불구하고, 사업의 성장세가 가장 빠른 곳이기 때문이었다. 모텔에 투숙할 때까지 계획을 비밀에 붙였던 릭은 생산관리를 담당하는 그렉에게 전화를 걸었다. 릭은 무슨 일인지 불안해하며 달려온 그랙을 안심시켰고 공모자가 된 두 사람은 아무도 없는 모텔 앞마당에서 비밀리에 '행크 덴만(릭의 위장취업 이름)'에게 맡길 1주일치 임무를 구상했다. 그리 대단하게 시작되지 않았는데도 작업은 점점 엉망이 되어가기만 했다.

> 첫 번째 위장취업

막힌 파이프와의 씨름
루이지애나 뉴올리언스 배관공

첫 야구 연습에 나온 아이처럼 잔뜩 기대에 부푼 릭은 로토루터 유니폼에 뿔테안경까지 쓰고 클라크 켄트(Clark Kent : 영화 '슈퍼맨'의 극중 이름 - 옮긴이) 스타일로 나타났다. 그는 쉰두 살의 현장 주임 데럴과 주택 배관 문제를 처리하게 될 예정이었다. 뉴올리언스에서 태어나고 자란 데럴은 매일 새로운 사람을 만날 기회가 되기 때문에 이 일을 좋아한다고 설명했다.

처음 맡은 일은 물이 빠지지 않는 욕조를 손보는 일이었다. 릭은 물이 빠지지 않고 차 있는 욕조에 들어가 데럴의 지시에 따라 배수 레버를 당겼다. 그리 유쾌하지 않은 데다 더디게 진행되는 일이었다. 데럴은 욕조는 시간을 많이 잡아먹는 일이라고 일러주었다. 도대체 무엇이 배수관을 막고 있는지는 아무도 모를 일이었다. 릭은 우선 공기 펌프를 이용해서 하수구를 뚫어보려 했지만 그 시도는 데럴과 자기 얼굴에 더러운 물만 끼얹고 실패로 돌아가고 말았다. 다음으로 릭은 긴 갈고리를 이용해보았다. 그것마저 실패로 돌아가자 릭은 구역질이 나는 것을 참고 손가락을 집어넣어야 했다. 마침내 하수관에 들어가 있는 낡은 수건을 끄집어 낼 수 있었다. 수건의 모습으로 판단할 때 상당 기간 동안 거기에 들어가 있었던 모양이었다.

늦은 오후에 출동 요청을 받고 달려가는 동안 데럴은 '보스'로부터 전화를 받았다. 아내의 전화였다. 그는 수줍어하며 아내가 자주 자신에게 확인전화를 한다고 털어놓았다. 지난 봄에 가슴에 통증을 느껴 병원을 찾았다가 관상동맥이 막힌 것을 발견했기 때문이다. 혈전을 제거하는 시술은 간단했지만 회복에는 4개월이나 걸렸다. 데럴은 치료를 위해 장애수당을 신청했지만 거절당했고, 어쩔 수 없이 자신이 모아둔 돈으로 병원비를 내야 했다. 릭은 말도 안 되는 일이라고 생각했다. "그에게는 건강보험도 있고 회사에서 복리후생 차원의 지원을 받을 수도 있어요. 그러니 저는 데럴의 상황이 이해가 되지 않죠. 기억해두었다가 모텔로 돌아가면 사무실에 연락을 해서 이 상황에 대해 이야기를 해야겠어요."

이제 그만 퇴근하자는 릭의 간곡한 부탁에도 불구하고 데럴과 릭은 저녁 8시까지 일을 계속하고 있었다. 추운 밤공기 속에서 데럴은 릭에게 환기통을 통해 화장실 하수구를 뚫는 방법을 보여주었다. 몇

PRODUCERS'S NOTE

릭이 로토루터의 푸른색 유니폼을 처음 입은 순간, 릭에게는 머리로 하는 일보다는 손으로 하는 일이 더 잘 어울린다는 것이 분명하게 드러났다. 하지만 위장취업을 하는 동안 릭은 머리를 써서 일을 해내려고 시도한 적이 있었다. 데럴과 출장을 나간 릭은 막힌 하수구를 뚫기 위해 고객의 변기를 떼어내야 했다. 데럴은 자신이 트럭에서 장비를 가져오는 사이에 릭에게 무거운 변기를 바닥에서 들어내라고 지시했다.

데럴이 나가 있는 내내 릭은 공구함에 손도 대지 않았다. 릭은 나사가 저절로 풀리기라도 하는 듯이 변기를 바라보고만 있었다. 장비를 가져온 데럴은 릭의 염력 시도를 보고도 전혀 놀라지 않았다. 데럴이 할 수 있는 충고는 당연한 사실을 말해주는 것뿐이었다. "어이, 행크. 변기는 혼자서 움직이지 않아!"

분 동안 애를 쓴 끝에 배기관에서 유황 냄새가 흘러나왔다. 하수관이 뚫렸다는 신호였다. "냄새가 나?" 데럴이 물었다. "이게 바로 돈 냄새라고."

릭은 배관과 하수구 청소 작업에 걸리는 시간 예측이 부정확한 데 충격을 받았다. "우리 시스템에서는 막힌 욕조를 뚫는 일이 쉽고 간단할 것이라고 추측했지만, 예상보다 복잡하고 시간도 많이 걸렸습니다. 반면에 지붕 배기통에서 하수관을 뚫는 일의 경우 시스템에서는 힘들고 시간이 오래 걸릴 것이라고 예측했지만 일이 간단했고 시간도 얼마 걸리지 않았습니다. 여러 작업 모델들에 대해 재고가 필요합니다. 배관공들이 오랫동안 제게 해왔던 말이 무슨 뜻인지 이제야 알겠네요. 어떤 일이나 각기 다른 문제와 어려운 점이 있다고,

똑같은 일은 하나도 없다고 이야기를 했거든요."

두 번째 위장취업

나를 붉게 물들여줘
일리노이 시카고 콜센터 배치담당자

다음 날 릭은 콜센터에서 배치담당자로 일하기 위해 시카고로 향했다. 그는 이 배치 시스템의 개발에 직접 참여했었기 때문에 이 일에 많은 관심을 가지고 있었다. 그는 자신이 만든 시스템을 시운전하게 될 예정이었다.

콜센터의 매니저는 릭을 캔더스와 함께 일하도록 했다. 캔더스는 스타일리시한 외모의 젊은 여성으로 친절한 매너를 보이기는 했지만 신입 직원을 교육해야 하는 데 대한 성가신 기분은 감추지 못했다. 릭은 캔더스가 기술자의 상태에 따라 아이콘의 색상이 변하는 배치 시스템의 기능을 설명하는 동안 필기에 집착했다. 마침내 릭은 그녀를 따라가지 못하는 것이 색맹이기 때문이라고 고백했다. 그는 이후에 색맹인 사람이 색상으로 구분되는 배치 모델을 개발했다는 것이 아이러니하다고 인정하면서 이렇게 설명했다. "제가 직접 하게 될 줄은 몰랐죠."

캔더스는 릭의 좌절감을 더 이상 증폭시키지 않기 위해서 잠시 휴식시간을 가졌다. 잠깐 이야기를 나누면서 캔더스는 자신이 세 살짜리 자폐아를 둔 싱글맘이라고 밝혔다. 그녀가 보육비를 부담할 여력이 없기 때문에 아들은 부모님이 돌보고 있었다. 리키는 그렇게 여러 가지 일을 잘 조절하는 그녀의 능력에 놀라고 말았다. 하지만 캔더스에게는 상황을 균형 잡힌 시각에서 보는 것일 뿐이었다. "융자금을 갚고 보육비를 낼 수 있다면 좋아질 거예요." 그녀가 설명했다. "매일 이런 일을 겪는 사람들이 수두룩해요. 그래서 저는 불평은 하지 않아요."

사무실로 돌아온 릭은 직접 배치 업무를 처리해보고 싶어 했다. 하지만 캔더스는 그가 아직 준비가 되지 않았다고 생각했다. 그래서 릭이 고객과 상담을 하는 동안 캔더스가 그것을 듣고 정보를 입력하기로 타협을 보았다. 하지만 릭의 고객 응대 솜씨는 캔더스의 마음에 들 만큼 친절하지 못했다. 그녀는 릭이 고객의 말을 듣기보다는 고객에게 이야기를 하려고 한다고 지적했다. "그렇게 하면 고객들은 자신들이 무능하고 쓸모없는 존재라는 느낌을 받아요. 저는 고객들을 사랑해요. 그리고 그 사랑을 고객들에게 전달하려면 열의와 이해심이 필요해요."

릭은 이렇게 말했다. "배치담당자에게는 미묘한 한계선이 있습니다. 가능한 빨리 고객의 계약을 따내야 하지만 또 고객들이 회사와 그 과정에 대해서 좋은 인상을 받도록 해야 하죠." 캔더스의 인내심과 강한 모성에 감탄한 릭은 캔더스와 자신의 스타일이 크게 다르다는 것을 인정했다. "저는 영업 쪽에 치우쳐 있다면 캔더스는 고객서비스에 치우쳐 있는 것이죠. 캔더스는 고객들을 위로하려고 하지만 저는 계약을 하고 다음으로 넘어가려고만 해요."

릭은 쉽게 적응할 수 있으리라고 생각했던 배치 업무가 정말로 전문적인 일이라는 것을 느꼈다고 인정했다. "제게는 현실 점검의 기회였어요. 우리는 고객들이 로토루터 브랜드에 충성해주기를 바랍니다. 그렇게 하려면 저는 고객서비스에 대한 사고방식을 확실히 정립할 필요가 있겠어요. 훨씬 더 따뜻하고 부드러워져야겠어요."

세 번째 위장취업

과거를 말끔히 지워요
루이지애나 뉴올리언스 하수구 정비

릭의 다음 위장취업에는 따뜻함이나 부드러움이 필요치 않았다. 막힌 하수구를 뚫는 일이었으니 말이다. 뉴올리언스 지점은 하수구 정비에 고압 워터제트(water-jet) 트럭을 시범적으로 이용하고 있었다. 릭은 이 서비스가 다른 시장을 열어주기를 기대하고 있었다.

여행과 위장취업에서 오는 긴장 등으로 릭은 지치기 시작했다. 하지만 교육을 담당한 스물세 살의 크리스를 만나자 기운이 솟았다. 그는 루이지애나 특유의 느린 말투로 일과가 끝날 즈음에는 손이 깨끗하지 못할 거라고 장담을 했다. 첫 번째 전화를 받고 출동하는 길에 크리스는 릭이 경험하게 될 일에 대해 이렇게 설명해주었다. "사람들이 하수구에 넣어서는 안 되는 것들을 버리곤 해요. 예전에는 제가 오트밀을 아주 좋아했거든요. 그런데 이제는 오트밀을 먹지 않아요. 오트밀을 보면 하수 오물이 생각나거든요."

그 비유는 좀처럼 릭의 머리에서 떨쳐지지 않았다. 릭은 현장에 도착해 '오트밀'과 공기 중에 떠도는 불결한 냄새를 찾아 주차장 뒤쪽으로 갔다. 크리스가 하수 시스템의 뚜껑을 열자 오물들이 쏟아져

나왔다. 릭은 하수관 앞에 쭈그리고 앉아 관을 막고 있는 방해물에 닿을 때까지 호스 주둥이를 파이프에 집어넣어야 했다. 크리스는 고압의 물을 틀어 하수관을 곧 말끔하게 뚫었고 릭은 호스로 주차장에 남아 있는 오물을 치워서 다시 이제는 뚫린 하수관으로 내려보내야 했다. '행크'가 성과에 따라 회사에 남게 될지도 모른다고 생각한 크리스는 이런 농담을 던졌다. "혹시 알아요? 언젠가는 행크가 제 보스가 될지도…."

일을 마치자 크리스와 릭은 삶을 변화시키고 새로운 기술을 익히는 것이 얼마나 어려운 일인가에 대해 이야기를 나누었다. 크리스는 변화를 받아들였고 이제는 배우고 싶은 것도 배울 수 있는 것도 많다는 것이 무척이나 뿌듯하다고 말했다. 크리스는 6년에 걸친 알코올 중독과 약물 중독에서 회복되었다고 털어놓았다. "문제가 있다는 걸 깨닫고 재활원을 거쳐서 완전히 다른 사람이 되었어요. 완전히 6년 반이 더 흐르면 이 경험을 많은 사람들과 나눌 수 있게 되겠죠. 이제는 숨길 것이 하나도 없어요. 6년 반 전에는 숨겨야 할 것이 너무나 많았는데 말이죠."

젊은이의 이야기를 들은 릭은 알코올 중독을 이겨낸 크리스가 더할 수 없이 존경스럽게 느껴졌다. 그것은 다른 어떤 사람보다도 절실한 감정이었다. 크리스의 솔직한 고백과 정신적 육체적 피로가 더해져서 이 최고운영책임자는 무너지고 말았다.

"어린 시절부터 제가 생각하지 못하고 있었던 일들이 머릿속을 스쳐지나가기 시작했어요." 릭은 눈물을 흘리며 말했다. "제 아버지는 알코올 중독이셨어요. 가족들에게 큰 아픔을 주었죠. 불행히도 아버지는 그 문제에 대해서 화해도 하지 못하고 돌아가셨어요. 좋은 것이건 나쁜 것이건 감정을 털어놓았어야 했는데 우리는 그걸 하지 못했던 거죠. 아버지는 저를 자랑스러워하셨고 무척 사랑하셨어요. 분명히 알 수 있는 일이었죠. 하지만 아버지에 대한 사랑을 입 밖에 내지 못했어요. 아버지도 마찬가지셨죠."

가족을 사랑하는 정이 많은 사람이고 거만을 떨지 않는 매력적인 보스인 릭은 아버지의 완고함과 알코올 중독이라는 문제를 극복하고 살아왔다고 생각했지만 그 상처는 여전히 망령이 되어 그를 괴롭히고 있었다. "제가 단순한 것인지 순진한 것인지 모르겠지만 위장취업을 하는 동안 고생스러워도 현장 근로자들과 회사에 대해 많은 것을 배울 것이라고만 생각했었어요. 제 자신에 대해서 이렇게 많이 알게 될 것이라고는 짐작도 하지 못했죠."

네 번째 위장취업

기댈 수 있는 사람
루이지애나 뉴올리언스 응급 출동 배관공

릭은 헨리와 일을 해보지 않고서는 뉴올리언스를 떠나지 않겠다고 말했었다. 가장 어려운 임무는 그에게 맡겨지는 것이 보통이었다. 단정하게 다듬은 콧수염에 군인 같은 태도를 가진 헨리는 해수면보다 아래에 있는 아주 오래된 주택들로 가득한 도시의 배관공이 직면하게 되는 독특한 문제들을 수없이 경험한 노련한 기술자였다. 그 결과 헨리는 그 지역의 다른 기술자들이 자문을 구하는 전문가가 되었다. 정중하지만 간단한 인사를 나눈 후, 모든 사람이 의지하는 헨리는 릭에게 고객이 기다리고 있기 때문에 바로 일에 착수해야 한다고 알려주었다.

출동 요청을 받은 곳에 도착한 헨리와 릭은 집 아래에 있는 하수도가 막혔다고 말하는 노부인을 만났다. 헨리는 릭에게 손전등을 건네주고 집 아래쪽으로 보내 하수도 파이프를 살펴보게 했다. 릭은 보병이 포복을 하듯이 천천히 움직여서 건물 아래쪽으로 들어갔다. 쥐가 있다는 헨리의 말 때문에 그것까지 신경을 써야 했다. "여기서 쥐를 보면 어린 계집아이처럼 소리를 지를 거예요." 릭이 미리 경고를 했다.

릭은 하수도 뚜껑을 발견했고 헨리는 카메라가 장착된 케이블 시스템을 이용해서 문제를 찾을 수 있었다. 헨리는 집주인에게 1,200달러가 드는 큰 공사가 될 것이라고 말해주었다. 울상이 된 노부인은 약값 때문에 공사를 할 수 없다고 하소연을 했다. 헨리는 혼잣말처럼 릭에게 경제적인 부담을 느끼는 좋은 사람들을 만날 때마다 도울 수 있는 일이라면 무엇이든 해주고 싶은 마음이 든다고 말했다. 헨리는 다시 집주인에게 돌아가서 500달러라면 공사를 할 수 있겠느냐고 물었다. 그녀가 할 수 있다고 대답하자 헨리는 다음 날 사람을 보내겠다고 약속했다.

"우리 회사는 기술자들에게 필요한 만큼 가격을 정할 수 있게 재량권을 줍니다. 융통성 없는 규칙이 적용되지 않도록 말입니다. 하지만 그렇게 큰 폭의 할인을 해주는 것을 보고 깜짝 놀랐습니다." 릭이 인정했다. "그 후 헨리  가 수수료를 받고 일한다는 것이 생각났습니다. 그는 자기 주머니에서 돈을 꺼낸 겁니다. 그는 노인의 집을 고쳐준 데 더해 그의 마음뿐 아니라 물질적인 도움까지 건네주었습니다."

힘든 업무에 헨리의 조언을 구하는 다른 배관공들의 전화 세례를 받으며 하루를 보낸 릭은, 헨리가 아들의 농구팀을 훈련시키는 것을 구경하러 갔다. 그는 1주일에 나흘은 농구팀을 훈련시키는 데 할애한다고 했다. 로토루터 밴을 체육관에 세운 헨리와 릭은 헨리의 아내 팻을 만났다. 그녀는 소형 트럭으로 몇몇 아이들을 체육관으로 데리고 다녔다. 아이들이 연습에 나와서 거리를 배회하지 않도록 하기 위해서였다.

가족들과 있는 헨리를 보자 그렇지 않아도 마음이 약한 릭은 외로움을 느끼지 않을 수 없었다. 그날 저녁 아내와 통화를 하면서 릭은 헨리와 함께 일을 하고 그가 아들의 농구 코치를 하는 것을 구경한 이야기며 아직도 낫지 않은 상처를 건드린 크리스와의 대화 후에 느낀 모든 감정들을 들려주었다. "관계를 잘못 맺고 살아왔다는 생각이 들었어요. 아버지와도 그렇고 어머니나 누이들과도 말입니다. 우리는 그 집에서 생존하는 길이 감정의 동요를 안으로 담아두는 것이라고 생각했죠. 제 누나는 지금 몸이 아파요. 우리가 서로 사랑한다는 말을 나눈 것은 2주 전이 처음이었어요. 저는 아버지가 하신 모든 일이 마음에 들지 않지만, 그를 사랑하고 그 문제에서 벗어나는 것이 최선이라는 것을 알게 되었어요." 그렇지만 그 길에는 또 한 번의 정거장이 남아 있었다.

다섯 번째 위장취업

타오르는 불꽃
아이오와 디모인 로토루터 제조 공장 용접공

릭의 위장취업 마지막 임무는 1935년 처음으로 로토루터가 시작되었던 디모인 공장이었다. 이 공장은 회사의 기술자들이 배수관을 뚫기 위해 사용하는 기계류를 제조하고 있다. 이곳을 방문하는 것은 로토루터의 대표이자 COO로서의 귀향이기도 했지만 공장 노동자였던 아버지에 대해 많이 생각했던 인간 릭 아킬라로서의 귀향이기도 했다.

그날 릭의 교육을 담당한 사람은 늘 웃는 얼굴에 땅딸한 몸집을 가진 공장 근로자 댄이었다. 그는 릭의 용접 구역에서 폭포처럼 떨어지는 불꽃 때문에 그냥 지나칠 수가 없었다. 방호복에 미국 국기 디자인의 두건과 용접 마스크를 쓴 릭은 용접을 시도해보았다. 처음부터 문제가 생겼다. 용접 마스크를 쓰고는 밖이 잘 보이지 않았던 것이다. "안경을 쓰고도 해보았고 안경을 벗고도 해보았어요. 가까이에서도 해보고 멀리에서도 해보고 말이죠. 색맹인 것도 영향이 있었죠."

역시 용접 마스크 밑으로 안경을 끼지 못하는 댄의 끈기 있는 지도에도 릭은 좀처럼 나아지지 않았다. 릭이 작업하던 도중 불꽃이 신발에 들어가는 일까지 생기자 두 사람은 휴식이 필요하다는 데 의견 일치를 보았다. "휴식시간을 보내는 법은 교육이 필요 없어요." 릭이 웃으며 말했다. "제대로 하는 것은 그것뿐이거든요." 겉으로는 우스갯소리를 했지만 릭은 자신에게 화가 나 있었다. "용접이야말로 그간의 배수관과 하수구 청소의 실수를 만회할 기회라고 생각했거든요. 홈런을 칠 거라고 생각했죠. 그런데 실제로 해보니 제가 접해본 어떤 일보다 힘든 것 같아요. 좀 더 겸손해져야겠어요."

커피를 마시면서 겸손해져야겠다고 마음을 다지던 릭은 댄과 함께 댄의 머슬카 취미에 대해 이야기를 나누었다. 그와 많은 다른 직원들이 여가시간에 모여서 머슬카 조립을 한다고 했다. 대화는 이 회사에서 13년을 보낸 댄이 보기에, 공장이 지금 가장 심한 불황에 시달리고 있는 것 같다는 진지한 이야기로 넘어갔다. 인근의 다른 공장들이 너무나 많이 폐업을 한 까닭에 직원들이 매우 불안해하고 있다는 말도 들었다.

"많은 직원들이 회사가 공장을 폐쇄하거나 혹은 외국으로 공장을 옮기고 그곳에서 기계를 제조하게 될까봐 걱정하죠. 은퇴가 가까운 사람들도 있는데 걱정들이 커요." 그 이야기를 듣고 있는 릭의 얼굴에는 근심의 빛이 가득했다. 댄이 작업장으로 돌아가자고 말하자 릭은 이미 댄을 너무 방해했다고 핑계를 대며 작업에서 빠져나왔다.

하지만 릭이 물러난 것은 댄의 작업 속도를 걱정해서도 아니었고 실수로 데인 발 때문도 아니었다. 감정을 추스를 시간이 필요했던 것이다. 릭은 아버지가 그랬던 것처럼 직원들이 무시를 당하거나 부당한 대우를 받고 있다고 느끼지 않고 있기를 기대하며 위장취업을 시작했다. "아버지가 여기에서 일하고 계시다면 일하기 좋은 곳이라고 말씀해주실까요? 아마 아닐 것 같네요."

릭은 눈물을 흘리며 공장 작업장에서 보낸 짧은 시간을 비롯해서 현장 근로자들과 함께 1주일을 보낸 후의 감회를 이야기했다. "이런 일을 하는 사람들은 매일 아침 일찍 일어나 이렇게들 열심히 일합니다. 그들이 해야 할 일이라는 이유로 말입니다. 그것이 그들의 일이죠. 저는 현장에 나가 죽도록 열심히 일을 하는 직원들에게 관심을 가지게 되었습니다. 그들에게 매일 일터에 나가는 것이 괴로운 일이 된다면 그건 제 잘못입니다." 그가 강조했다. 감정에 겨워 그의 목소리가 잠기고 있었다. "우리는 회사를 운영해야 하고 돈을 벌어야 합니다. 좋은 성과를 거두고 인정을 받아야 다음 해에도 일을 할 수가 있습니다. 하지만 언젠가 제가 누워 있는 관 옆에 선 사람들은 무슨 얘기를 할까요? '여기 릭이 누워 있습니다. 로토루터를 위해 돈은 많이 벌어주었죠.' 또 다른 게 있을까요? 그것 말고는 이야기할 것이 없다면 저는 실제로는 이 회사를 망하게 만들고 있었던 겁니다. 저는 그보다 더 많은 일을 해야 하고 그렇게 할 수 있습니다."

PRODUCERS'S NOTE

댄을 만나 생산 공장 직원들의 사기가 형편없는 수준이라는 것을 알게 된 릭은, 마지막 행사에서 신분을 드러내고 회사 내에서 변화를 일으킬 때까지 기다릴 수가 없었다. 휴식시간 후에 댄의 용접 작업장으로 돌아가지 않기로 한 릭은 자기 연민에 젖어 부루퉁해 있거나 하지 않았다. 그는 스스로를 해고하고 바로 현장 매니저의 사무실로 향했다. 매니저는 창립 75주년 기념 다큐멘터리를 찍는다던 신참 직원이 공장의 상황에 대해서 할 말이 왜 그렇게 많은지 알 수 없어 당황했다. 하지만 릭이 가짜 신분을 버리고 자신의 정체를 밝힌 뒤 이 상황에 대해서 그가 무슨 일을 하고 싶은지 이야기하자 매니저의 모든 의심도 사라졌다.

릭은 잘못을 지적하거나 책임을 묻는 대신 이 문제를 책임지고 해결하겠다고 선언하고, 바로 매니저와 마주 앉아 현장의 작업 분위기를 개선할 방안을 연구하기 시작했다.

보스로 돌아오다

긴 여행 때문에 릭은 지난 한 주 간의 위장취업으로 고갈된 신체와 정신을 회복할 시간을 거의 갖지 못했다. 릭은 완전히 녹초가 되어 있었는데도 곧바로 위장취업 기간 동안 알게 될 일들을 처리하는 데 착수했다. 그는 자신의 경험을 경영진에게 알리고, 건강 상담이나 재무 계획 서비스와 같은 그가 개발한 몇 가지 아이디어에 대한 논의를 시작했다. 그 후 위장취업 동안 릭의 보스였던 이들을 본부로 불러 자신의 진짜 정체를 밝히는 깜짝 쇼를 벌일 시간이 되었다. 릭이 뉴올리언스에서의 첫 보스였던 데럴에게 '행크'가 아니라고 밝히자 데럴은 농담 삼아 그럼 행크의 형이냐고 물었다. 릭은 데럴이 종합 보험에 들어 있는 직원인데도 저금해 둔 돈으로 의료비용을 지불했다는 것을 듣고 무척이나 걱정을 했었다. 본부에 돌아온 릭은 데럴의 장애 보험금 청구에 대해 조사를 지시했고 본부에서는 서류상의 실수가 있었다는 것을 밝혀냈다. 데럴이 불필요하게 사용한 돈을 보험 회사가 모두 돌려주게 된 것이다. 릭은 회사가 데럴이 오랫동안 현장 근무를 계속하며 새로운 사람들을 만나 그들을 충성도 높은 고객으로 만들어주길 바란다고 강조했다. 그러기 위해서 회사는 그의 집에 운동 기구를 갖추어주고, 영양사를 보내주고, 인근 건강 식품 매장에 그를 위한 계정을 만들어 식대를 부담하기로 했다. "그가 단지 회사의 대표여서 그런 호의를 베푼 것은 아닌 것 같네요." 이후 데럴이 말했다. "릭은 개인적으로도 직원들의 건강에 큰 관심을 가지고 있어요."

댄은 릭이 들어서자 어설픈 용접 교육생을 단번에 알아보고 함박웃음을 지었다. 릭은 진짜 신분은 밝힌 뒤 댄의 직업윤리에 감탄했다는 말을 전했다. 댄은 자신의 일이 좋아서라고 다시 한 번 말했다. 하지만 "언제가 주차장에 들어왔다가 '폐쇄'라고 쓰인 푯말을 발견하게 될까봐 두렵다."고 고백했다. 릭은 댄에게 공장에 있는 모든 사람에게 가서 로터루터는 제조 분야를 해외로 이전하지 않을 것이고 디모인에 계속 자리 잡고 있을 것이라는 이야기를 전하라고 했다. 그리고 사기 진작을 위해 회사가 댄과 다른 공장 직원들이 자동차 개조 작업을 할 수 있는 차고를 지어주기로 했다고 덧붙였다. 또한 릭은 개인적으로 디모인 공장을 전보다 더 자주 방문하겠노라고 약속했다.

캔더스는 배치 시스템을 이해하지 못해서 그렇게 헤매던 견습 직원의 진짜 신분을 알고는 말을 잇지 못했다. 그녀는 그런 견습 직원 때문에 화가 났었다고 인정했다. 릭은 불평 없이 자신에게 맡겨진 책임을 다하는 캔더스를 보고 큰 감동을 받았다고 설명했다. 그는 회사에서 아들의 자폐아 교육 프로그램 등록비용을 지불하고 그녀에게 융자금을 갚도록 5,000달러를 지급할 계획이라고 밝혔다. "이제 아이에게 더 많은 것을 해줄 수 있게 될 거에요. 너무 기뻐서 어찌해야 할지 모르겠어요. 믿을 수가 없어요."

다른 모든 배관공들이 의지하고 조언을 구하는 헨리는 자신의 교육생이 회사 대표라는 사실을 믿지 못했다. 릭은 헨리의 작업 기술 뿐 아니라 할 수 있는 한 힘껏 남을 돕는 모습에 깊은 인상을 받았다고 말했다. "당신은 제가 아는 가장 이타적인 사람이에요." 릭이 헨리에게 말했다. "당신과 당신 아내가 농구 연습에 아이들을 데려오기 위해 오가는 모습을 보고 안쓰럽다는 생각을 했었어요. 그래서 회사가 당신을 위해 15인승 밴을 마련했어요. 농구 팀원들을 전부 태우고 다닐 수 있게 말이에요." 차 열쇠를 받은 헨리는 믿을 수가 없는 현실에 고개를 내저었다. 하지만 릭의 얘기는 끝난 게 아니었다. "당신을 현장 주임으로 승진시켜서 관리를 맡기기로 했어요. 그리고 급여도 인상될 거예요." 목이 메인 헨리는 이렇게 말했다. "열심히 일하고 옳은 일을 위해 노력하면 좋은 일이 생긴다더니."

오트밀을 못 먹는 크리스는 릭이 사무실에 들어오는 것을 보고 너무 놀라서 아무 말도 하지 못했다. 마지막으로 크리스에게 그들이 나눈 대화가 그에게 얼마나 큰 의미였는지, 그리고 어째서 그런지를 밝히는 것은 릭에게 카타르시스와 같은 것이었다. 아버지의 알코올 중독과 그것이 가족들에게 미친 영향, 아버지가 돌아가실 때까지 화해를 하지 못했던 일을 이야기하는 릭의 눈에서는 또다시 눈물이 흐르고 있었다. 릭은 크리스의 강한 의지를 칭찬했다. "우리 아버지도 당신처럼 할 수 있었다면 얼마나 좋았을까요." 릭은 크리스에게 여러 도시를 돌면서 로토루터 직원들에게 알코올 중독과 약물 중독에 대해서 강연을 해줄 수 있겠느냐고 물었다. 크게 감동을 받은 크리스는 한 사람이라도 도울 수 있다면 자신이 겪어온 일이 값어치 있지 않겠느냐며 릭의 제안을 받아들였다.

위장취업 기간 동안의 동료들과 만난 후 릭은 한 자리에 모인 직원들에게 연설을 하기 위해 무대에 올랐다. 직원들은 75주년 기념 행사가 진행 중인 것이라고 생각했다. 릭은 자신이 지난 1주일 동안 위장취업을 했었다고 밝히고 그 경험을 담은 비디오 클립을 보여주었다. 릭은 직원들과 농담을 주고받으면서, 거의 2주에 가까운 기간 동안 타고 있었던 감정의 롤러코스터에서 내려 잠시 한숨을 돌릴 수 있었다. 그렇지만 다시 진지한 이야기로 넘어가자 그는 또다시 눈물을 쏟았다. 잠시 관객들에게 등을 돌리고 감정을 추스른 릭은 다시 관객들에게로 돌아서서 위장취업을 함께 했던 동료들에게 감사의 인사를 전했다. "여러분 모두에게 감사드립니다. 여러분들은 일하는 방법만이 아니라 좋은 사람이 되는 방법까지 가르쳐주셨습니다.

그 때문에 저는 더없이 감사한 마음을 가지고 있습니다."

릭은 눈물을 흘리며 포옹을 나누고 나서 다시 이야기를 이어갔다. "저는 개인적으로나 사업적으로나 이번 일보다 어려우면서도 만족스러운 시간을 가져본 적이 없습니다. 저는 회사에 대해서 모르던 것을 배웠고 사람들에 대해서 모르고 있었던 것을 배웠습니다. 또한 저에 대해 알게 된 어떤 것이 무엇보다도 저를 힘들게 하고 가슴 아프게 했습니다. 저는 늘 언젠가는 아버지와 화해를 해야지, 언젠가는 누나에게 사랑한다고 말해야지 하고 생각했습니다. 지금은 바쁘니까, 나는 회사를 운영하는 중요한 임원이니까 하면서 그런 일들에 시간을 할애하지 못했죠. 여러분들이 보셨듯이 제가 만난 모든 사람들은 각자가 무거운 짐을 지고 있었습니다. 그들은 믿을 수 없을 정도로 열심히 일했습니다. 하지만 그들은 자신에게 귀중한 것을 다룰 시간을 찾아두고 있더군요. 이제는 저도 그렇게 할 수 있다는 자신감을 얻었습니다."

위장취업이 끝나고

- 데럴은 장애 보험금을 받았고 지금은 집에 있는 운동 기구로 규칙적으로 운동을 하고 있다. 로토루터는 그가 물리 치료 프로그램에 등록하도록 해주었다. 1주일에 세 번은 그가 아침 일과로 가장 처음 하는 일이 이 프로그램에 참석하는 것이다. 그는 이제 하루 종일 일을 하고도 전처럼 녹초가 되지 않는다.

- 크리스는 다른 사람들에게 알코올과 약물 중독에 대한 강연을 하기 위한 준비로 대중 연설 훈련을 받고 있다.
- 댄은 디모인의 공장으로 돌아가 동료들에게 공장이 절대로 문을 닫지 않을 것이라고 안심시켰다. 공장에 대한 약속의 표시로 로토루터는 새로운 냉난방 시스템을 설치해주었다. 릭은 댄과 동료들에게 차고와 장비를 마음껏 이용해서 머슬카 개조 취미 생활을 즐길 수 있게 했다.
- 캔더스는 5,000달러로 융자금을 갚았고 그로 인해 경제 사정이 전보다 훨씬 나아졌다. 그녀는 아들을 시카고의 유명한 자폐 아동 교육 프로그램에 등록시켰다.
- 헨리의 농구팀은 밴을 잘 이용하고 있다. 선수들은 그 밴을 타고 전국 챔피언십 결정전에도 출전했다.
- 릭은 여전히 로토루터의 대표이자 최고운영책임자다. 그를 비롯한 경영진은 릭의 〈언더커버 보스〉 경험을 통해 얻은 긍정적인 추진력을 잃지 않기 위해 열심히 노력하고 있다. "우리는 무대 뒤에서 일하는 사람들에 대해서 생각하기 시작했습니다." 릭이 설명했다. "다섯 사람이 앞에 나서고 뒤에 있는 사람들이 돕는 것도 좋겠죠. 하지만 우리는 모두가 주도권을 가지고 모두가 모두를 서로 돕는 회사를 만들고 싶습니다. 회사 경력을 발전시키고 건강을 돌보고 개인적인 재정 상황을 보다 잘 관리하는 데 도움을 주는 프로그램들을 시작했습니다. '언더커버 보스'가 몇몇 소수의 사람이 누린 일회성의 환상이 아니라 도약대가 되도록, 많은 직원들에게 지속적인 도움을 주는 것이 회사의 과제입니다."

이 경험은 릭에게 개인적으로도 큰 영향을 주었다. 그는 첫 번째 시즌에서 가장 눈물이 많은 보스가 되었다는 데 전혀 후회가 없다. "이 프로그램에 출연한다는 것은 감정의 롤러코스터를 타는 것과 같습니다. 그리고 그것을 관객들과 공유하죠. 이 경험은 힘들었고 빠르게 지나갔지만 그동안 저는 모든 일을 '행크 덴만'의 입장에서 다루기 위해 노력했습니다. 저는 억누르지 않겠어요. 사람들은 모든 것을 보고 모든 것을 알게 될 겁니다.라고 말하면서 제가 지적했었죠. 저는 누구든 기꺼이 자신을 내놓고 여정을 따라간다면 결국 더 나은 곳에 갈 수 있는 좋은 기회를 잡게 될 거라고 믿습니다. 제가 그랬으니까요. 전국으로 방송되는 TV 프로그램을 통해서 알코올과 전쟁을 벌였던 아버지 문제를 다시 생각하게 되었다는 것은 정말 믿기 힘든 일입니다. 하지만 실제로 그런 일이 일어났습니다. 젊은 시절에 닫아두고 40년 동안 열지 않았던 문이 열렸습니다. 저는 그 문제와 정면으로 맞서서 깊이 생각을 해본 뒤에야 비로소 그 문제에서 벗어날 수 있었습니다. 지금은 분노를 숨겨두고 있지 않습니다. 이제는 어떤 것도 비밀로 두지 않습니다."

SAY IT WISH FLOWERS

꽃으로 말해요

"우리는 뉴욕에서 살고 있는 아일랜드계 가톨릭교도에요. 그는 큰형이고 저는 막내죠. 이것이 우리가 서로를 어떻게 대해야 할지 정하는 유일한 기준입니다."

크리스 맥켄(Chris McCann)
1-800-플라워즈닷컴(1-800-Flowers.com)
최고운영책임자

패트릭 오라일리(Patrick O'Reilly)
실직한 페인트공

보스는 어떻게 참여하게 됐나

요즘에는 가족이 소유하고 운영하는 기업들을 찾아보기 어렵다. 수백만 달러 규모의 기업으로 성장한 가족 사업은 말할 것도 없다. 우리는 그런 회사를 다섯 남매 중 첫째와 다섯째 두 형제가 경영하고 있다면, 평범치 않은 〈언더커버 보스〉 에피소드를 만들 수 있을 것이라고 생각했다. 우리는 본래 1-800-플라워즈 편을 팀워크에서 나오는 힘과 형제애가 어떻게 성공적인 기업을 만드는가를 중점으로 하는 공동 경영 에피소드로 만들어 볼 계획이었다. 하지만 창업주인 형 짐 맥켄은 1990년대부터 1-800-플라워즈의 TV 광고 모델로 활동하고 있었다. 짐은 위장취업을 하기에는 너무나 얼굴이 알려져 있기 때문에 동생인 최고운영책임자 크리스 맥켄이 위장취업 임무에 나서기로 했다.

보스
크리스 맥켄
1-800-플라워즈닷컴 대표 겸 최고운영책임자

위장 신분
패트릭 오라일리
실직한 페인트공. 임시 직원들에 대한 다큐멘터리를 찍는 촬영팀이 그를 따라다니고 있다.

1-800-플라워즈닷컴은 어떤 회사인가

최근에 누군가에게 꽃을 보낸 일이 있다면 당신은 1-800-플라워즈닷컴에서 쇼핑을 한 전 세계 수백만 명 중 하나였을지도 모른다. 1-800-플라워즈닷컴은 연 매출이 약 7억 달러에 이르는 세계 최고의 꽃 판매점이다. 1976년 맨해튼의 작은 꽃집에서 시작한 이 회사는 유명 전자상거래 브랜드와 150개 이상의 가맹점과 직영 소매점, 그리고 7,000개 이상의 제휴점을 둔 최강의 꽃 선물 전문점으로 성장했다. 이 회사의 주력 분야는 꽃 판매이지만 초콜릿 제조업체의 아이콘이라고 할 수 있는 파니 메이(Fannie May), 신선한 쿠키와 브라우니, 케이크 메이커인 셰럴스(Cheryl's), 유명 디자이너가 제작한 통에 고급 팝콘과 기타 간식을 담아 판매하는 팝콘 팩토리(Popcorn Factory), 심지어는 와인테이스팅닷컴(WineTasting.com) 등 유명 브랜드 회사를 매수하거나 새로운 시장에 진출해 선택의 폭을 넓히고 있다. 이 회사는 모든 고객들이 자신의 인생에서 중요한 사람들에게 웃음을 주기 위해 필요로 하는 모든 제품을 제공하는 것을 목표로 하고 있다.

크리스 맥켄에 관하여

만약 당신도 같은 처지라면 공감하겠지만, 막내로 산다는 것은 쉬운 일이 아니다. 물론 손위의 형제자매들이 보호자나 평생의 좋은 친구가 될 수도 있고, 어린 시절에는 롤모델이 될 수도 있다. 하지만 이기기 힘든 라이벌이 되거나, 평생을 괴롭히는 사람이 될 수도 있다. 손위 형제들은 의식적으로든 무의식적으로든 당신보다 우월하고 강하다고 생각하며 당신을 어린아이로만 볼지도 모른다. 또한 어떻게 해야 당신을 자극할 수 있는지 정확하게 알고 있기 때문에, 가끔은 당신을 머리끝까지 화나게 만들 수도 있다.

이런 이유로 크리스 맥켄은 막내의 자리에서 영원히 벗어나기로 결심했다. 1-800-플라워즈닷컴의 대표이자 COO인 그는 미국에서 가장 성공적인 다중구조 소매업체(multichannel retailers)의 전반적인 사업 운영과 사업 방향, 조직을 책임지고 있다. 소매 꽃집 체인에서 세계적인 꽃 배달 업체로, 또 가장 인기 있는 인터넷 선물 가게로의 변신을 지휘한 크리스가 2인자 자리에 만족하지 않으리라는 것은 누구나 쉽게 짐작할 수 있다. 그렇지만 회사의 공동 창업자이자 CEO인 그의 맏형 짐은 아주 편안하게 운전석에 앉아 있고 모든 큰 형들이 그렇듯이 조수석으로 밀려날 생각은 하지 않고 있다.

노동자 집안에서 성장한 맥켄 집안의 다섯 남매는 부모 때부터 가족들과 함께 일을 해왔다. 조부모님은 맥켄 페인팅 엔 데코레이팅(McCann Painting and Decorating)을 창업해서 가족들이 경영하도록 했다. 다섯 남매 중에 짐은 첫째이고 둘째 줄리, 이어서 셋째 케빈, 넷째 페기 그리고 크리스가 막내이다. 이들 형제자매는 발달 장애인인 케빈을 중심으로 집결한다.

1976년 짐은 가족과 친구들에게 1만 달러를 빌려 맨해튼 어퍼 이스트사이드(Upper East Side)에 있는 플로라 플렌티(Flora Plenty)

라는 작은 꽃집을 사들였다. 꽃집의 수익이 사회복지사로 일하면서 받는 많지 않은 월급에 보탬이 되지 않을까 해서 벌인 일이었다. 가족이 함께 사업을 했을 때처럼 짐의 동생들이 이 새 꽃가게에서도 형과 오빠를 도왔다. 크리스는 열다섯 살에 아르바이트로 꽃집 일을 시작했다. 머지않아 이 사업이 지역 꽃집 체인으로 성장했고 1984년 짐은 크리스에게 사업을 함께 하자고 제안했다. "우리는 아일랜드 스타일 술집에 앉아 있었어요. 형이 뭔가 큰일을 할 기회가 있을 것 같다는 말을 했죠. 매장과 영업을 맡아줄 사람이 필요하다고요." 크리스가 옛일을 떠올렸다. 짐은 법률 대학원에 갈 계획이었기 때문에 크리스는 잠시 꿈을 접고 형과 운명을 함께 하기로 결정했다. 든든한 회사를 하나 만들어보기로 한 것이다. "우리는 6개월 계약을 맺었습니다. 지금까지 그 6개월 계약을 68번은 갱신했겠네요."

그 후 25년 동안 회사는 꾸준히 성장했다. 그들은 1-800-플라워즈(1-800-Flowers)라는 전화번호를 취득해서 전화 판매 쪽으로 사업의 방향을 틀었고, 전국에 가맹점을 내고, 웹사이트와 전략적인 파트너십을 통해 온라인 판매를 계발하고, 다른 선물 관련 업체를 인수했다. 이러한 성장에도 불구하고 1-800-플라워즈닷컴은 여전히 가족 사업으로 유지되고 있다. 짐과 크리스 외에도 줄리가 회사의 디자이너로 활동하고 있고 케빈은 회사의 자매 회사에서 일하고 있다. 두 형제 사이에는 애정 어린 지원과 경쟁, 짓궂은 장난이 여전하다. 크리스는 이렇게 말했다. "최고의 자리는 외롭다는 말이 있죠. 형과 저는 서로 이야기를 하고 아이디어를 내고 농담을 할 수 있는 상대가 있다는 것이 얼마나 행운인지 종종 얘기하곤 합니다."

그리고 그들은 각각의 강점을 통해 서로를 보완하고 있다는 것을 잘 알고 있다. 크리스는 짐을 선견지명이 있는 마케팅의 천재로 평가하고 짐은 크리스가 조직력의 대가이고 근본적인 실리주의자라고 말한다. 눈부신 성공에도 불구하고 두 형제가 아쉬워하는 일이 하나 있다. "부모님이 젊은 나이에 타계하셨습니다." 크리스가 밝혔다. "형과 종종 그런 얘기를 합니다. 우리가 성공한 모습을 부모님이 보셨다면 얼마나 좋았을까 하고요. 무척 자랑스럽게 생각하셨을 거예요." 부모님이 일찍 돌아가셨고 두 형제의 나이가 꽤 차이가 나기 때문에 짐은 종종 보호자로 위세를 부리기도 한다. 세 살 버릇이 여든까지 간다고 하던가.

두 사람은 서로를 자극할 기회를 놓치는 법이 없지만 분명히 서로에 대한 애정과 전폭적인 지지를 공유하고 있다. 그들은 서로에게 불만을 담아두지 않는다. 작고한 아버지가 사업적인 불화로 형제들과 소원했던 모습을 보았던 것도 영향을 주었다. "우리는 언쟁이 있어도 그 문제를 밖으로까지 끌고가지 않습니다." 크리스가 설명했다. 외부의 누군가가 짐의 짓궂은 장난에 화를 낼 때면 크리스는 당장 형의 편이 된다. 그는 이 말이 모든 것을 설명해준다는 듯이 이렇게 말했다. "우리는 뉴욕에서 살고 있는 아일랜드계 가톨릭교도에요. 그는 큰형이고 저는 막내 동생이죠. 이것이 우리가 서로를 어떻게 대해야 할지 정하는 유일한 기준입니다."

짐의 얼굴이 회사의 얼굴로 TV나 지면 광고에 너무나 많이 노출

되어 있기 때문에, 형제는 크리스가 위장취업을 하는 것으로 결론을 보았다. 1주일 동안 회사 내부에서 현장 업무를 체험하게 되는 것이다. 회사의 리더인 짐의 역할을 점점 더 많이 맡게 될 것이라고 생각하는 크리스는 자신이 큰 임무를 기꺼이 맡을 만반의 준비와 역량을 갖추었다는 것을 확실히 보여주기를 원했다. "그렇게 오랫동안 함께 일을 해왔는데도 형은 아직 저를 어린 막내 동생으로만 봐요." 크리스가 말했다. "하지만 저는 엄연히 이 사업의 파트너에요. 때때로 그 사실을 형에게 상기시켜주어야 합니다." 크리스가 위장취업을 하는 외적인 이유는 현장과의 접점을 다시 찾겠다는 것이었지만, 큰형에게 자신 역시 보스의 자질을 갖추고 있다는 것을 보여주겠다는 개인적인 동기도 있었다.

PRODUCERS'S NOTE

크리스는 현장에 가기 전부터 위장취업 임무를 대단히 진지하게 받아들였다. 대부분의 보스들이 프로그램에 참가하기 전에 위장취업의 과정이나 목표에 대해서 경영진과 회의를 갖고 가족들에게도 사실을 알린다. 물론 은밀하게 말이다. 하지만 크리스는 모든 불필요한 위험 요소를 없앴고 아내에게만 사실을 알린 채 아이들에게도 비밀로 했다.

아이들이 왜 수염을 기르느냐는 질문을 하자 크리스는 새로운 스타일을 시도해보려고 한다고만 대답했다. 그럼 10일 간이나 자리를 비우는 것은 어떻게 설명했을까? 일상적인 출장으로 처리했다. 크리스가 이렇게 각별하게 비밀을 지켜야 했던 이유는 뭘까? 크리스의 아이들이 매주 〈언더커버 보스〉를 시청하는 광팬이기 때문이다.

크리스가 위장취업을 시작하기 전날에도 두 사람은 평상시처럼 투닥거렸다. 짐은 크리스를 몰래 감시하겠다고 겁을 주었고 크리스는 형의 간섭은 이미 익숙해서 새로울 것도 없다고 받아넘겼다. 나중에 밝혀졌지만 크리스는 그렇게 성급하게 단언하지 않는 것이 나을 뻔했다.

첫 번째 위장취업

꽃꽂이 보조사
뉴저지 사우스플레인필드 1-800-플라워즈닷컴 매장

크리스는 그의 위장 신분인 실직 페인트공 패디가 되기 위해 무척 공을 들였다. 그는 수염을 기르고(하지만 아이러니하게도 수염 때문에 짐과 더 닮아 보였다) 안경을 썼다. 그의 첫 임무는 매장의 화훼 디자이너와 일하는 것이었다. 희비가 엇갈렸다. 그는 회사의 성공에서 가장 중심적인 역할을 한 일을 경험하고 싶어 했다. "우리는 디자이너들이 창의력을 최고로 발휘할 수 있게 해주어야 합니다. 그들이 솜씨를 발휘해주지 않는다면 우리가 무엇을 팔 수 있겠습니까?" 하지만 그는 과거의 경험을 통해서 이미 자신에게 예술적 재능이 없다는 것을 잘 알고 있었다. 그날 크리스와 함께 일한 폴린도 같은 의견이었다.

폴린은 32년 생애의 대부분을 꽃과 함께 보냈다. 어린 시절 그녀는 차에 꽃을 싣고 다니며 파는 아버지를 따라 다녔다. 그녀가 10대일 때 그녀의 아버지는 꽃 도매상이 되었고 폴린은 부모님 집 지하에서 꽃 디자인을 시작했다.

이런 배경과 경험 덕분에 폴린은 고객들의 독특한 요구에 맞추어 자신만의 독창적인 디자인을 만들 수 있었다. "테디 베어에서 치즈버거까지 꽃으로 무엇이든 만들 수 있어요." 그녀가 크리스에게 말했다. 표준 디자인이 담긴 회사의 기존 카탈로그를 훈련생과 함께 보던 폴린은 자신의 창작품을 컬렉션에 포함시키고 싶지만 컬렉션에 있는 디자인들은 '회사에 있는 사람들'이 만들어낸다고 설명했다.

처음에는 자기 일을 하면서 동시에 누군가의 교육을 담당해야 한다는 것에 부담을 느꼈던 폴린은 크리스가 열심히 노력하는 모습을 보고 곧 일에 열중하게 되었다. 그날의 주문에 따라 나란히 꽃꽂이를 늘어놓고 작업을 하던 그녀는 크리스의 창의성을 자극할 생각으로 "재미를 느껴보라."고 격려했다. 그렇지만 크리스의 예술적 재능은 깊숙한 곳에 잠재되어서 나올 줄을 몰랐다. 크리스는 20개의 꽃꽂이를 하는 동안 자신의 기술이 좀 나아지지 않을까 생각했지만, 폴린은 솔직한 평가를 내렸다. "애 쓰시는 건 알겠는데 이 일을 계속 하실 수 있을 것 같지는 않네요."

일을 하면서 서로에 대해 알게 되면서 짐은 폴린에게 전체적으로 회사에 만족하느냐는 질문을 던졌다. 대답으로 폴린은 일에서 느끼는 불만을 털어놓았다. 그녀는 어떤 수년간 변화 없이 계속 되는 디자인이 있다고 지적하면서, 같은 디자인의 꽃다발을 매일 반복적으로 만드는 일이 지루하다고 고백했다. 폴린은 회사가 '한 단계 더 나아가야' 할 필요가 있다고도 말했다. 그녀는 정기적으로 자비를 들여 플라워 쇼에 참가하고 있으며 시장에 등장하고 있는 새로운 트렌드는 꽃 디자인을 단순한 꽃꽂이에서 예술로 변화시키고 있는 것으로 보인다는 이야기도 했다.

크리스는 오래된 디자인에 대한 폴린의 솔직한 비판에도 자극을 받았지만 그녀가 자비로 플라워 쇼에 참가하고 있고, 직원에 지속적인 교육이 전혀 이루어지지 않고 있다는 것을 알고는 몹시 못마땅해했다. "회사 사람들에게 왜 지속적인 교육이 없느냐고 물었지만 아무런 답도 듣지 못했어요." 폴린이 말했다. 크리스는 그녀의 말에 공감하며 고개를 끄덕였지만 마음속은 폭발 직전이었다. 하지만 아무리 유혹이 커도 신분은 밝힐 수 없는 처지였다.

"회사에서 제공하는 교육 프로그램이 분명히 있습니다." 크리스가 말했다. 그는 폴린 만큼이나 불만스러워했다. "우리는 누구나 생산 라인에 정보를 제공할 수 있는 디자인 협의회를 두고 있습니다. 그녀가 원하는 프로그램들을 다 가지고 있다고요. 그런데 그녀는 그런 것에 대해 하나도 모르고 있었어요."

크리스는 폴린의 불만이 소매점들과의 커뮤니케이션 부족에서 온다는 것을 알게 되었다. "가맹점주와 돈독한 관계를 맺고 그들에게 우리의 프로그램을 얘기해주는 것만으로는 부족합니다. 우리 브랜드를 위해서 일하는 모든 직원과의 상호작용이 필요해요."

두 번째 위장취업

달콤쌉싸름한 발견
오하이오 캔톤 파니 메이 공장

크리스가 초콜릿에 대해 가진 지식은 먹는 것에 한정되어 있었지만 그날 크리스는 회사의 파니 메이 공장의 현장 라인에서 해야 할 임무에 대해 구체적인 목표를 가지고 있었다. "현재 공장은 매년 약 1,000만 파운드를 생산하고 있습니다. 저는 생산량을 연간 1,600만에서 2,000만 파운드 선으로 끌어올려, 우리 온라인 운영이 만들어 낼 것이라고 예상하는 수요를 충족시키도록 만들어야 한다고 생각하고 있습니다."

니콜은 이러한 새로운 생산 목표를 달성하기 위해 크리스가 의지해야 할 사람 중 하나였다. 니콜은 그날 위장취업의 현장 교육 담당자로 서른여섯 살의 여성이었다. 그녀는 공장에서 일한 지 4년밖에 되지 않았지만 공장 설비 중 가장 중요한 부분의 운영과 가동을 책임지고 있었다. 바로 초콜릿 당의를 입히는 부문이었다. 거대한 기계가 시간 당 7,000에서 1만 7,000파운드(약 3175-4989 : 킬로그램)의 프레첼(pretzel 매듭 또는 막대 형태의 딱딱하고 짭짤한 비스킷)에 초콜릿을 씌워 컨베이어 벨트로 내려보내면 포장이 된 후 선적을 위한 30파운드 상자로 꾸려진다.

TV 시트콤의 고전 〈아이 러브 루시(I Love Lucy)〉의 한 장면을 그리던 크리스는 '대형 포장' 위치에 배정을 받았다. 그는 그곳에서 박스를 조립해서 다 만들어진 초콜릿이 벨트에서 떨어지는 위치에 박스를 배치하는 일을 맡았다. 크리스는 최선을 다해 박스 제작 구역과 초콜릿이 떨어지는 벨트 사이를 오갔지만 속도를 따라가기에는 역부족이었다. 잠시 후 초콜릿이 씌워진 프레첼이 그가 맡은 구역의 바닥으로
떨어져 흩어지기 시작했다. 크리스는 미친 듯이 애를 썼지만, 결국 일의 마무리를 위해 니콜의 차분하고 효율적인 도움을 받아야 했다. 니콜은 크리스가 속도를 따라잡지 못하게 될 때마다 나타나서 솜씨 있게 상황을 정리하고 다시 크리스를 초콜릿과의 사투에 홀로 남겨두고 떠났다.

시간이 경과하면서 크리스는 그가 제일 잘 하는 일은 속도를 따라가지 못했다고 '사과를 하는 일'이라는 것을 발견했다. 그는 니콜에게 공장의 생산 목표가 어느 정도이며 그것을 정한 사람이 누구냐고 물었다. 그녀는 크리스가 맡은 구역의 생산 목표는 시간 당 1,000백 파운드(약 499킬로그램)이고 경영진이 그 수치를 어떻게 결정하는지에 대해서는 전혀 아는 바가 없다고 털어놓았다.

그녀는 목표를 정하는 사람들은 우리가 얼마나 열심히 일을 해야 하는지 나와서 알아보는 법이 없는 것 같다고 말했다. 크리스는 대경실색했다. 초콜릿 공장의 매니저들은 회사 운영 부문에서 상당한 고위직에 있고, 이 공장은 회사에서 가장 잘 경영되는 사업 부문의 하나로 인정받고 있었기 때문이다. 그런데 그가 직접 경험하고 있는 것은 눈에 보이지 않는 경영진이 정한 가혹한 생산성 목표였다.

시간이 지나면서 크리스는 일의 리듬을 찾아갔고 그의 구역에서 떨어지는 프레첼의 숫자도 줄어들었다. 근무가 끝나자 니콜은 목표 초과를 기념하며 크리스에게 하이파이브를 청했다. 크리스는 기대에 부풀어서 목표량을 채우거나 초과하면 인센티브나 보너스를 받느냐고 물었지만 크리스는 그런 것은 없다고 말했다.

크리스는 초콜릿 장인으로서의 첫 데뷔를 떠올리며 이렇게 말했다. "매니저나 리더로서 얼마나 유능하든지 간에, 사람들과의 유대가 필요하다는 것을 보여주는 훌륭한 교훈이었습니다. 직원들과의 커뮤니케이션이 꼭 필요합니다. 그것은 짐이 회사를 세우면서 내세운 방식이었습니다. 직원들의 소리에 귀를 기울이는 것 말입니다. 그래야만 배울 수 있습니다. 우리가 니콜과 같은 직원들의 말에 귀를 기울이고 그들을 의사결정 과정에 참여시킨다면 얼마나 더 생산적인 회사가 될 수 있을지 기대가 큽니다. 직원들의 이직률이 높고 낮은 이유를 연구한 다양한 결과가 있습니다. 연구 결과 목록의 상위에 있는 것은 보수가 아닙니다. 가장 중요한 것은 그들이 소통이 얼마나 잘 이루어지고 있다고 느끼는가 여부입니다. 소통을 촉진하는 두 가지 방법은 그들의 기여를 인정하고 참여를 유도하는 것입니다."

> 세 번째 위장취업

가상의 관계가 아닌 실제적인 관계 만들기
보스턴 1-800-플라워즈닷컴 매장

지난 몇 년 동안 회사는 인터넷 사업을 확장하는 데 주력해왔다. 크리스는 이것이 소매 사업에 손해를 끼친 것이 아닌지 궁금했다. 때문에 그는 회사에서 최고의 수익을 내는 매장에서 위장취업 임무를 수행하기로 했다. 이 매장이 자리 잡은 곳은 유서 깊은 보스턴 노스엔드로 깔끔하게 정리된 중산층 근린 주거지다.

이 매장의 매니저이자 플로리스트인 디는 크리스에게 바로 일을 맡겼다. 그녀가 만들 꽃다발에 사용할 꽃을 자르게 한 것이다. 세련미와 따뜻함이 넘치는 그녀는, 회사에 다닌 지는 2년밖에 되지 않았지만 꽃집을 20년 동안이나 운영한 경험이 있다고 말했다. 디의 탁월한 고객서비스에는 그런 경험에서 우러난 내공이 드러났다. 이 아담한 매장에 들어오는 고객들은 오랜 친구와 만난 것과 같은 따뜻한 인사를 받는다. 그래서 사람들은 단순히 꽃을 사기 위해서 오는 것이 아니라 디를 만나고 이야기를 나누기 위해 꽃집에 찾아왔다. "이 사람들은 제 집에 온 손님들이에요." 디가 자랑스럽게 말했다. "그러니까 집처럼 편안하게 느끼도록 해드리고 싶어요."

디는 엄마와 함께 온 네 살짜리 꼬마에게 크리스를 소개했다. 디는 크리스를 '남자친구'라고 부르면서 이 소년이 꽃을 직접 고르는 일을 돕게 했다. 크리스는 어린아이처럼 밝게 미소를 짓고 있었다.

그의 머릿속에 형제들과 함께 처음으로 차렸던 꽃 가게에 대한 기억이 떠올랐다. "단골손님들이 기억났어요. 엘렌, 빅 폴리, 근처에 살던 작가, 감수성이 풍부한 열다섯 살 제 눈에 세상에서 가장 아름다운 여자로 보였던 필리스가 말입니다."

크리스의 공상은 매장 총지배인 스티브가 그날의 배달을 돕기 위해 도착하면서 산산조각이 났다. 자신이 이전에 스티브와 만난 적이 있다는 것을 깨달은 크리스는 위장 신분이 탄로날까봐 전전긍긍했다. 크리스는 냉각기 유리문을 열심히 닦는 척하며 고개를 숙이고 눈을 맞추지 않는, 오스틴 파워(Austin Powers : 동명의 코미디 영화에서 악당과 싸우는 주인공 이름)나 선보일 만한 수준의 교묘함을 동원해 위기를 모면하려 애썼다. 다행스럽게도 스티브는 그가 크리스라는 것을 알아보지 못했다. 참사는 피했다. 하지만 그것도 잠시뿐이었다.

갑자기 디가 크리스를 부르더니 그에게 스티브를 도와 꽃꽂이 작품을 거리에 있는 식당에 배달하라고 시켰다. 처음에 크리스는 들고 있는 큰 꽃꽂이 뒤에 얼굴을 숨기려 했다. 하지만 곧 들킬 임을 직감한 크리스는 가게 밖에서 총지배인에게 정체를 밝힐 기회를 잡았다. 그는 꽃꽂이 바깥쪽으로 얼굴을 내밀며 이렇게 물었다. "스티브, 날 알아보겠나?" 총지배인은 들고 있는 큰 꽃꽂이 뒤로 목을 길게 뺐다. "크리스? 세상에!" 크리스는 스티브에게 비밀을 지키겠다는 약속을 받고 간신히 위장취업의 파탄을 막을 수 있었다.

근무를 끝낸 크리스는 모든 면에서 회사가 필요로 하는 인재의 전형을 보여주는 디에 대해 입이 마르도록 칭찬했다. "고객들은 회사와 관계를 맺는 것이 아닙니다. 그들은 회사를 위해 일하는 사람들과 관계를 맺습니다." 그가 설명했다. "디는 '인간적인 관계를 맺는 것이 우선이고 사업은 그 다음'이라는 형의 말을 구현한 살아 있는 표본입니다. 저는 늘 사람들을 잘 이해하고 빨리 친해지는 형의 능력을 부러워했죠. 그들의 리더가 되려면 저에게 꼭 필요한 요소입니다. 더욱 노력해야겠죠."

네 번째 위장취업

두 도시 이야기
매사추세츠 웨이번, 1-800-플라워즈닷컴 매장

소매점 위장취업이 다양한 매장을 아우르는 것이어야 한다고 생각한 크리스는 보스턴 서부 외곽의 부촌 웨이번 소재의 소매점에서 일을 하기로 했다.

노스엔드 매장의 디와 마찬가지로 웨이번 매장의 매니저 겸 플로리스트인 쉐릴 역시 20년의 경력을 가지고 있지만, 1-800-플라워즈닷컴에 입사한 것은 오래되지 않은 신참이었다. 금발에 성실한 쉐릴은 14년 동안 자신의 꽃집을 운영했었다.

근무를 시작하면서 크리스는 쉐릴이 널찍한 매장의 한쪽 끝에서 꽃꽂이를 준비하는 동안 새로 배달된 꽃을 정리하는 일을 맡았다. 몇 시간이 지나서야 그날의 첫 손님이 매장에 걸어 들어왔다. 텅텅 빈 영업장을 본 고객은 개점한 지 오래되지 않은 가게냐고 물었다. 쉐릴은 개점한 지 1년이 넘었다고 설명했다. 크리스는 이 매장이 곧 문제에 직면하게 되리라는 것을 느낄 수 있었다.

우연히 그곳에 들른 그 손님은 그날 매장을 방문한 몇 안 되는 손님 중 하나였다. 걱정을 숨길 수 없었던 크리스는 쉐릴에게 평상시 매장의 고객 패턴에 대해 물었고 그의 두려움은 현실로 확인되었다. 매장에 들어오는 손님이 비참할 정도로 적었다. 쉐릴은 이 매장이 겪고 있는 손님 부족의 문제가 이전에 다른 가게에서 그녀가 겪었던 것과 전혀 다른 수준이라는 것을 알고 있었다. 쉐릴은 문제의 원인이 매장의 이름에 있다고 생각했다. "여기는 오래된 부자들이 많이 사는 아주 부유한 동네에요. 고객들 중에는 제 솜씨는 마음에 들지만 친구에게 1-800-플라워즈닷컴의 상표가 붙은 꽃을 친구에게 보내기는 꺼려진다고 말하는 분들이 많이 계세요." 크리스는 놀라서 입을 다물 수가 없었다.

쉐릴은 이 매장이 일부 사람들이 1-800이라는 이름을 통해 콜센

PRODUCERS'S NOTE

쉐릴은 판촉과 홍보를 통해 입소문을 내는 데 뛰어난 솜씨를 가진 1-800-플라워즈닷컴 브랜드의 응원단장이다. 하지만 치어리더로서의 경험은 그녀를 꽃집에만 머물게 하지 않았다. 쉐릴은 (역시 치어리더였던 두 딸을 포함해) 여학생들에게 응원 동작과 춤을 가르치는 동아리를 운영하고 있었다. 이 동아리는 학생들에게 별도의 돈을 받지 않고 무상으로 운영되고 있었다. 그래서 쉐릴은 지속적으로 자금조달을 위한 활동을 펼치고 있었다. 크리스는 촬영이 끝난 후 기꺼이 이 동아리에 많은 돈을 기부했다.

터를 연상하는 게 아니라, 꽃과 선물에 대한 고품격 서비스를 제공하는 꽃가게라는 것을 느끼게 하기 위해서는 대대적인 홍보 활동이 필요하다고 말했다. 불행히도 그녀는 가게에 매어 있어서 지역의 파티장이나 댄스 스튜디오, 학교를 다니며 홍보 활동을 벌일 수가 없는 형편이었다. 매장이 지역 광고나 판촉 활동을 전혀 하지 않는 것도 나쁜 영향을 주고 있는 것이 분명했다.

쉐릴의 이야기는 크리스를 꽤나 낙담시키는 것이긴 했지만 그리 놀라운 일은 아니었다. 크리스는 회사의 이름이 너무나 강한 이미지를 가지고 있기 때문에 브랜드 파워라는 면에서는 탁월하지만, 매장 간판으로 사용할 때는 혼란을 유발할 수 있다는 점을 인정했다. "우리는 수년에 걸쳐 브랜드를 전화 사업에서 인터넷 사업으로 전환하기 위해 노력을 기울였고 큰 성과를 올렸습니다. 이제 인터넷 사업을 다시 소매 사업으로 되돌리는 일에 매진해야 하겠군요." 회사의 마케팅이 고객을 온라인으로 유인하는 데 집중하고 있다는 것을 인정하는 크리스는 쉐릴을 실망시킨 데 죄책감을 느꼈다. "저도 쉐릴과 같은 입장에 있었던 적이 있습니다. 짐은 저를 새로운 매장에 보내서 자리를 잡고 궤도에 오르게 하곤 했습니다. 짐과 저는 꽃 장사를 하면서 성장했죠. 우리는 아직도 스스로를 꽃을 파는 사람들이라고 생각합니다. 쉐릴을 비롯한 다른 소매상들에는 우리의 지원이 더 많이 필요합니다."

> 다섯 번째 위장취업

백 투 더 퓨처
브루클린 1-800-플라워즈닷컴 매장

위장취업 마지막 날 크리스는 자신의 미래를 찾아 나섰다. "저는 우리 회사에서 향후 10년간 성장의 물결이 이어질 것을 기대하고 있습니다. 이를 위한 노력의 초점은 우리 매장들에게 맞추어질 것입니다. 저는 어떤 젊은이들이 우리 업계로 들어오는지 보고 싶습니다." 아이러니하게도 앞날을 내다보겠다는 크리스의 목표는 향수(鄕愁)라는 벌집을 자극하는 결과를 나았다.

브루클린 베이 릿지의 매장에 최연소 발송 담당자 겸 생산 관리 책임자가 있다는 말을 들은 크리스는 고향인 뉴욕으로 돌아왔다. 크리스는 턱수염을 기른 호리호리한 열아홉 살의 호세가, 꽃을 자르고 디자인하고 포장하고 배달하는 12명의 직원으로 구성된 팀을 감독하고 있는 것을 발견했다. 놀랍게도 호세는 매장의 관리까지 맡고 있었다. 상품을 정리하며 매장 주변에서 일하던 크리스는 호세에게 반하지 않을 수 없었다. 성실하고 열의가 가득한 호세는 10대 시절부터 일을 해왔다. 아버지가 일찍 돌아가셨기 때문에 가계에 보탬이 되기 위해 아르바이트를 해야 했던 것이다.

크리스는 이 젊은 매니저로부터 대단히 깊은 인상을 받았다. 자신과 너무나 닮아 있는 호세의 개인사와 직업윤리에 영감을 받은 크리스는 호세의 조수 일을 맡았다. 처음에 호세는 크리스가 그 일을 하기에 조금 나이가 많지 않을까 걱정했다. 하지만 그는 이 훈련생이

놀라울 정도로 열심히 최
선을 다하려 한다는 것을
발견했다. 크리스는 작업
구역에 있는 장식 재료들
을 정리하고, 디자이너들
의 발밑을 치우고, 디자이
너들이 작품을 만드는 데
필요한 꽃을 서둘러 채워

넣으면서 호세의 유능한 팀에 걸맞은 일꾼의 역할을 해냈다. 그런데
동료 중 한 사람이 그를 자세히 바라보더니 이렇게 물었다. "어디선
가 본 적이 있는 얼굴인데. 혹시 베스페이지 매장에서 일한 적이 있
나요?" 크리스는 크게 당황했지만, 호기심 많은 디자이너는 아니라
는 크리스의 말을 믿어주었다. 크리스는 머리카락이 곤두서는 것 같
았다.

　호세가 CEO인 짐 맥켄이 근처에 왔다가 매장을 방문할 계획이
라고 알리자 크리스의 긴장은 극에 달했다. 호세를 비롯한 직원들
은 '왕'을 완벽하게 맞이하기 위해 애쓰는 아첨꾼들 같이 부산스
럽게 매장을 돌아다녔다. 반면에 크리스는 왕을 암살할 방법을 연
구하고 있었다. 크리스는 보스턴에서 스티브에게 정체를 밝혔던
일과 동료의 의심에 이어 형의 방문이 짐을 가득 짊어진 낙타를 쓰
러뜨리는 마지막 바늘이 되는 것은 아닌지 전전긍긍하고 있었다.
설상가상으로 짐은 이런 몹쓸 장난을 치기 전에 크리스에게 귀띔
도 해주지 않았다. "저에게 전화를 해주면 좋았잖아요. 일이 어떻

게 되고 있는지 궁금해하는 것은 이해합니다. 하지만 끝까지 기다렸어야죠. 제 일은 제가 하도록 놔두면 좋겠어요." 크리스가 투덜거렸다.

매장은 CEO의 불시 시찰을 위한 만반의 준비를 갖추었고 이내 짐이 매장에 들어섰다. 따뜻하고 사교성이 좋은 짐은 매장 프런트에서 일하는 젊은 여성들의 마음을 단번에 사로잡았고 호세를 안심시켰다. 그는 매장을 돌아보면서 직원들 모두를 친절하게 대했다. 단 새로운 훈련생만은 예외였다. 짐은 크리스의 면전에서 호세에게 신입 직원은 일을 잘하고 있느냐고 물었다. 크리스를 짓궂게 놀리며 노골적으로 즐거워하는 짐과 말을 못하고 핏대만 올리고 있는 크리스. 두 사람 중에 누가 크리스의 정체를 탄로나게 할 가능성이 큰지 가리기 힘들 지경이었다. 크리스가 형의 삐딱한 눈길을 받으면서 꽃다발을 준비하는 동안 크리스의 솜씨에 핀잔을 준 짐은 마침내 막내 동생을 충분히 괴롭혔다고 판단하고 의기양양하게 가게를 나섰다.

맥켄 형제들은 크리스의 근무가 끝나면 인근의 식당에서 만나 그의 위장취업 경험에 대해 이야기를 하기로 약속이 되어 있었다. 크리스는 짐의 기습 방문 때문에 여전히 골이 난 상태였다. 하지만 두 형제는 눈이 마주치자마자 웃음을 터뜨렸고 모든 것이 용서되었다. 크리스는 위장취업 경험이 얼마나 즐거웠는지를 이야기하면서 그가 만났던 사람들과의 사연을 자세히 전했다. "보스턴 노스 엔드에서 한 여성 매니저와 근무를 했는데 주부 고객들이 아이들까지 데리고 와서 그녀에게 선물을 줬어."

> **PRODUCERS'S NOTE**
>
>
> 우리 촬영팀은 시청자들이 그랬듯이, 호세를 보자마자 홀딱 반하고 말았다. 그러나 시청자들이 보지 못한 것이 있다. 호세의 천진난만하고 친절한 태도와 인상적인 직업관 아래에는 전사의 심장이 뛰고 있었다. 꽃꽂이 솜씨와 직원들의 사기를 진작시키는 재능 외에도 호세는 이종격투기에 조예가 깊은 청년이었다. 그는 일을 마치면 매일 연습에 참가해서 기량을 닦았다. 훈련을 통해 얻은 자제력은 그에게 관리직을 잘 해낼 수 있는 바탕을 마련해주었고, 탁월한 성과를 내는 데 필요한 집중력과 에너지를 선사했다.

"1번가에 있던 우리 가게에서처럼 말이냐?" 짐이 말했다. "기억이 났겠구나."

"기억났지. 우리가 시작했던 때의 일이." 크리스가 맞장구를 쳤다. 그는 진지하게 말했다. "내게 변화가 필요한 부분이 있다는 것도 배웠어. 형에게 나는 언제나 철없는 막내동생이겠지. 하지만 나를 좀 믿어주었으면 좋겠어. 결국은 내가 회사를 이끌어가게 될 테니까."

보스로 돌아오다

크리스는 회사의 칼레 플레이스 본부에 도착하자마자 변화를 실행에 옮겼다. 위장취업 때 함께 했던 크리스의 동료들 모두가 롱 아일랜드로 호출을 받았다. 훈련생의 정체는 여전히 모르는 채 말이다. 니콜은 크리스의 진짜 정체를 알고는 불안해하는 것처럼 보였다. 하지만 크리스의 미소가 그를 안심시켰다. 니콜이 얼마나 열심히 일하는지 잘 아는 크리스는 그 시간부터 니콜이 생산 목표를 설정하는 과정에 참여할 수 있게 만들겠다고 약속했다. "그뿐이 아닙니다. 열심히 일하는 당신의 모습과 훌륭한 태도 덕분에 저는 장려금 프로그램을 만들 수 있었어요. 이제 목표를 초과 달성하면 보수를 더 받게 됩니다." 니콜은 감사를 표했다. 회사 정책 결정에 참여하고 보너스를 지급한다는 것 때문만은 아니었다. 그녀가 열심히 일하고 있다는 것을 알아봐주는 사람에 대한 감사였다.

그렇게 오랫동안 회사를 위해 일했지만 본부에 있다는 것에 흥분을 감추지 못하던 폴린은 신입 직원이 사무실로 들어오자 깜짝 놀랐다. 크리스는 정체를 밝히고 그녀가 자신에게 회사 디자인 결정에 참여하고 싶다는 꿈을 이야기했던 일을 상기시켰다. "그 꿈을 이루어드릴 생각이에요." 그는 그녀가 디자인 협의회에서 훈련을 받고 나면 함께 회사의 다음 번 컬렉션 중 한 작품을 만들도록 할 예정이라고 말했다. 폴린은 눈물을 흘리며 세상을 다 얻은 것과 같다고 말했다. "아버지가 8년 전에 돌아가셨어요. 아버지는 오늘의 제가 있도록 격려해주신 분이죠. 오늘 저를 내려다보시면서 자랑스러워하실 거예요."

크리스가 사무실에 들어서자 디스는 유령이라도 본 것 같은 표정을 지었다. 크리스는 위장취업 사실을 털어놓으면서 그가 그녀의 매장에서 일을 하기 위해 보스턴까지 갔던 것은 그 매장이 회사에서 최고의 수익을 내는 이유를 알아보고 싶었기 때문이라고 얘기했다. "그 비결이 무엇인지 알아냈어요." 크리스가 말했다. "비결은 바로 당신이에요." 크리스는 지금껏 꽃 디자인에 사람의 이름을 붙인 전례가 없지만, 그녀의 뛰어난 고객서비스 기술을 예우하기 위해 그런 전통에 변화를 주기로 했다고 밝혔다. 디의 입술이 떨렸다. 눈에서는 눈물이 흐르기 시작했고 다음에 나올 말을 짐작한 그녀는 손에 얼굴을 묻었다. "고객들은 매장에 들어오면서 천국을 느끼죠. 때문에 우리는 그 작품에 디의 천국(Dee's Paradise)라는 이름을 붙이기로 했습니다."

쉐릴은 신참 훈련생이 들어서자 일어나서 악수를 청했다. 크리스는 쉐릴에게 "본인이 겪는 가장 큰 어려움에 대해 내게 이야기한 것을 기억하나요?"라고 물었다. "물론이죠. 사람들이 1-800-플라워즈닷컴이 전화번호와 웹사이트 주소인 줄만 알고 있다고 말했어요." 그녀는 망설임 없이 그 이야기를 되풀이했다. 크리스가 대답했다. "당신의 생각에 공감합니다. 그 문제를 해결해야 한다고 생각해요." 그는 쉐릴에게 회사의 뛰어난 지역 마케팅 전문가들과 함께 사람들을 매장으로 끌어들일 방안을 연구하도록 할 생각이라고 말했다. "고객들이 당신이 얼마나 뛰어난 플로리스트인지 꼭 봐야 해요." 쉐릴은 크리스가 자신을 신임해주고 놀라운 제안까지 하자 감정이 북받치는 듯 울먹거렸다.

본부의 호출에 당황했던 호세는 문을 열고 들어오는 사람을 알아보고 활짝 웃었다. 그의 미소는 훈련생의 신분을 알게 되자 한결 더

커졌다. 크리스는 회사의 차세대 리더들을 찾고 있었다고 말하면서, 호세가 그렇게 찾은 차세대 리더 중 하나라고 말했다. "우리 회사에는 멘토십 프로그램이 있네. 내가 자네의 멘토가 되는 영광을 누리도록 허락해주겠나? 자네와 내가 함께 일한다면 자네는 우리 회사 역사상 가장 나이 어린 가맹점주가 될 것이네." 호세가 미처 대답을 하기도 전에 크리스가 말을 이었다. "가맹권을 사려면 상당한 자금이 필요하지. 자네가 가맹점주가 될 만한 자격을 얻고 시작할 준비가 되면 내가 2만 5,000달러를 지원해주겠네." 감격에 겨워 할 말을 찾지 못하던 호세는 간신히 지금이 자신에게 일어난 일 중 가장 멋진 일이라는 말을 남겼다. 그가 처음으로 한 일은 어머니에게 전화를 걸어 놀라운 소식을 알린 것이었다. "그 사람이 짐 맥켄의 동생이었어요, 엄마. 그분이 제 멘토가 되어주신대요. 우리는 이제 가맹점을 갖게 되었어요." 아쉽게도 새로운 멘티의 눈에도 크리스는 짐의 동생이었다.

   본부의 직원들이 모여 있는 꽃으로 가득한 강당의 무대에 오르는 것은 크리스에게는 익숙한 일이었다. 크리스는 지난 한 주 동안 위장취업을 했었다고 밝히고 그의 사건사고를 담은 비디오 클립을 직원들과 함께 보았다. 그가 사람들과 편안히 웃고 농담을 나누면서 변화가 일어나기 시작했다. 오랫동안 형의 날갯죽지 밑에 있었던 그가 무대의 중앙에 나와 서게 된 것이었다. 그도 새로운 역할을 멋지게 해내고 있었지만 관객들 역시 그 변화를 선뜻 받아들이고 있었다. 비디오 상영이 끝나자 크리스는 다시 진지한 모습으로 돌아갔다. 그는 이 경험에서 얻은 교훈의 핵심이라고 생각하는 것을 직원들에게 이야기했다. "우리가 참으로 잘 하고 있는 일이 많이 있습니다. 하지만 좀 더 주의를 기울여야 하는 세세한 부분들도 많이 있습니다. 이해와 배려가 넘치는 이 회사의 보스인 저는 행운아입니다. 이 자리에서 여러분 모두에게 한 가지 약속을 하려 합니다. 저는 오늘부터 여러분을 좀 더 많이 이해하고 좀 더 많이 생각하고 좀 더 많이 배려하겠습니다." 말은 하지 않았지만 직원들 역시 분명 그와 같은 약속을 했을 것이다. 1-800-플라워즈닷컴의 차세대 리더에 대한 전폭적인 지원을 말이다.

사람들이 감동의 박수를 보내고 크리스가 위장취업을 함께 했던 동료, 그 가족들과 어울려 사진을 찍고 웃음을 나누는 동안 짐 맥켄은 한쪽에 서서 그것을 바라보고 있었다. 짐의 미소는 자신이 크리스를 통해 큰 감동을 받았고, 크리스가 보여준 리더십과 커뮤니케이션 기술을 더할 수 없이 자랑스럽게 여긴다는 것을 말해주었다. 짐은 오래전부터 회사의 미래를 맡을 믿음직한 지도자가 곁에 있다는 것을 알고 있었다. 이제는 다른 사람들도 모두가 그것을 알게 되었다.

사람들이 빠져나간 후 크리스는 잠시 자신의 생각을 말할 기회를 가졌다. "위장취업을 하는 것이 형이나 다른 누구에게 내가 이 회사를 이끌어갈 능력이 있다는 것을 증명하는 일이 아니었다는 것을 이제야 깨달았습니다. 위장취업은 제 스스로에게 제 자신이 회사의 미래를 이끌어가기 위해 필요한 것이 무엇인지 알고 있다는 확신을 주는 일이었습니다."

막내는 이제 비로소 핸들을 잡을 준비를 갖추었다.

위장취업이 끝나고

- 폴린은 꿈을 이루었다. 그녀는 본부로 가서 생산과 개발 전략을 논의 했고 두 차례의 연간 디자인 협의회 미팅에도 참여했다. 지난해 그녀의 디자인 중 하나가 곧 발표될 컬렉션 작품으로 선정되었다. 플로리스크들에게 회사의 지속적인 교육 기회에 대한 충분한 정보가 전달되지 않는다는 것을 크리스가 발견하게 되면서 1-800-플라워즈닷컴은 〈플로롤로지〉라는 잡지를 출간하게 되었다. 이 잡지는 디자인과 업계의 트렌드를 주로 다루며 교육 프로그램에 대한 정보를 제공한다. 폴린은 잡지 특집 기사의 주인공이 되었다.
- 쉐릴은 지역 마케팅팀이 그녀를 도와 매장에 대한 입소문을 내준 이후, 전보다 더 열심히 일하고 있다. 매장에서 꽃꽂이 수업을 하는 것을 포함한 홍보 노력 덕분에 고객수는 폭발적으로 늘어났다. 전국으로 방영되는 TV 프로그램에 나온 것도 상당한 도움이 되었다.
- 니콜로부터 영감을 얻은 장려금 프로그램은 이번 여름부터 시작되었다. 공장 경영진은 이제 적극적으로 직원들로부터 정보를 구한다. 니콜은 경영진이 그녀의 제안을 받아들여 실행에 옮긴 덕분에 만족스럽게 일하고 있다.
- 디의 이름을 단 작품은 공식적으로 회사 컬렉션에 포함되었다. 그 작품을 통한 수익금의 일정부분은 꽃 디자이너의 꿈을 키우는 사람들을 위한 장학금으로 기탁된다. 디는 프로그램을 보고 찾아

온 새로운 고객들은 특별히 신경을 써서 대해야만 한다고 농담을 하고 있다.
- 호세는 크리스와 매달 멘토링 미팅을 하고 있다. 그는 영업 기술을 발전시키기 위해 노력하고 있고, 회사 역사상 최연소 가맹점주가 될 계획을 세우고 있다. 한편 많은 사람들이 전화를 걸어 호세와 이야기를 나누고 싶어 하는 덕분에 매장의 사업도 번창하고 있다. 이웃에서도 그를 알아보는 사람들이 있어서 그는 유명인이 된 듯한 기분을 느끼고 있다.
- 크리스는 직원들과 개인적인 유대를 형성하고 모든 매니저들에게도 그러한 태도를 장려하면서 회사에서 눈에 띄는 활동을 하고 있다.

"우리는 언제나 고객들과의 사적인 관계가 중요하다고 역설해왔습니다. 회사와 직원들과의 사이에도 그런 관계가 필요합니다." 그는 다시 위장취업을 할 수 있으리라고는 생각지 않지만 회사의 다른 매니저들에게는 현장에 뛰어들어보라고 권하고 있다. "최근에 저는 많은 온라인팀 멤버들을 꽃집으로 보냈습니다. 실행 가능한 바람직한 아이디어들을 얻어서 돌아왔더군요." 사업적인 관계는 변했지만 크리스와 그의 형 짐은 여전히 지독한 농담과 장난을 주고받으며 지내고 있다.

에 필 로 그
위장취업 백서

UNDERCOVER BOSS

"위장취업을 다시 할 수 있다면 참 좋을 텐데…. 저는 회사에 있는 다른 중역들에게 위장취업을 경험해보라고 권합니다. 그 일환으로 회사 온라인 팀의 직원들을 일선 매장에 보냈고, 그들은 다양한 식견을 얻어서 돌아왔습니다. 저는 우리의 경쟁력이 높아지는 것을 느낍니다."
―크리스 맥켄, 1-800-플라워즈닷컴

위장취업에 나선 보스들은 하나같이 '위장취업이 믿을 수 없을 정도로 귀중한 경험이었다'고 말한다. 중역들과 직원, 수백만 명의 낯선 사람들 앞에서 자신을 속속들이 내보여야 하고 어쩌면 창피를 당할지도 모르는 일인데도, 보스들은 다른 비즈니스 리더들에게 위장취업을 권하고 대체적으로 이 모험을 다시 하고 싶다고 말했다. 과시하고 싶은 욕심이 있어서가 아니다. 중역들은 일에 아무리 적극적으로 참여하고 많은 시간을 현장 근로자와 보내도 어쩔 수 없이

'보스' 대우를 받는다. 보스는 직원들의 목숨줄을 쥐고 있는 사람들이다. 고용과 해고, 승진과 좌천, 연봉 인상과 삭감과 같은 엄청난 권력이 그들에게 있기 때문이다. 신참 직원에서부터 베테랑 매니저에 이르기까지, 목숨을 내놓고 보스에게 솔직한 이야기를 할 수 있는 사람이 과연 몇이나 될까? 이 장벽을 없앨 수 있는 유일한 방법은 보스 스스로가 계급장을 떼고 신병이 되는 것뿐이다. 당신이 신참 직원이 되면 대부분의 선배 직원들은 본능적으로 당신을 자신의 날갯죽지 밑으로 데려와서 요령을 터득하도록 도울 것이다.

위장취업을 하고 일이 어떻게 돌아가는지 알아보는 데 반드시 명패에 최고경영자나 '최고'라는 수식어가 필요한 것은 아니다. 진짜 모습을 알고 싶다는 진실한 욕구만 있으면 된다. 그리고 조직이 당신이 들키지 않고 숨어들 수 있을 정도의 크기이기만 하면 된다. 그러려면 하나 이상의 매장 혹은 지사를 보유해야 할 것이다.

자기 회사에 위장취업을 해보겠다는 의욕을 느꼈다면 어디에서부터 시작해야 할지, 어떻게 해야 성공할 수 있을지가 궁금해질 것이다. 정해진 규칙이 있는 것은 아니다. 이 프로그램에 출연했던 모든 보스들은 모두가 독특한 체험을 했고 임기응변을 통해 위기를 해결해야 하는 경우도 많았다. 하지만 그중에서도 공통적인 경험을 통해 배울 만한 것을 추려본다면 다음과 같다.

첫째, 지나친 변장은 금물이다. 우리는 모두가 바쁘고 하루 종일 온갖 시청각적 자극에 시달리기 때문에, 누군가를 만나면 보통 단순하게 생각한다. 양복을 입은 사람을 보면 높은 사람이라고 생각하고 제복에 야구 모자를 쓰거나 작업복을 입으면 현장 근로자라고 생각하는 식이다. 주말에 입는 편안한 복장이나 진짜 그런 일을 하러 갈 때 입을 만한 복장을 하면 된다. 지나치게 변장에 신경을 쓰다가는 오히려 더 눈에 띄게 된다. 단순하게 입을수록 정체가 발각될 가능성은 낮아진다. 처칠 다운스의 빌 카스탄잔은 이렇게 회고했다. "제가 한 거라고는 안경을 벗고 청바지에 야구 모자를 쓴 것뿐이었습니다. 하지만 전에 일을 같이 했던 사람들과 마주하고 그들과 긴 이야기를 나눴는데도 저를 알아보지 못했어요."

둘째, 성형 수술은 필요치 않다. 당신의 얼굴이 회사 사보를 빛내고 있는지도 모르겠다. 하지만 직원들에게 익숙한 것은 당신의 말쑥하고 결의에 찬 표정이다. 외모를 조금만 달리해도 사람들은 알아보지 못한다. 남자의 경우에 평소에 말끔하게 면도를 하고 다닌다면 수염이 자라도록 좀 내버려두면 된다. 반대로 평소에 수염을 길렀다면 면도를 하면 된다. 안경을 쓰지 않는다면 안경을 쓰고, 안경을 쓴다면 콘택트렌즈를 사용한다. 다른 스타일로 머리를 자르는 것도 도움이 되지만 꼭 필요한 것은 아니다. 후터스의 코비 브룩스는 회사 내에서 대단히 알려진 얼굴이고 종종 미디어에도 노출된다. 하지만 염소수염을 깎고 안경을 쓰자 훈련생에 훨씬 가까운 이미지로 바뀌었다. 본부로 돌아온 코비는 경영진으로부터 수염이 없는 것이 더 낫다는 이야기를 들었다. "이런 경험을 위해서라면 머리를 전부 깎아서 민머리를 만들기라도 할 겁니다. 위장취업은 제가 가진 문제가 다른 많은 사람들이 직면하는 문제에 비교하면 아무것도 아니라는 깨달음을 주었죠. 저의 문제는 정말 보잘 것 없는 것이었습니다. 위장취업을 한 후에 저는 제 자신의 문제에 집착하기보다는 다른 사람들에게 초점을 맞추려고 노력합니다. 저는 직원들을 배려하고 그들에게 관심을 가지고 그들에게 좋은 대우를 하면 수익은 저절로 높아질 것이라고 믿습니다."

셋째, 미리 연습할 필요는 없다. 맡겨진 임무를 당장 능숙하게 해치운다면 자존심을 살릴 수 있겠지만 그것은 사실적이지가 않다. 평범한 사람들에게는 연습할 기회가 없다. 그렇다면 당신도 그래야 한다. 무경험의 신참 직원에게 능숙한 솜씨를 기대하는 사람은 없다. 당신이 그렇게 한다면 부정 선수로 보일 것이고 의심의 눈초리를 받게 될 것이다. 최선을 다하고 동료들이 일의 요령을 가르쳐주도록 하라. "실수를 하거나 나중에 웃음거리가 되지 않을까를 너무 걱정하지 마세요." 로토루터의 릭 아킬라가 충고했다. "좀 이상하게 들릴지 모르지만 실패의 가능성을 향해 마음을 열어두면 실제로 상처를 덜 받게 됩니다."

넷째, 정보를 캐지 마라. 정보가 자연스럽게 드러나도록 놓아두지 못하고 수사관이 되고 싶은 유혹이 들 것이다. 참아야 한다. 평범한 신입 직원이라면 일자리를 얻는 데 급급해서 회사의 약점을 찾아 촉각을 곤두세우지는 않는다. 그보다는 "일하기는 괜찮은 곳인가요?"와 같이 단답형으로 '예'와 '아니요'로 답할 수 없는 자연스러운 개방형 질문을 던져라. 대부분의 일터에서는 새로 온 사람을 애처롭게 생각하기 때문에 회사의 스파이라는 인상만 주지 않는다면 자연스럽게 일에 대한 보편적인 느낌들이 드러나게 될 것이다. 웨이스트 매니지먼트의 래리 오도넬은 일자리를 절박하게 구하고 있고 경험이 전혀 없는 사람으로 보였기 때문에 특별히 질문을 하지 않았는데도 재활용 시설의 현장 주임과 주택 쓰레기 수거 차량 운전사로부터 가감 없는 솔직한 의견을 들을 수 있었다. "현장에서 일하는 직원들은 일을 개선시키는 방법에 대해서 잘 알고 있습니다." 래리 오도넬이 말했다. "그들의 소리에 귀를 기울이고 그들의 제안을 실행에 옮긴다면 그들은 무척 기뻐할 것이고 팀의 일원이라는 느낌을 보다 강하게 받을 것입니다."

다섯째, 제안은 하지 마라. 경험도 없는 풋내기가 던진 제안을 높이 평가하는 일터는 없다. 신참 직원이 첫날부터 회사의 지시와 절차를 바꿀 수는 없다. 지나치게 밀어붙이다면 화를 입을 수 있고 위장취업 경험의 본질을 흐릴 수도 있다. 당신의 생각을 메모해두는 것을 좋지만 그것을 입 밖에 내지는 마라. 위장취업 경험을 돌아보는 사람들의 이야기를 통해 무엇을 배울 수 있을지 알아보자. GSI 커머스의 마이클 루빈은 이렇게 말한다. "위장취업에서 가장 힘든 일은 지시에 따르는 것이 아닙니다. 가장 힘이 들 때는 마음에 들지 않는 일을 보거나 개선할 수 있다는 생각이 드는 일을 보면서도 손을 쓸 수 없을 때입니다."

여섯째, 마음을 열어라. 휴게실은 동네 술집과 똑같은 곳이다. 사람들은 보통 인정과 지지를 원한다. 사람들에게 당신을 보여주고 그들에 대한 관심을 표현하라. "사람들의 자신의 개인적인 사정을 얼마나 쉽게 털어놓는지를 보고 무척 놀랐습니다." HFE의 조엘 맨비가 시인했다. "중역 회의에서는 특정한 문제나 사안만을 다루는 것이 보통이죠. 개인적인 상호작용을 가질 시간이 별로 없습니다. 그래서 그런 사적인 유대를 갖는 것이 정말 신선하게 느껴졌습니다."

일곱째, 정시에 도착하라. 시간에 따른 급여가 아니라 일정한 급여를 받는 사람이라면 일터에 도착하는 정확한 시간은 크게 문제될 것이 없다. 하지만 출근 기록계를 찍어야 하는 사람이나 보수가 근무 시간에 따라 정해지는 사람이라면 시간당 임금이 생활에 큰 영향을 줄 것이다. 화이트 캐슬의 데이브 라이프는 출근 첫날 훈련 주임에게 지각을 했다고 주의를 받았고, 다시는 그런 일이 없을 것이라고 약속을 해야 했다. 그는 전혀 주저하지 않고 다른 사람들에게도 위장취업을 권한다. "자기 회사에 위장취업할 기회가 생긴다면 절대 망설이지 마십시오. 좋은 면은 물론이고 힘든 면까지 기꺼이 맞서보겠다는 열린 마음으로 위장취업에 임한다면, 당신과 당신의 회사는 반드시 성장할 것입니다. 개인적으로 이 경험은 저에게 눈과 귀와 마음을 더 넓게 열고 다른 사람들로부터 가능한 많은 것을 받아들이라고 가르쳐주었습니다. 그들이 누구이고 그들의 직업이 무엇인가를 막론하고 말입니다."

여덟째, 즐겨라. 사람들은 자신이 하는 일을 믿기 때문에 그리고 이상적으로는 보스와 회사를 믿기 때문에 일을 하러 간다. 모르는 것에 대한 통제력과 두려움을 놓아버리면, 그것이 가장 자유로운 경험임을 알게 될 것이다. 결국 당신은 자신이 왜 그 일을 사랑하는지, 왜 매일 일을 하러 오는지 알게 된다. "첫 위장취업을 갔을 때 저는 생산성의 관점에서 개선이 필요한 부분을 찾는 데 집중해야겠다고 생각했습니다." GSI 커머스의 마이클 루빈이 말했다. "위장취업을 통해 회사의 문화와 사람들에 대해서 그렇게 많은 것을 알게 될 줄은 몰랐습니다. 저는 우리를 위해 일하는 훌륭한 사람들을 위해 좀 더 많은 기회를 만드는 일에 큰 의욕을 느끼게 되었습니다." 세븐일레븐의 조 드핀토도 그와 같은 의견이다. "제가 만난 직원 한 명 한 명이 모두 대단한 사람들이었습니다. 우리가 해야 할 일은 그들을 더 잘 지원하는 것입니다." 처칠 다운스의 빌 카스탄잔은 이렇게 충고한다. "위장취업을 하러 간다면 자신에게만 열중하지 말고 당신과 함께 일하는 사람들에 대해 생각하십시오. 위장취업은 그 사람들과 함께 하는 일이고 그 사람들에 대한 일입니다."

감사의 글

〈언더커버 보스〉의 성공 뒤에는 너무나 많은 사람들이 있다. 그 모든 분들에게 우리의 감사를 전하고 싶다.

이 프로그램은 훌륭한 기업의 리더들이 해볼 만한 일이라는 믿음을 가져주고, 미쳤다고 비난하는 반대론자들을 무시하고 용기를 내주었기 때문에 존재할 수 있었다. 〈언더커버 보스〉 첫 시즌에 출연한 보스들은 모두가 선구자다. 하지만 우리는 특히 미국판 〈언더커버 보스〉의 첫 출연자인 래리 오도넬과 영국판 〈언더커버 보스〉의 첫 출연자인 앤디 에지(Andy Edge)에게 감사드린다.

CBS 리얼리티 부문의 중역들인 젠 브레스넌과 그녀의 두 동료 크리스 카스탈로, 크리스 칼슨으로부터 받은 현명한 충고와 비평, 격려가 없었다면 우리 프로그램의 촬영과 편집은 이렇게 좋아질 수 없었을 것이다. 크리스 칼슨은 이후 CBS에서 사직하고 〈언더커버 보스〉의 두 번째 시즌에서 쇼 러너가 되어줄 정도로 우리 프로그램에 엄청난 애정을 가지고 있었다. 다른 많은 CBS 관계자들이 프로그램의 성공을 지원했지만 특히 크리스 앤더(Chris Ender)가 이끄는 보도·광고 팀의 미치 그레이엄(Mitch Graham), 바바라 앱섹(Barbara Abseck), 론 스칼레라(Ron Scalera)의 마케팅팀이 큰 도움을 주었다.

CBS의 고위층은 우리 프로그램의 첫 방송을 슈퍼볼 직후에 편성하는 이례적인 조치로, 우리 프로그램이 가진 힘에 대한 엄청난 신뢰를 보여주었다. 그것은 대대적인 실패로 이어질 수도 있는 엄청난 도박이었다. 켈리 칼(Kelly Kahl), 낸시 텔렘(Nancy Tellem), 마지막으로 레슬리 문제스(Leslie Moonves)에게 깊은 감사를 전한다. 또한 우리 프로그램의 판촉을 들어주고 거기에 설득당해주고, 프로그램을 제작하는 내내 우리를 옹호하는 투사가 되어준 니나 태슬러에게 감사드린다. 우리는 그녀에게 너무나 많은 빚을 졌다.

큰 성과가 없었던 신생 회사를 믿어주고 서류 작업을 토대로 프로그램을 주문해준 영국 채널4의 리암 험프리스(Liam Humphries), 수 머피(Sue Murphy), 줄리안 벨라미(Julian Bellamy) 또한 언급하지 않을 수 없다. 그들에게도 깊은 감사의 마음을 전하고 싶다.

대서양 양쪽에서 프로그램을 실제로 만들었던 성실하고 유능한 사람들 제작을 총 지휘하는 이그젝티브 프로듀서인 우리는 성공할 수 없었을 것이다. 특히 영국과 미국의 쇼 러너 스태프 와그스태프와 샤우나 미노프리오(Shauna Minoprio), 제니 크라우더(Jenny Crowther)에게 감사드린다. 첫 시즌은 캐스팅이 대단히 어려웠다. 데이먼 디아모레(Damon D'Amore), 베벌리 셀프(Beverley Self), 미쉘 모크(Michelle Mock)는 그렇게 많은 기업들과 접촉하는데도 지치는 법이 없었다. 베브 팬킨(Bev Pankin)과 앤드류 팬킨(Andrew Pankin)은 우리가 촬영했던 모든 보스와 직원들의 사후 점검을 맡아 이 책의 준비에 큰 도움을 주었다. 조 크롤리(Jo Crawley), 에이미 핫세(Amy Hussey), 앤디 코커(Andy Coker), 놀란 랜스델(Nolan Ransdell)은 제작과 재정을 감독했다. 우리 작품이 세상 빛을 보고 우리 회사가 이토록 잘 굴러가게 만들기 위해 그들이 하고 있는 모든 일에 우리가 얼마나 감사하고 있는지 조금이라고 알아주길 바란다.

우리 회사의 성공에 커다란 공헌을 한 두 사람이 있다. 믿음직하고 대단히 유능한 우리의 변호사 잔느 뉴먼(Jeanne Newman)과 수많은 리얼리티 프로그램의 성공을 뒷받침한 ICM의 그렉 립스톤(Greg Lipstone)이다. 이 두 사람은 〈언더커버 보스〉가 방송되는 동안 우리 회사가 파산하지 않게 도와주었다.

마지막으로 스티븐은 자신의 성공의 뒤에 있는 사람이 아내 제니였고, 〈언더커버 보스〉도 예외가 아니었다는 것을 알고 있다. 엘리는 그가 이 모든 일을 해낼 수 있었던 것이 자신의 자애로운 어머니 쉐리와 아버지 존의 덕분이라고 말한다.

언더커버 보스(Undercover Boss)

초판 1쇄 발행 2013년 3월 15일

지은이 | 지은이 스티븐 램버트 · 엘리 홀즈먼 · 마크 레빈
옮긴이 | 이영래
발행인 | 홍경숙
발행처 | 위너스북

경영총괄 | 안경찬
주　　간 | 김형석
기획편집 | 김시경 팀장 · 노영지 대리

출판등록 | 2008년 5월 2일 제310-2008-20호
주　　소 | 서울 마포구 합정동 370-9 벤처빌딩 207호
주문전화 | 02-325-8901
팩　　스 | 02-325-8902

표지디자인 | 김윤남 Design
본문디자인 | 정현옥
제지사 | 한솔PNS(주)
인쇄 | 영신문화사

값 15,000원

ISBN 978-89-94747-15-6 13320

이 책은 저작권법에 따라 보호를 받는 저작물이므로 무단전재와 복제를 금지합니다.
이 책 내용의 전부 또는 일부를 사용하려면 반드시 저작권자와 위너스북의 서면 동의를 받아야 합니다.

* 잘못된 책이나 파손된 책은 구입하신 서점에서 교환해 드립니다.

위너스북에서는 출판을 원하시는 분, 좋은 출판 아이디어를 갖고 계신 분들의 문의를 기다리고 있습니다.
winnersbook2@naver.com | Tel 02)325-8901